何捷 总主编

黄 莺 主编

李 扬 陈雪芹 副主编

听课 评课

聚焦目标的阅读课

—— 小语名师何捷课堂实录及评析

济南出版社

图书在版编目（CIP）数据

听课　评课.聚焦目标的阅读课 / 黄莺主编.

济南：济南出版社，2024.11（2025.2 重印）.

ISBN 978-7-5488-6766-1

　Ⅰ.G623.203

中国国家版本馆 CIP 数据核字第 20243FX145 号

听课 评课 聚焦目标的阅读课

TINGKE PINGKE JUJIAO MUBIAO DE YUEDUKE

黄莺 / 主编

出 版 人　谢金岭

图书策划　张雪丽　董慧慧

责任编辑　董慧慧　张　爽

封面设计　八牛·书装·设计

出版发行　济南出版社

地　　址　济南市市中区二环南路 1 号（250002）

总 编 室　0531-86131715

印　　刷　山东黄氏印务有限公司

版　　次　2024 年 11 月第 1 版

印　　次　2025 年 2 月第 2 次印刷

开　　本　145 mm×210 mm　32 开

印　　张　12.25

字　　数　286 千字

书　　号　ISBN 978-7-5488-6766-1

定　　价　59.00 元

如有印装质量问题 请与出版社出版部联系调换

电话：0531-86131736

优质的设计，
让学生成为真正的学习者

《义务教育语文课程标准（2022年版）》（本书简称新课标）针对语文学习的"总目标"在语言文字的积累、理解、运用上提出"主动积累、梳理基本的语言材料和语言经验，逐步形成良好的语感，初步领悟语言文字运用规律"。

新课标指引教师在语文课堂教学中，应注重设计丰富多样的实践活动，力求借助活动让学生形成语感，发现规律，之后才能运用规律，解决问题。这也正是新课标颁布以来，一线教师应有的设计和执教的总原则。所有的设计，特别是符合标准的、科学的设计，其意义和目的，就是让学生成为真正的学习者。

新课标在提升学生的审美素养上，也提出要求。这就提醒教师：在教学设计上，还应不断提升，让学生通过语言实践活动，进一步感受文字深藏的魅力，吸收文学作品的精神内涵，用以提升自己的审美品位，丰富个人的精神世界。

新课标的提示，使得近几年我的设计和执教，有了更高、更新、更长远的追求——为学生核心素养的提升而教。

在实践中，我也发现，落实新课标的教学设计，尤其注重让学生经过语文实践活动，逐步加深对课文内容的理解，以至于最终能够拓展、迁移，运用在解决生活真实的问题中。

语文课堂上的实践活动，以"阅读""交流""表达"三类为主流。教学实景中，也常有学生让人惊讶的言语涌现，呈现出与众不同的学习结果。此时，教师在设计中尤其需要审视：这样的学习结果，是属于个别优秀学生的，还是集体的？这样的学习结果，是如何获得的？是属于个人的顿悟，还是经由参与学习普遍能够逐渐获得的？

显而易见，优质的设计，应该面向集体，应该让大多数学生都能够在学习实践中渐入佳境，学以致用。美国教师斯蒂芬妮·哈维和安妮·古德维斯合著的《上好一堂阅读课》中，介绍了在阅读学习中"渐进理解的阶段"。该书作者认为，理解有很多不同的阶段、层次，不同阶段的理解有与之相匹配的教学设计。可见，只有合理的教学设计，才能渐进提升学生的理解能力。

以优质的教学设计促进学生进步发展，是一个复杂的体系，其中包括理解内容、获取知识、运用知识，以及基于知识开展实践活动等一系列过程。在这个过程中，不同阶段有不同的界定，对应着不同的教学语言。教师应把这些活动与语言的设计，视为教学的工具。其作用在于鼓励学生积极思考，做出更为优质的反馈，引导学生达到更高层次的思维境界和进行更深层次的内容理解。无论是教学的设计还是执教，教师都应注重对设计理论的学习，以此指导自己的设计实践。

说到这里，想表达的是——我是最幸运的。近几年，我的教学设计被一线老师们看见、研究、评判，大家将我的教学实景文字化，展开了实录转译与个案研究，多篇课堂实录与评析文章陆续发表。该书主编决定将所有实录与评析集结发表，以便一线老师更好地研究、分享。所以，有了这套书。

感谢本书的主编，感谢整理我的课堂实录的一线老师。我相信，这种方式是老师们对我这样一个普通的教学实践者最高的礼遇。希望此书能让一线教师获得进步的动力，获得教学设计的灵感。

更荣幸，我受本书主编之邀，为书作序。

主编在来信中一再嘱托，务必列出本书的参与者。根据主编提供的名单，将他们的名字郑重地记录在这里，借此也表达我的感谢。

郑旭琦　梁先艳　廖　薇　阿西阿子　肖　婕　田　进　刘　瑛
陈雪芹　王　棽　郑子豪　陈钰洁　郑骏姮　张　申　黄　莺
吴潇潇　李江鹏　周　津　李　煌　李　扬　陈雪莹　张雅楠
吴振芬　许　琳　吴　瑕　王　伟　蒲乐洋　吕　娜　张　乐
梁　娟　杨明丽　王　星　邱雨林　罗　楠　王　璐　蔡惟致
饶　敏　罗洪梅　程燕芳

目录

CONTENTS

CONTENTS

目录

发现语言之美，感受自然奇妙

——统编版二年级上册《小蝌蚪找妈妈》课堂实录及评析

一、出示课题　及时纠正读音

师：同学们，今天我们来学习第1课（板书课题）。读读课题，看看题目中的注音。试试谁能读正确。

生：（指名读）小蝌蚪找妈妈。

师：读得真不错！像老师这样，"小蝌蚪"三个字连读，"找"重读，"妈妈"轻声读。

师：跟我读"妈妈"，轻声。

生：妈妈。

师：小蝌蚪找妈妈。

生：（齐读）小蝌蚪找妈妈。

师：非常好！

🔗 **评析**　字词教学是低学段教学的重点。教材中出现的注音文本是一线教师执教时的重要参考依据，值得重视。何老师把读准课题作为本课的导入，指导学生把课题读准确、读流利、读出停顿，这样既能检验学生汉语拼音的学习效果，又能培养学生良好的学习习惯。

二、朗读课文　了解蝌蚪的样子

师：请同学们自由朗读课文，说一说文中写到的小蝌蚪长什么样子。

［课件展示］

请同学们自由朗读课文，说一说文中写到的小蝌蚪长什么样子。

chí táng lǐ yǒu yì qún xiǎo kē dǒu dà dà de nǎo dai hēi huī sè de shēn zi shuǎi zhe
池塘里有一群小蝌蚪，大大的脑袋，黑灰色的身子，甩着
chángcháng de wěi ba kuài huo de yóu lái yóu qù
长长的尾巴，快活地游来游去。

生：（齐读第 1 自然段）池塘里有一群小蝌蚪，大大的脑袋，黑灰色的身子，甩着长长的尾巴，快活地游来游去。

师：读得真好，注意把第三声读完整，（师范读）池塘里有一群小蝌蚪。

生：（齐读）池塘里有一群小蝌蚪。

1. 边贴图边批注

师：你们看，黑板上有一张小蝌蚪的贴图，和课文写的一样吗?

［课件展示］

生：一样!

师：谁能把这些词语批注在贴图上?

（指名一位学生上台贴图："大大的""黑灰色的""长长

的""快活地"）

师：我们先来读读这些词语，跟我读"大大的"。

生：（齐读）大大的。

师：跟我读"黑灰色的"。

生：（齐读）黑灰色的。

师：跟我读"长长的"。

生：（齐读）长长的。

师：跟我读"快活地"。

生：（齐读）快活地。

师：你们读这几个词语的时候有什么发现？

生：我发现这里的"的"字，要读得轻轻的、短短的。

师：这个发现很奇妙，这样一读，就觉得小蝌蚪怎么样呀？

生：就觉得小蝌蚪很可爱。

师：掌声送给他。

师：是啊！小蝌蚪游得多快活啊！在朗读这样的词语时，我们可以把"的"字读得轻一点，短一点，大家试着读读看。（学生齐读）

2. 做动作理解"甩"

师：老师的手如果是小蝌蚪的尾巴，你觉得什么叫"甩着长长的尾巴"呢？全体同学一起来做一下"甩"的动作，边做动作边读——甩着长长的尾巴。

生：（边做动作边读）甩着长长的尾巴。

师：同学们看，小蝌蚪的尾巴没有这么大的幅度，这是"扇"啊！像这样，甩着尾巴。明白了吗？

生：明白！

师：大家一起边做动作边读。

生：（再次边做动作边读）甩着长长的尾巴。

师：（接读）快活地游来游去，真好。

3. 全班朗读第 1 自然段

师：大家各自试着读读第 1 自然段。

（生自由读书）

师：请看课题，这叫"小"蝌蚪找妈妈。试试看，跟老师读这些词语。

[课件展示]

chí táng lǐ yǒu yì qún xiǎo kē dǒu　　dà dà de 脑袋　　hēi huī sè de 身子　　shuǎi zhe
池塘里有一群小蝌蚪，大大的 脑袋 ，黑灰色的 身子 ，甩着

chángcháng de 尾巴　　kuài huo de yóu lái yóu qù
长 长 的 尾巴 ，快活地游来游去。

> 大大的脑袋
> 黑灰色的身子
> 长长的尾巴

师：脑袋。

生：脑袋。

师：身子。

生：身子。

师：尾巴。

生：尾巴。

师：同学们，把小蝌蚪的"脑袋"读成轻声，把小蝌蚪的"身子"读成轻声，把小蝌蚪的"尾巴"读成轻声，这三个地方读轻一点，小蝌蚪就变小了。

生：（齐读）大大的脑袋，黑灰色的身子，长长的尾巴，快

活地游来游去。

师：同学们，看着黑板上可爱的小蝌蚪，我们一起读第 1 自然段。

（生齐读第 1 自然段）

师：同学们，虽然你们读得很好，但是，小蝌蚪太孤单了，人家是"一群"小蝌蚪，请看。（教师贴图大大小小的小蝌蚪）快看，小蝌蚪来咯！大家一起读！

（生再次齐读第 1 自然段）

✎ **评析** 新课标特别注重让第一学段学生在读中理解、读中体会、读中感悟。何老师在执教第 1 自然段时，创设多样的情境，指导学生用各种方式读课文。他指导学生采用局部优先读，读好"的"字短语，体会蝌蚪之快乐、自由；做动作表演读"甩"，在朗读中体会动词"甩"字之妙用；抓住轻声词"脑袋、身子、尾巴"引导学生感受小蝌蚪之"小"；最后环节，利用贴图，让学生体会"一群蝌蚪"的热闹场景，由此创设一种轻松愉快的学习氛围，让学生在多种方式的朗读中感受阅读的乐趣。

三、品读感悟　体会动物之趣

1. 找一找，小蝌蚪都遇到了谁

师：同学们，自由读课文第 2 ~ 4 自然段，圈一圈，小蝌蚪在找妈妈的过程中都遇到了谁。画一画，他们会说什么。

生：小蝌蚪遇到了鲤鱼、乌龟和青蛙。

2. 一遇鲤鱼，示范指导第 2 自然段

[课件展示]

讲故事句

问话句

小蝌蚪游哇游，过了几天，长出了两条后腿。①他们看见鲤鱼妈妈在教小鲤鱼捕食，就迎上去，问："鲤鱼阿姨，我们的妈妈在哪里？"②鲤鱼妈妈说："你们的妈妈四条腿，宽嘴巴。③你们到那边去找吧！"④

答问句

师：同学们，数一数，这段话共有几句话？

生：这段话共有四句话。

师：我们可以把这四句话分成三类。请看，第一类，讲故事句；第二类，问话句；第三类，答问句。

（出示句子：小蝌蚪游哇游，过了几天，长出了两条后腿）

师：（相机贴图：长出两条后腿的小蝌蚪）这"游哇游"真好，我们该怎么读呢？要知道，小蝌蚪可是在水里一边游，一边长，是一直在游。

生：要把"游哇游"读得长一点。

师：对了，游——哇——游。你们试着读读"小蝌蚪游哇游"。

生：（齐读）小蝌蚪游哇游。

（出示句子：他们看见鲤鱼妈妈在教小鲤鱼捕食，就迎上去，问："鲤鱼阿姨，我们的妈妈在哪里？"）

师：小蝌蚪游哇游，遇到谁了？

生：鲤鱼妈妈。

师：（相机贴图：鲤鱼妈妈。将图贴在小蝌蚪对面）鲤鱼妈妈在教小鲤鱼捕食。这里有一个多音字"教"，请读大屏幕上的

这两句话，为"教"选择正确的读音。

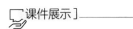课件展示

美术老师在教^{jiāo}小朋友画画。

同学们在教^{jiào}室里唱歌。

师：同学们，小蝌蚪看到鲤鱼妈妈就开始问了，谁来问一问？

生：鲤鱼阿姨，我们的妈妈在哪里？

师：问句读得真好啊！全班一起读一读——

生：（齐读）鲤鱼阿姨，我们的妈妈在哪里？

（出示句子：鲤鱼妈妈说："你们的妈妈四条腿，宽嘴巴。你们到那边去找吧！"）

师：你们看，四条腿，宽嘴巴，一起读——

生：（齐读）四条腿，宽嘴巴。

师：你们到那边去找吧！

师：听老师读屏幕上这两句话，你发现了什么？

课件展示

你们到那边去找吧。

你们到那边去找吧！

生：第二句有感叹号。

师：我们得把感叹号读好，全班一起读。

生：（齐读）你们到那边去找吧！

师：我要邀请同学们为黑板上的小蝌蚪和鲤鱼妈妈这两个角色配音。一只小蝌蚪和一条鲤鱼妈妈，太孤单了。我需要一群小蝌蚪和一群小鲤鱼。

（学生上台表演朗读）

（师移动蝌蚪贴图）

生：小蝌蚪游哇游，过了几天，长出了两条后腿。

（师移动鲤鱼贴图）

生：他们看见鲤鱼妈妈在教小鲤鱼捕食，就迎上去，问："鲤鱼阿姨，我们的妈妈在哪里？"

师：这里没有读好，知道为什么吗？

生：不知道。

师：（圈画"迎"）这里有个"迎"字（师做动作，将学生一一往前推），你们得一边迎，一边问啊！

生：（一边往前迎，一边读）鲤鱼阿姨，我们的妈妈在哪里？

师：（合作读）你们的妈妈有四条腿，宽嘴巴。你们到那边去找吧！

3. 二遇乌龟，教读第 3 自然段

师：小蝌蚪和鲤鱼妈妈相遇的部分，你们学会了吗？

生：会了！

师：大家一起用刚才的方法，自由练习第 3 自然段。

⌐ 课件展示 ⌐

小蝌蚪游哇游，过了几天，长出了两条前腿。他们看见一只乌龟摆动着四条腿在水里游，连忙追上去，叫着："妈妈，妈妈！"乌龟笑着说："我不是你们的妈妈。你们的妈妈头顶上有两只大眼睛，披着绿衣裳。你们到那边去找！"

师：数一数第 3 自然段一共有几句话。

生：第 3 自然段一共有 5 句话。

师：（相机贴图：长出两条前腿的小蝌蚪）谁来读读看？这

里有个喊妈妈的句子。

生：（读课件画线句子）他们看见一只乌龟摆动着四条腿在水里游，连忙追上去，叫着："妈妈，妈妈！"

师：（示范朗读）妈妈，妈妈！

生：（学习朗读）妈妈，妈妈！

师：乌龟听到了，怎么说？

生：我不是你们的妈妈。你们的妈妈头顶上有两只大眼睛，披着绿衣裳。你们到那边去找吧！

师：这里读得不够好，你瞧，乌龟是"笑着说"，你也得笑着说。

生：（学习笑着说）我不是你们的妈妈。你们的妈妈头顶上有两只大眼睛，披着绿衣裳。你们到那边去找吧！

师：大家注意咯，乌龟是四条腿，鲤鱼是一条尾巴。一条尾巴用"甩来甩去"，四条腿用"摆来摆去"。你们看一看，作者每次都选用不同的词来表达，他的词汇积累可真丰富啊！用各种词、最好的词来做最恰当的表达，才是经典！

师：（相机贴图：乌龟，乌龟和小蝌蚪头朝同一个方向）现在，老师和你们一起来演一演小蝌蚪和乌龟。老师来演乌龟，你们上来一群"小蝌蚪"。

（生上台，师生表演读）

师：（往前跑）来追我，来追我。

（生后面追）

师：你们这些"小蝌蚪"都不是真心来找妈妈的，你们得在后面叫喊着找妈妈。

生：（边追边喊）妈妈，妈妈！

师：（继续跑，不回头）知道我为什么不回答吗？你们真是没诚意啊，叫妈妈这么小声，大声一点，叫妈妈！

生：（大声叫喊）妈妈，妈妈！

4.三遇青蛙，教读第4、5自然段

课件展示

　　小蝌蚪游哇游，过了几天，尾巴变短了。他们游到荷花旁边，看见荷叶上蹲着一只大青蛙，披着碧绿的衣裳，露着雪白的肚皮，鼓着一对大眼睛。

　　师：小蝌蚪游哇游，它们找到自己的妈妈了吗？请大家自由读第4、5两个自然段，说一说小蝌蚪的妈妈是什么样子的。

　　生1：他的身体是绿色的，他头顶上有两只大眼睛。

　　生2：肚皮是雪白的。

　　师：（边贴图青蛙，边批注）青蛙妈妈就是这样的。请同学们分组读词语：鼓着、露着、披着。

课件展示

　　披着碧绿的衣裳，露着雪白的肚皮，鼓着一对大眼睛。

　　师：同学们，看，我就是青蛙妈妈。（边做动作边读）我鼓着大眼睛，露着白肚皮，（披上绿色小披风）披着绿衣裳。

　　（生哈哈大笑）

　　师："小蝌蚪"们，你们看见了妈妈会怎么做呢！

　　生：（大喊）妈妈，妈妈！

师：（笑着说）好孩子，你们已经长成青蛙了，快跳上来吧！

评析 新课标指出：让学生阅读有趣的短文，发现大自然的奇妙之处，说出自己的想法。何老师积极创设情境，指导学生品读文本。他将第2自然段作为讲故事的样本进行教学，通过将句子分类别、对重点词句指导朗读、分角色朗读课文等形式，帮助学生理清故事逻辑，从而学习讲述一个完整的故事。在讲授的过程中利用大量形象生动的贴图、道具，为学生营造了丰富多彩的学习情境。在稳扎稳打精读第2自然段后，何老师使用相同的方法教读第3、4自然段。由扶到放，鼓励学生自由学习，让学习真正地发生，让课堂教学达到"学了忘不了"的效果。

四、梳理信息 学习讲述故事

师：（师脱下绿色小披风）有请各种"蝌蚪"——（课件出示句子，学生边读边贴图）

生：池塘里有一群小蝌蚪，大大的脑袋，黑灰色的身子，甩着长长的尾巴，快活地游来游去。（教师相机贴图）

师：小蝌蚪游哇游，过了几天——

生：长出了两条后腿。（教师相机贴图）

师：小蝌蚪游哇游，过了几天——

生：长出了两条前腿。（教师相机贴图）

师：小蝌蚪游哇游，过了几天——

生：尾巴变短了。（教师相机贴图）

师：不知什么时候——

生：小青蛙的尾巴已经不见了。（教师相机贴图）

师：同学们，小蝌蚪找妈妈的故事特别有趣，你们能看着黑板上的故事脉络（贴图时不同动物下对应着蝌蚪的不同样子），试着讲故事吗？

（学生看板书贴图，戴头饰讲故事）

师：课后，请同学们把这个经典的童话故事带给你的家人，说给他们听一听。下课。

评析 何老师在这个环节梳理课文情节，再次帮助学生明晰整个故事的逻辑。如，小蝌蚪所遇到的不同的动物，自己身上发生的变化等。通过出示贴图和师生合作朗读一些关键的语句，让学生知道变化不是一次性发生的。最后，让学生戴头饰表演，将整个课堂推向最高潮，激励学生从阅读童话故事的过程中，体会文学阅读的乐趣，学习多样化的语言表达，从而获得智慧。

 总评

学习语言之美，感受自然之趣。《小蝌蚪找妈妈》是一篇科普童话故事，语言生动活泼，富有童趣，情节反复，适合低学段学生阅读。那么，在第一学段课文教学中，如何引导学生进行文学阅读与创意表达呢？何老师执教的这堂课，为我们提供了一些思考和方向。

1. 创设情境，实现生动课堂

在《小蝌蚪找妈妈》一课中，何老师根据第一学段学生的学习情况和心理发展情况，注重创设情境，激发学生的联想和思考，使学生获得方法，积累关键的学习资源，丰富语言文字运用的经验。比如课堂中何老师制作了各种贴图和道具，鼓励学生利用贴图、道具，师生之间、生生之间，互相表演朗读关键词句。学生在朗读中既体会到课文词语的多样性，又感受到阅读的乐趣；其次，何老师充分发挥教师的指导示范作用，利用口头语言和肢体语言，帮助学生走进"小蝌蚪"的情境中，激励学生做动作体会小蝌蚪"甩着尾巴"快活游动的样子，以及生动再现青蛙

"披""露""鼓"等一系列动作。学生在这样轻松活跃的课堂氛围中，愿意学习，乐于表达。何老师真正做到了"创设生动课堂，学习生动语文"。

2. 搭建支架，分解学习任务

新课标建议，教师要"根据学生需求提供学习支持，引导学生在完成任务、解决问题的过程中积累语文学习经验，发展未来学习和生活所需的基本素养"。何老师在执教本课时，为学生搭建了多种有效的学习支架。例如他让学生通过把难读的一个自然段分解成不同类型的句子，在此基础上指导学生学习文本。又如他让学生根据贴图的批注优先朗读局部，读准字音，读好词语之间的停顿；再通过角色划分，让学生有感情地读对话；最后创设情境，让学生表演着读。三个学习任务，循序渐进地让学生达到从"读准、读通"到"读懂"再到"读好"的要求，任务与任务之间有内在的关联。教师在教学过程中适时搭建学习支架，给予学生有力的学习支持，有针对性地帮学生解决了学习中的问题。

3. 梳理情节，明晰故事逻辑

新课标对于第一学段表达与交流是这样表述的："学说普通话，逐步养成说普通话的习惯，有表达交流的自信心。"如何建立学生表达交流的自信心呢？何老师执教的本堂课给我们做了很好的示范。他先帮助学生梳理情节，圈画出小蝌蚪在找妈妈的过程中遇到的不同动物，再通过阅读发现每种动物身上的特点以及自己身上发生的变化，最后利用生动形象的贴图和一些关键的语句，引导学生发现这些变化不是一次性的，而是有顺序、有规律的，将讲故事的复杂性进行拆解，让学生逐步达成"会讲故事"的目标。最终实现提高学生阅读力，发展学生思维力的教学目的。

步步为营，做语文的事

——统编版二年级上册《我是什么》课堂实录及评析

一、初读课文　整体感知

1.猜猜"我"是什么

师：同学们，今天我们一起学习课文《我是什么》（出示课题），请跟我读——"我是什么"，注意"什么"的"什"读二声，"么"读轻声。

生：我是什么。

师：同学们，"我"到底是什么呢？这篇课文一共有五个自然段，我们一起自由地读一读。我相信，只要读完第 1 自然段，你就会有答案；读完第 2 自然段，答案很确定；读到第 3 自然段，答案浮出水面；读到第 4 自然段，坚信不疑；读到最后一段，你一定能回答我，开始朗读吧。

（生自由朗读）

师：现在，你们知道，"我"是什么了吗？

　课件展示

你们猜猜，我是什么？

生："我"是水。

2.读文探秘

师：你是从哪些地方猜出"我"是水的？请读一读文中的句子，找出猜测的依据。

生1：我从"我会变。太阳一晒，我就变成'汽'。"这里可以看出"我"是水。因为水经过太阳晒后会蒸发，变成汽。

师：很有道理。谁来读读这一句？读出你的理解。

生2：我会变。太阳一晒，我就变成"汽"。

师：全班一起读——

生（齐读）：我会变。太阳一晒，我就变成"汽"。

师：你还从哪里看得出来"我"是水？

生3："有时候我穿着白衣服，有时候我穿着黑衣服，早晨和傍晚我又把红袍披在身上。人们叫我'云'"。这句话告诉我们，水变成汽升到天空就成了"云"。

生4："我在空中越升越高，体温越来越低，变成了无数小水滴。小水滴聚在一起落下来，人们叫我'雨'。有时候我变成小硬球打下来，人们就叫我'冰雹'。到了冬天，我变成小花朵飘下来，人们又叫我'雪'。"从这里，可以看出，水变成汽后，又变成雨，又变成冰雹和雪了。

🔗 **评析** 于永正老师主张"书不读熟不开讲"，足以证明朗读在教学的重要性。何老师通过让学生充满兴趣的"猜猜我是谁"的情境带领学生轻松走进这篇科普短文中，并关注识字表中的多音字，课文中的轻声变调，让学生从朗读中发现，使课堂步骤明确，任务清晰。

二、朗读感悟　深入体会

1. 层层递进读好"水"

师：看来，水是千变万化的。请同学们读一读第3自然段，圈一圈："水"平常会在哪里，做什么？

生：平常，水会在池子里、小溪里、江河里、海洋里。

师：你能精准找出水在哪里，太棒了！请同学们跟我一起读一读这些词语：池子、小溪、江河、海洋。

生：池子、小溪、江河、海洋。

师：水会在这些地方做什么呢？

生：水会在池子里睡觉，在小溪里散步，在江河里奔跑，在海洋里跳舞、唱歌、开大会。

师：我仿佛看到了活泼的水在不同的地方忙活着不同的事情。

[课件展示]

池子		池子里睡觉
小溪	**在**	小溪里散步
江河		江河里奔跑
海洋		海洋里跳舞、唱歌、开大会

现在，请同学们对照图片，边读边想象画面。

生：在池子里睡觉，在小溪里散步，在江河里奔跑，在海洋里跳舞、唱歌、开大会。

师：通过想象，可以使我们的朗读更富情感。来吧，带着你的想象、理解和情感，一起读读第 3 自然段——

（生齐读第 3 自然段）

2. 体会变化读好"水"

（1）发现变化之一

师：请你自由朗读第 1 自然段，边读边圈画：我变成了什么？

生：读了第 1 自然段，我知道"我"变成了汽、极小极小的点儿、穿着白衣服、穿着黑衣服、早晨和傍晚的云。

师：穿着白衣服时我们称它为白云，穿着黑衣服时我们就称它为乌云。早晨和傍晚的云我们称为朝霞和晚霞。同学们，老师将第1自然段以一句一行的形式呈现了出来，你能试着读好水的变化吗？从读第一行的词语开始吧。

〔课件展示〕────────────────────

汽 小点儿 白云 乌云 朝霞 晚霞

太阳一晒，我就变成汽。

升到天空，我又变成无数极小极小的点儿，连成一片，在空中飘浮。

有时候我穿着白衣服，有时候我穿着黑衣服，早晨和傍晚我又把红袍披在身上。

────────────────────────

生：汽，小点儿，白云，乌云，朝霞，晚霞。

师：读得非常好。相信接下来的句子也难不倒大家。

生：太阳一晒，我就变成汽。

升到天空，我又变成无数极小极小的点儿，连成一片，在空中飘浮。

有时候我穿着白衣服，有时候我穿着黑衣服，早晨和傍晚我又把红袍披在身上。

师：大家发现了吗？文中还有一些词在诉说着"我"的变化，你找到了吗？

生：一晒、升到、连成、漂浮、穿着、披在。

师：是的，就是这些动词，描述着水的变化。请同学们圈出这些动词，读一读它们，读的时候速度要快一些，读出水的变化。

（2）发现变化之二

师：同学们，水还在变化呢！它还会变成什么呢？怎么变的呢？请同学们自由朗读第2自然段，思考这个问题，并在书上做好标记。

生：我还会变成"小水滴——雨——冰雹——雪"。

师：你能够准确找出"我"还会变成什么，太了不起啦！那么它是怎么变的呢？你能找出文中的关键词吗？

生："小水滴聚在一起落下来，人们叫我'雨'。有时候我变成小硬球打下来，人们就叫我'冰雹'。到了冬天，我变成小花朵飘下来，人们又叫我'雪'。"从这几个句子中，我发现作者也用了几个动词"落下来、打下来、飘下来"来表示水的变化。

师：是啊，这几个动词，向我们呈现了水的状态的变化。我们一起来感受小水滴的变化：落下来、打下来、飘下来。

[课件展示]

落下来　　　　打下来　　　飘下来

师：你发现这几个动作有什么不同？

生：雨落下来是轻的，落到地面湿湿的，可能还会有些哗啦啦的声音；冰雹打下来是很重的、是砸下来的；雪花飘下来是轻轻的，没有声音的。冬天的时候我还用手接过雪花，几乎感觉不到雪花的飘落。

师：是啊，你能结合生活说出自己的理解，这很棒。我们还可以通过朗读表现出你的理解。谁来尝试读一读？读出水的不同状态。

生1：我在空中越升越高，体温越来越低，变成了无数小水滴。

小水滴聚在一起落下来，人们叫我"雨"。有时候我变成小硬球打下来，人们就叫我"冰雹"。到了冬天，我变成小花朵飘下来，人们又叫我"雪"。

师：读的时候，可以通过轻重缓急来表现不同的状态，"落下来"时可以正常语速，"打下来"时朗读要凶猛快速，"飘下来"时可以慢而轻。谁再来试试？

（生2有感情地朗读）

师：同学们，我们学着他的语气一起读一读——

（生齐读）

3. 读好"我"的脾气

师：同学们，请看到第4自然段，你们发现了吗？水的脾气有什么特点？

生：有很多变化。

师：是的，善变。

师：请你们找出一对这一段中描写水的脾气的反义词。

生：温和—暴躁。

师：什么叫"温和"呢？

生："温和"就是脾气很好，不会经常发火。

师：你有自己的理解。那么，什么叫"暴躁"呢？

生："暴躁"就是脾气坏，爱发火。

师：文中用了哪些词来说"水"做了哪些事呢？

生：灌溉田地、发动机器、帮助工作；淹没庄稼、冲毁房屋、带来灾害。

师：现在我们一起合作读一读，水有时候很温和，它做的好事有——

生：灌溉田地、发动机器、帮助工作。

师：水有时候很暴躁，它做的坏事有——

生：淹没庄稼、冲毁房屋、带来灾害。

师：全班一起完整地读一读这一段。

生：（齐读）有时候我很温和，有时候我却很暴躁。我做过许多好事，灌溉田地，发动机器，帮助人们工作。我也做过许多坏事，淹没庄稼，冲毁房屋，给人们带来灾害。人们想出种种办法管住我，让我光做好事，不做坏事。

🔗 **评析** 这一板块，结合"猜是什么""什么会怎么样"的逻辑，优先教学第 3 自然段，并在朗读时，通过搭建"读词——读词串——图文对照读"三层支架，步步为营，层层递进，从而指导学生完成全班朗读。接着，通过体会"我变成了什么"，了解"我"的变化，借助多媒体等教学工具，帮助学生理解作者用词的精准和变化，感受"我"变后的不同状态。同时通过了解"我"做的好事和坏事，认识"我"的不同脾气带来的结果。整个板块教学，通过师生互读、变换方式读、借助动画理解读等有趣的方式，让朗读成为一场生动有趣的游戏，让学生在多样的朗读中学习生字、阐释词语、加深对课文的理解。

三、总结课堂　加深理解

师：同学们，现在我们把书本合上，一起来看词说话。

⌐ 课件展示 ⌐ ────────────────────────

池子	小溪	江河	海洋
睡觉	散步	奔跑	跳舞、唱歌、开大会
汽	点儿	云	
水滴	雨	冰雹	雪

〖课件展示〗

温和		暴躁
灌溉田地 发动机器 帮助工作	**水**	淹没庄稼 冲毁房屋 带来灾害
好事		坏事

师："我"在哪里呢？

生：我在池子里，在小溪里，在江河里，在海洋里。

师："我"在干什么呢？

生：在池子里睡觉，在小溪里散步，在江河里奔跑，在海洋里跳舞、唱歌、开大会。

师："我"会变成什么？

生：我会变成汽。

师：升到天空，又变成——

生：无数极小极小的点儿，连成一片，在空中飘浮。

师：有时候——

生：我穿着白衣服。

师：有时候——

生：我穿着黑衣服。

师：早晨和傍晚——

生：我又把红袍披在身上。人们叫我"云"。

师：我在空中越升越高，体温越来越低。变成了——

生：无数小水滴。

师：小水滴聚在一起落下来，人们叫我——

生：雨。

师：有时候我变成——

生：小硬球打下来，人们就叫我"冰雹"。

师：到了冬天，我变成——

生：小花朵飘下来，人们又叫我"雪"。

师：水的脾气怎样呢？

生：有时候温和，有时候却很暴躁。

师：温和的时候它会做好事——

生：灌溉田地，发动机器，帮助人们工作。

师：暴躁的时候它会做坏事——

生：淹没庄稼，冲毁房屋，给人们带来灾害。

师：是啊，今天认识的新朋友到底是谁呢？

生：水！

师：一起说说看，"我"是什么？

生：我是水！

评析 教学中，教师始终将"读"的训练贯彻教学的各个环节，在这样一种有趣味的看词说话的学习中，学生通过师生的互读梳理，很好地回顾了全文，全面梳理了课文，巩固了知识，加深了对文本语言表达的印象。

总评

《我是什么》是一篇科普短文，课文采用拟人手法，以第一人称进行叙述，始终不点明"我"就是水，而是通过描述自然界中水的种种变化、形态以及与人类的利害关系，让读者像猜谜语一样去寻求答案，集知识性与趣味性为一体。

那么，怎样能将科普文章读出趣味和层次呢？何老师执教的这堂课，为我们提供了一些思考和方向。

1. 认读感知，培养信息检索能力

布鲁姆将认知领域的目标分为识记、理解、运用、分析、综合和评价六个层次，阅读是认知发展的重要途径，阅读能力本身也是分层级的。而处于底层的认读感知能力也是重要的基本能力，必须在第一学段阅读教学中予以夯实。本节课的阅读教学，何老师有意识地培养学生最基础的阅读检索能力，在教学中提出"我是什么？我会变成什么？"的探索目标，让学生直接在文中检索后提取，有效夯实了学生的阅读检索能力。

2. 好好朗读，深入感知文本语言

编撰阅读教材选文的意图，旨在引导教师带着学生好好读书，大声朗读。朗读应该成为第一学段学生读课文的主要形式。本文的教学过程中，何老师不仅重视带着学生朗读，还非常注重搭建支架，为学生铺好朗读"通关"之路。例如通关前期的铺垫，让学生读好了句子中的词语、短语，为顺利读好长句子打下基础。而不同形式的变换读，有利于学生语感的形成；高频朗读，有利于学生亲近优质的语言文字，从而最终帮助学生深入感知课文的文本语言，有效地进行优质语言文字的积累。

依据学情教学，设计个性课程
——统编版二年级上册《植物妈妈有办法》课堂实录及评析

一、朗读先行　整体感知

1.读好词语

师：同学们，我们一起来读课题——"植物妈妈有办法"，注意读好"法"字，"法"是三声，要读完整。

生：（齐读）植物妈妈有办法。

师：同学们读得真好，接下来，我们把几个关于植物的词读好。

生：（齐读词语）蒲公英、苍耳、豌豆。

师：读完这些词语后，我们现在来读一组词串儿，同学们在读的时候，要注意读准字音。

⌐课件展示⌐

　　读好词语
　　蒲公英　降落伞　乘着风　　纷纷出发
　　苍耳　　铠甲　　挂住　　　去田野、山洼
　　豌豆　　豆荚　　炸开　　　蹦着跳着离开妈妈

（生齐读词串）

师：同学们读得真好，读准了字音，读出了韵味。请同学们观察一下"四海为家"里"为"的读音，你们发现了什么？

生：我发现了"为"在这里读作二声。

师：你很会观察。"为"是一个多音字，大家还记得它的另一个读音吗？

生：它的另一个读音是四声，可以组词"因为"。

师：没错，今天我们又学习了它的另外一个读音，希望大家牢牢记住。

2.读整首诗

师：同学们，读好词语后，现在我们一起来读整首诗歌。读的时候，要注意"得"的读音，"得"的读音是 děi。老师先示范读一下，大家跟我一起读"孩子如果已经长大，就得告别妈妈，四海为家"。

生：（齐读）孩子如果已经长大，就得告别妈妈，四海为家。

师：我们在朗读的时候，还要读好"什么""乘着风""纷纷""好办法"这些词的读音，"么"要读成轻声，"风"是后鼻音，"纷"是前鼻音。读"太阳底下"这个词时，"下"要拖一下。读"啪的一声"时，要读得短而快，在读"知识"这个词语时，我们要把"识"读成轻声。同学们，听完老师的朗读指导后，请大家大声朗读吧！

（生自由读诗）

师：老师想请一些同学上台朗读，愿意读的同学，请上台排好队吧！

（生 1 朗读课文）

师：同学们，听完这位同学的朗读，大家有没有发现他哪里没读对呢？

生：老师，他在读"纷纷"这个词语时，把前鼻音读成了后鼻音，还有一些轻声没读好。

师：你听得可真仔细，请你根据大家的提醒，再读一读这首诗歌。

（生 1 重新朗读课文）

师：请第二位同学试着读一读这首诗歌。

（生 2 朗读课文）

生 3：老师，这位同学在朗读时，读准了字音，还带有自己的感情，值得我们学习。

师：你很会倾听，请大家一起把这首诗歌再读一读。

评析 低学段教学，先要读好词语，才能读好整个句子。何老师在教学中，先指导学生读好课题、词串儿以及需要读好的词语，接着通过教师示范朗读，自由朗读，邀请个别同学朗读，实现了"字——词——句"的教学。在讲解多音字"得"和"为"时，何老师根据语境来确定汉字的正确发音，再示范朗读，从而帮助学生掌握读音。

二、教读诗歌 赏读悟趣

1. 教读第一节

师：同学们，请对照书上的注音读读诗歌第一节，朗读过程中，大家要注意轻声和多音字的读音。

（生齐读诗歌第一节）

师：同学们读准了轻声和多音字的读音，真好，老师给你们点赞。诗歌中，向我们提出了什么问题？

生 1：植物旅行又用什么办法？

师：什么是旅行？课文中写了哪些生物能够旅行？大家在第一小节诗歌里仔细找一找答案。

生 2：老师，在第一节诗歌里，作者写到了牛、马、鸟都可以旅行。

师：可见"旅行"的特点是什么？

生 3：旅行需要行走、移动。

师：那么，植物能旅行吗？

生 4：不能旅行。

师：植物不能像动物一样行走，它们是怎么旅行的呢？文中提出了方法，让我们把这首诗歌读一读吧！

2. 教读第二节

师：同学们，我们现在来朗读诗歌第二节。

（生齐读诗歌第二节）

师：在读的过程中，大家要读好三处。

一曰"奇"——蒲公英妈妈给孩子准备的是降落伞。

二曰"轻"——轻轻地吹过。

三曰"变"——读好"乘着风纷纷出发"中的"风"与"纷"。

[课件展示]

一曰"奇"——蒲公英妈妈给孩子准备的是降落伞。

二曰"轻"——轻轻地吹过。

三曰"变"——读好"乘着风纷纷出发"中的"风"与"纷"。

风（fēng）

纷（fēn）

（生再读诗歌第二节）

师：想把诗歌读得更加有趣，可以配合手势一起读。我们在读"降落伞""送给""轻轻吹过""纷纷出发"这些词语时，可以加上手势，读起来就会更加有趣呢！同学们，和我一起试试吧。

（师加上手势，示范朗读）

师：刚才我们通过加手势朗读，你有没有感受到蒲公英旅行的神奇呢？

生：我感受到了，蒲公英妈妈可真有办法！

3.教读第三节

师：同学们，第三节要读得威武。试着读一读，圈出那些能够显示"威武"的词。

生：老师，我圈出了这些能够表示"威武"的词语——"带刺的""铠甲""挂住"。

师：你圈画的这些词语确实能够体现出威武，现在让我们把第三小节诗歌读出威武。

（生齐读诗歌第三节）

师：现在我们玩一个"旅行连连看"的游戏，我出示一些词语，请同学们一人编一句诗，以小动物的方式带着苍耳的宝宝到各处去安家。

师：怎么编呢？何老师做了一首小诗，请大家一起读一读——

🖱️课件展示 ────────────────────

游戏连连看

规则：

根据屏幕上出示的词语，请同学们一人编一句诗，以小动物的方式带着苍耳的宝宝到各处去安家。

小狗——庭院
苍耳宝宝请挂在我的皮毛上，我带你到庭院里，把家安在池塘旁。
小松鼠——松林间
小花猫——草丛中
小猎豹——原野里
小棕熊——山林间
小野兔——田野上

─────────────────────────────

生：（齐读）苍耳宝宝请挂在我的皮毛上，我带你到庭院里，把家安在池塘旁。

师：同学们读得可真好，现在让我们选一组编写诗句吧！

生1：老师，我选择的是"小松鼠——松林间"这一组连连看，我编写的诗句是这样的，苍耳宝宝请挂在我的尾巴上，我带你到松林间，把家安在森林里。

生2：老师，我选择的是"小猎豹——原野里"这一组连连看，我编写的诗句是这样的，苍耳宝宝请挂在我的身上，我带你到原野里，把家安在小花旁。

师：你能把苍耳宝宝挂在小猎豹身上的哪里说具体一点吗？

生2：苍耳宝宝请挂在我的脖子上，我带你到原野里，把家安在小花旁。

生3：我选择的是"小棕熊——山林间"这一组连连看，我编写的诗句是这样的，苍耳宝宝请挂在我的皮毛上，我带你到山林间，把家安在小溪旁。

生4：我选择的是"小野兔——田野上"这一组连连看，我编写的诗句是这样的，苍耳宝宝请挂在我的皮毛上，我带你到田野上，把家安在空地上。

4.教读第四、五节

师：学习了"苍耳妈妈"的好办法，现在我们来读读"石榴妈妈"的好办法，大家在朗读时要注意，"胆子挺大""不怕""吃掉""钻出来""落户安家"这些词语要重读。老师先示范读，大家再跟读。

（生跟读第四节）

师：同学们读好了重音，让人感受到了"石榴妈妈"的机智。老师为你们的朗读点赞。现在请同学们再齐读一下第四小节。

（生齐读第四节）

师：同学们，学习完第四节后，现在我们来学习第五节。我们在朗读这节诗歌时，要注意读好"啪的一声"，读"啪"字时，嘴巴要张大，短而快。老师先示范一遍，同学们再读——

生：（齐读）啪的一声。

师：同学们，读得真好，干脆利落。现在我们把"啪的一声"送回到句子里，再一起读一读——

（生齐读）

师：同学们，我们在读的时候，还要注意读好节奏。把"蹦着跳着离开妈妈"这一句读好。我们一起来试一试，读出豆荚离开妈妈去旅行的那种快乐。

生：（齐读）蹦着跳着离开妈妈。

师：现在我们来玩一个"配乐朗读"的游戏。这里的音乐不是老师播放音乐，而是同学们用手掌拍桌面来发出声音，读好第四节。大家有没有信心？

生：（齐答）有信心。

师：我现在来说规则，当大家读"啪的一声"时，就拍手；读到"蹦着跳着离开妈妈"这一句时，就拍桌面。同学们，听清楚了吗？

生：（齐答）听清楚了。

师：我们现在开始"配乐朗读"。

（生根据老师的要求，"配乐朗读"）

师：同学们，读得真好，听到同学们的朗读，老师为大家编写了一首童诗叫《一个豆荚里的四颗豆》，老师为大家读一读：

豆荚妈妈的孩子有四个，

大哥一蹦三尺高，

升上半空才落下；

二哥用力向前冲，

犹如子弹射入草丛中；

三弟挤进了墙缝里，

就在这里安了家；

四弟无力跳不远，

靠着妈妈住下啦！

5. 教读第六节

师：同学们，我们现在来学习诗歌的最后一节。大家先齐读——

（生齐读最后一节诗歌）

师：其实，植物妈妈的方法真的有很多，我们要怎样才能知道呢？

生：通过观察。

师：是的，我们要学会仔细观察，才能发现这些有趣的知识。请大家看到选做题，我们选一种植物，来编写一节诗歌。请同学们排队来讲台上说一说自己编写的诗歌。

生1：柳树妈妈准备了降落伞，把它送给自己的娃娃。只要有风轻轻吹过，孩子们就乘着风纷纷出发。

生2：凤仙花妈妈更有办法，她让孩子晒在太阳底下，啪的一声，孩子们就蹦着跳着炸开，离开了妈妈。

生3：樱桃妈妈的胆子挺大的，它不怕小鸟吃掉孩子，孩子们在鸟肚子里睡上一觉，就会钻出来去各地旅行啦！

师：你们的编写能力真厉害，在没有词语的辅助下，能借助自己的观察和想象，编写出这么有趣的诗，老师要为你们的这份创意点赞。

评析 教师在教读这一板块时，结合学生特点创编手势舞、进行配乐朗读以及让学生创编一句诗歌、一节诗歌，用多种方式，激发学生学习诗歌的兴趣。学生在学完这首诗歌后，可以结合自己的生活经验，学会观察，进行知识迁移，提升核心素养。

三、教学生字　正确书写

师：我们先把生字根据结构来归个类。请同学们一起来说一说。

生：左右结构的字有"法、如、经、娃、知、识"。上下结构的字有"它"。独体字有"已、毛、更"。

┌ 课件展示 ┐

书写生字

左右结构：要看清楚哪些字是左宽右窄的，哪些字是左窄右宽的。

上下结构：要注意"判大小、找中线、定比例"。

独体字：注意间架结构，写得美观。

注意：竖弯钩出头不能把横折包完。

师：我们在写左右结构的字时，要看清楚哪些字是左宽右窄的，哪些字是左窄右宽的；在写上下结构的字时，要注意"判大小、找中线、定比例"。独体字要注意间架结构，写得美观。我来范写"已"字，请大家说说要注意什么。

生："已"字竖弯钩出头了，但没有把横折包完。

师：你很会观察。现在请同学们把写字条里的字先描红，然后再在格子里写两遍。写好的同学可以依次排队来展示台进行展示。

（生1、生2、生3依次展示）

师：大家的书写都很棒，做到了书写正确、工整，结构合理，请你们把剩下的生字按照要求先描红，再在格子里写两遍。今天的学习结束了。希望同学们在生活中学会仔细观察，做好每一件事。

 评析 低学段教学识字写字是非常重要的。在教学过程中，教师先通过归类识字，让学生对这些字的结构有基本了解，然后提示书写规则，让学生说容易写错的字出错点在哪里，接着范写易错字，最后让学生练写、上台展示，教师进行评价，实现了"教学评"的一致性。

总评

儿童诗是距离儿童阅读兴趣最近、情感思维最近、表达语言最近的文学体裁。在儿童诗的教学中，何老师尝试通过多种方式的有感情朗读练习，让静止的文字在学生的头脑中活起来；通过细致地品味语言，让新鲜的词句富有旺盛的生命力；通过即时语用练习，发展学生的言语智慧，提升学生的核心素养。何老师用《植物妈妈有办法》为我们做出了很好的示范。

1. 多种形式，扩张思维

何老师能够根据课文特点和学生实际，采用生动活泼的教学手段：读"降落伞""送给""轻轻吹过""纷纷出发"这些词语时，利用图片以及加上手势让学生感受到了"蒲公英妈妈可真有办法"，把直观形象的画面呈现在学生面前，激发了学生学习的兴趣；利用"旅行连连看"的游戏，让学生观察，编写诗句，锻炼学生的思维。在执教过程中，何老师注意培养学生的思维能力和阅读能力，促进了学生思维的发展。

2. 契合文体，个性品读

如何让低学段的学生更好地品读出儿童诗的韵味呢？何老师的教学设计紧扣本文儿童诗的文本特点来进行。《植物妈妈有办法》的第一节是教学样本一，第二至五小节是重复的教学样本二，第六节是总结段落，何老师对这三个部分有明显的教学节奏的变化。第一部分重激发学生思考，引起学生学习兴趣。第二部分朗读优先，在读好的过程中体会句子。第三部分简单处理，进行迁移练习。

结合儿童诗文本的特点，何老师采用了朗读为主的学习方式。教学中读的形式多样：自由读诗、个别朗读、集体朗读、配合手势舞朗读以及配乐朗读等方式，让学生爱上"读"。并通过借助图片展示、加手势朗读、"旅行连连看"游戏、配乐朗读等，让学生在老师搭建的这一个个学习支架和一次次朗读中，品出儿童诗的韵味。

3. 注重语用，提升思维

金波先生将儿童称为"天生的诗人"。儿童和诗是分不开的共同体。学生在学儿童诗时，不仅仅要他们会品读，还要让他们学习写作。何老师在执教过程中，让学生在课堂上编写一句诗、一节诗歌，让学生排队朗读。通过这样的练习方式，学生不仅学会了表达，还提升了自己的思维，增加了知识提高了与人交往的能力。这种练习方式将生活与课堂很好地结合起来，实现了语文课"人文性"与"工具性"的统一。

与自然和谐相处，与生活共舞
——统编版二年级上册《场景歌》课堂实录及评析

一、谈话导入　明确目标

1.明确单元重点

师：同学们，今天我们学习第二单元的第 1 课（出示课题），齐读课题——

生：场景歌。

师：本单元是识字单元，《场景歌》是单元的首篇，请大家明确本节课的学习任务，齐读——

生：认识 10 个"会认字"，会写 10 个"会写字"。

师：这堂课很有意思，因为这堂课的认字和写字是通过儿歌来进行的。让我们跟着识字表来读一读这 20 个"会认字"和"会写字"吧！

┌─ 课件展示 ┐

我会读

fān	sōu	jūn	jiàn	dào		yuán	cuì	duì	tóng	hào
帆	艘	军	舰	稻		园	翠	队	铜	号

生：（齐读）帆、艘、军、舰……

2.批注、阅读儿歌

师：同学们，你们试试看，能不能从文中把这些字和词找出来？

（生边读边批注）

师：你们都找到了吗？谁来告诉我？

生 1：我找到了帆船的"帆"。

生2：我找到了一艘军舰的"艘"。

（其余略）

 评析 认读检索是语言学习的基础，该技能是阅读理解的关键。二年级的学生正在学习并积累词汇，通过认读检索，他们可以更快地认识并理解生字词，积累语言，从而更好地掌握这门语言。何老师有效地利用了这一阅读规律：让学生朗读课文，勾画生字词，迅速认读检索，使学生快速找到并理解文章中的生字词，从而帮助学生提高阅读理解的效率、更好地完成学习任务、提升自主学习的能力。

二、初步感知　多样识字

1.借助拼音，自主识字

师：你能从儿歌中一眼认读我们的生字吗？

生：能。

（生指出生字）

2.脱离语境，卡片识字

师：接下来，我们来玩一个游戏，你们敢玩吗？

┌ 课件展示 ┐

　　　　　我会认

　　　艘 军 舰 帆 稻 园 翠 队
　　　铜 号 处 桥 群 旗 领 巾

生：敢。

师：这一列请起立，咱们"开火车"读。

生1：艘。

生2：军。

（其余略）

3. 语境能识，连词成串

师：同学们，刚刚我们已经通过拼音认读、抽离语境认读来识记生字，那你们有没有更好的办法记住它们呀？

生：可以把几个字连起来记。

师：很好，这个就叫连字成词、连词成串。

[课件展示]

词语闯关

| 帆船 | 军舰 | 稻田 | 花园 | 翠竹 | 铜号 |

一条帆船　一艘军舰　一块稻田　一座花园　一丛翠竹　一把铜号

生：帆船、一条帆船；军舰、一艘军舰；稻田、一块稻田；花园、一座花园；翠竹、一丛翠竹；铜号、一把铜号。

（生齐读）

师：同学们，刚才你们读的上面一排是"词语"，下面一排是"句"。这词语卡分为上"词"下"句"，上面这一排像"帆船""军舰"这些叫"名词"，下面的"句"是由数量词和名词联合组成的。

4. 编成儿歌，加强识记

师：接下来，同学们想不想试一试，进一步识记这些字词？

生：想。

师：你们知道吗？如果我们把它编成一首歌来读，那这些字词会更好记，我们来试试看吧！

生：（齐读）一只海鸥，一条帆船，一艘军舰，一处港湾。

（其余略）

评析 用丰富多样的识字方法识字是低学段语文教学的重中之重,何老师采取了多种方法识字:让学生借助拼音,自主识字;脱离语境,卡片识字;语境识字,连词成串,不忘与课文整体进行联系,做到了字不离词,词不离句,句不离篇。

三、体验情境 感受场景

1. 谈话交流,引出"场景"

师:同学们,平时咱们生活在校园,你们还喜欢去哪里?

生1:我喜欢去公园。

生2:我喜欢去海边。

(其余略)

师:同学们,刚才你们说的公园、海边、田野、山林、草地等,这些在这首儿歌中就叫"场景"。

2. 教读第1节

师:接下来,我来教读第一节,请同学们跟我读。

(生跟读)

师:同学们,你们告诉我,这一节儿歌中的场景在哪里?

生:在海边。

师:同学们,那么你在这一节儿歌中,在海边,你看到了什么?

生:海鸥、帆船、军舰、港湾。

师:图上有什么?

(出示图片)

生:左边是轮船,右边是军舰,远处是太阳……

师:你们看,同学们,让你们说是说不完的。《场景歌》这一节,只有六个字。太棒了!为什么呢?干干净净,简简单单,而且前面是数量词,后面是名词,非常统一。六个字就把这港湾图说完了，这就是儿歌美妙的地方，我们读一读。

（生齐读第一节）

师：请同学们根据图示填空。

⌐﹄课件展示]────────────────────────────●

　　选择合适的量词填空。

　　一（艘）军舰　　　一（条）帆船　　一（条）小舟

　　"艘"用于较大的船只，"条"用于较小的船只。
　　　　　　　　　●────────────────────

（生齐读）

（出示图片：一条帆船，一艘军舰）

师：你看都是船，大又壮的叫"艘"，小又长的叫"条"。

（出示图片：游船、小艇、货船、画舫）

师：此时你根据图选填"一条"或"一艘"。

生：一条游船、一条小艇，一艘货船和一艘画舫。

师：好！那我再考考你们，刚才我们都知道"一条"就是又小又长，可是你知道吗？我们的语言文字太美妙了，"江上往来人，但爱鲈鱼美。君看一叶舟，出没风波里"，这"一条"有时候很难看，你看一叶扁舟就很美，读出来就很有滋味！

⌐﹄课件展示]────────────────────────────●

江上渔者

［宋］范仲淹

江上往来人，但爱鲈鱼美。

君看一叶舟，出没风波里。

──────────────────────────────

师：接下来请同学们拍手读，读出节奏。

（生拍手读）

师：这节里有一个要求会写的生字"处"，它是半包围结构，捺要写舒展，竖写在竖中线靠右的位置。来，我示范写一个。

（学生书写）

3.学读第二节

师：同学们，我们去过海边了，接下来我们去田园看看，请你们自由朗读第二节，看看田园场景中有些什么。

生：有鱼塘、稻田、垂柳、花园。

师：第二节需要特别注意要认识的字"稻"和"园"，我们再读一读第二节——

（生齐读第二节）

师：同学们，你们带着节奏，自己再读一读。

（生自由读）

师：同学们读得真棒！请你们告诉我，一方鱼塘是哪幅图？（出图辨别）

（生正确指出）

师：请你们根据图片分别指出一棵垂柳和一行垂柳。

课件展示

一行垂柳　　　　　　一棵垂柳

师：同学们，这里的一块稻田应该是哪幅图呢？（出示图片：一块稻田和一片稻田）

（生指出）

师：你们说为什么叫"一座花园"？为什么是"一座"？

生1：因为花园是固定的。

生2：因为花园被包围起来了。

师：非常棒！可能有这个原因，但这不是关键。一片花园，这个花园是立体的，里面高低错落，是一座有立体感、很丰富的花园。我们来写一写"园"字，它是全包围结构，注意笔顺。来，先搭园子，然后再摆放园内的东西，最后再封口，也就是先搭框架，最后关门。

评析 教师让学生用多种方法朗读课文，然后用自己的语言描述诗歌的内容。这种教学方式既重视培养学生自主学习的能力，又鼓励了学生表达自己的见解，使得学生对诗歌的理解更加深入。

四、读中悟情 想象画面

1. 学读第三节

师：同学们，请你们用自己喜欢的方式读第三节。

（生自由读）

师：你们看"一丛翠竹，一群飞鸟"，发现了吗？"一"字后面跟着个量词，不代表只有一个。这些量词和"一"搭档就注定了后面的数量。"群"这个量词一出来，我们就知道了，鸟儿是一群一群地飞。翠竹一<u>丛</u>，一片一片地连起来。一行柳树就是一棵一棵往下排，对吧？

生：对。

师：同学们发现一个问题了吗？《场景歌》里面的量词重复了，"一座花园"和"一座石桥"量词都是"座"，我在想，如果把花园改为"一片"多好。但是后来我发现不行，因为"一片花园"和"一片欢笑"的量词还是会重复，于是欢笑改为"一阵"，那该有多好啊！你们知道为什么把"一片花园"改成"一座花园"吗？

生：因为花园里面的花很丰富，所以用"一座"。

师：有道理。花园里面的花种类繁多，所以用"一座"来形容，你回答得真好！同学们，那课文中石桥为什么用"一座"来形容？其实，我们可以肯定这座石桥雕刻精美，桥上有栏杆、桥上的石板经过了打磨。这桥有护栏、有石板，桥面上很精致。我们走近一看，确实是"一座石桥"啊！接下来，我们来对比一下，实际上你发现桥还可以用什么量词来形容？

生：一"孔"桥。

师：我这里有三个写桥的量词。写出桥的影儿的，就是"一孔"。这个"一孔"也可以叫"一拱"，拱起来像新月。你看这个桥在水中的倒影，它就是这样，也可以叫作"一弯"。我们可以对桥的量词进行三次更替。最后我们要写好两个字——"群、桥"。这两个字，它们都是左右结构，"桥"的结构左窄右宽，而"群"字是左右相当。

2.学读第四节

师：请大家自由朗读第四节。

师：你们知道这里为什么说铜号是"一把"吗？请你来吹铜号，其他同学观察，说说自己的发现。

生：我发现同学在吹铜号的时候，需要用手扶着。

师：你说得太好了！同学在吹铜号的时候，手一把握住了，对吧？你瞧，这样握的动作代用过来，也成了一个量词，多么形象呀。接下来，我请大家看，书中说"一队红领巾"。（出示图片）你看图就知道，这一队红领巾说的是红领巾还是人呀？

生：应该是人。

师：那干嘛不叫"一队小朋友"，而是"一队红领巾"？

生：因为每个小朋友都戴着红领巾。

师：对，这就叫标志代替了人。我们经常会用"标志"代替人。比如，大盖帽，就是我们的警察叔叔；绿军装，就是咱们的解放军叔叔；白衣天使，就是护士姐姐；园丁，其实就是我们的老师。我们经常用人物的标志、特征来代替人物。最后我们来讲"一片欢笑"。"欢笑"是什么呢？

生："欢笑"是动词。

师：真聪明。同学们注意喽，有的时候"欢笑"这种动词也可以当作名词来理解，我们可以说"一片欢笑"。"欢笑"本来是个动词，再加上这个数量词之后，我们就融合在一起理解，原来啊，就是形容大家都在笑，就是这种氛围感染了我们。接下来，我们来学写生字：铜、号、领、巾。同学们，我们来读一读——

（生齐读）

3.拓展练习，检测巩固

师：同学们，请看课后第二题，请你们自己做一做，再次巩固本课量词的用法。

（生做题）

评析 何老师通过引导学生分析诗歌中的具体词语和句子，帮助学生理解诗歌中的具体景象和情感。这种教学方式使得学生更加深入地理解了诗歌的细节和情感，同时也训练了学生的分析能力和表达能力。

总评

《场景歌》是一首富有童趣的诗歌，通过描述不同的场景和事件，让学生感受大自然的美丽和神奇。诗歌中的描写生动、形象，让学生感受到大自然的美丽和神奇之处。同时，诗歌中使用了大量的数量词。全文把量词分类集中在四幅不同的场景图中，以歌谣的形式呈现，使诗歌更加生动有趣，也帮助学生更好地理解自然景观的细节和特征。学生能在朗读中欣赏美丽景色、感受美好生活，同时认识事物，和表示事物的汉字。

对于低学段的学生，如何借助数量词的学习和运用，提升学生的语言感受力和对语言的欣赏能力？何老师执教的这堂课，为我们提供了一些思考和方向。

1. 多种方式识字，重视方法的指导

这堂课，何老师根据生字的不同特点，采取了多种识字方式。

随文识字，巧妙识记。何老师在带领学生学习"队、旗、铜、号"四个生字时，字不离词，词不离句。在边学文边识字的过程中，学生始终积极地动脑，这给学生带来了很好的思维习惯，起到了事半功倍的效果。

联系生活识字，加深理解与记忆。何老师在带学生认识"队旗、铜号"这两个事物时，引导学生结合生活经验，形象地把两件事物具象化地展示给学生，自然而然地增强了课程的"实践性"。

教学认识字词时，何老师重视识字方法的指导。比如：分类识字，加一加，换一换，分析间架结构，释意等好的方法。

2. 明晰"教"的方向，培养核心素养

何老师执教这堂课，从具体语言文字入手，一边指导学生借助语言材料识字，认识不同的量词，一边在这个过程中通过比大小、提问题，发展学生的思维。同时，在具体的场景中，教师借助图片、具体事物，渗透审美教育，最终又回到了对学生语言建构的培养，让学生在儿歌识字的基础上学着扩一扩短语、说一说句子、读一读儿歌。这堂课形式简单，但是过程扎实，并且让学生精神充盈。

素养是在学习中不断生长、形成的面对未知的发现、应对、解决问题的能力。新课标所指的语文核心素养，是在积极的语文实践活动中积累、建构，在真实的语言应用环境中展示出来的。对文化的自信、对语言自觉而娴熟的运用是学生审美能力与创造力的综合体现。学生为主体，教师为主导，这堂课做到了。

3. 创设阅读情境，加深阅读体验

在语文教学中，创设阅读情境是帮助学生深入理解文本和提高阅读体验的重要手段。何老师通过文字、图片、声音等多种手段，为学生营造了一个生动、具体的阅读情境。这些情境能够引发学生的情感共鸣，激发他们的想象力和创造力，从而加深对故事形象和蕴含在文本中的情感体验。

同时，在创设阅读情境的过程中，何老师还注重与学生的互动和交流：引导学生主动参与阅读活动，鼓励他们发表自己的看法和感受，从而形成了一个积极、互动的课堂氛围。这种互动和交流不仅能够激发学生的学习兴趣，更能够促进他们思维的发展和语言表达能力的提升。

总之，本节课中何老师运用了"语言文字积累与梳理"任务群的理念，注重学生的个体差异和实际水平，通过具体的识字写字活动落实课堂"语用"目标，以培养学生主动积累与梳理知识的学习习惯。

用好手中的教材，感悟歌谣的魅力

——统编版二年级上册《田家四季歌》课堂实录及评析

一、朗读先行 感受歌谣的魅力

1. 找出四季

师：同学们，一年有四季，是哪四季呢？请大家看着歌谣说说一年的四季。（出示四季图）

生：一年有春、夏、秋、冬四个季节。

师：同学们可以把"季"字加在春夏秋冬的后面，连在一起说一说。

生：一年有春季、夏季、秋季、冬季四个季节。

师：真厉害，老师一提醒，马上就会加了，掌声鼓励！

2. 书写"季"字

☞ 课件展示

书写注意：
1. "禾"字要把下面的"子"字包住。
2. 写"禾"时，撇和捺写得舒展。

师：一年有四季，每个季节都有独特的美景，让我们一起写一写"季"这个字，感受生活的美好吧。书写"季"这个字时要注意什么呢？

生1：我们在书写"季"字时，上面的"禾"字要把下面的"子"字包住。

生2：写"禾"时，要把撇和捺写得舒展。

师：同学们真是火眼金睛，一下就观察到了，老师给你们点赞。

3. 读《田家四季歌》

（课件展示：课文页面）

师：请大家读一读这首《田家四季歌》，一边读一遍圈画农民伯伯一年四季都忙着做些什么。

生1：农民伯伯在春季种麦苗。

生2：农民伯伯在夏季采摘桑叶、养蚕、插秧。

生3：农民伯伯在秋季打谷、收割庄稼。

生4：农民伯伯在冬季制作新棉衣。

师：同学们找得真棒！我们可以再读读课后的"读一读"和"记一记"，说说看你发现了什么。

生：老师，通过朗读，我发现了一件有趣的事情。我发现"一年四季，谷物生长，人也在成长"。

师：老师为你这双善于观察的眼睛点赞，大家掌声鼓励。

4. 评选"四季之最"

师：同学们，我们现在来做一个游戏，结合刚才的阅读，评选出"四季之最"。

课件展示

评选"四季之最"

最忙的季节　　　　　　　　夏季

最开心的季节　　　　　　　秋季

最休闲的季节　　　　　　　冬季

最有希望的季节　　　　　　春季

师：四季中最忙的是哪一个季节？

生1：夏季。

师：四季中最开心的是哪一个季节？

生 2：秋季。

师：四季中最休闲的是哪一个季节？

生 3：冬季。

师：四季中最有希望的是哪一个季节？

生 4：春季。

师：请同学们标注好会认的生字，再把歌谣连起来读一读。

评析 《田家四季歌》是一首难得的好歌谣。何老师十分重视朗读指导，通过朗读引导学生更好地体会每个季节的变化，感受农民辛勤的劳作，体会丰收的喜悦。

二、借助文本 领悟歌谣的魅力

1. 学习春之歌

chūn jì lǐ   chūn fēng chuī
春 季 里，春 风 吹，
huā kāi cǎo zhǎng hú dié fēi
花 开 草 长 蝴 蝶 飞。
mài miáo ér duō nèn   sāng yè ér zhèng féi
麦 苗 儿 多 嫩，桑 叶 儿 正 肥。

师：请大家朗读第一小节，边读边圈画出春天里值得歌唱的事情。

生：我圈画了"花开""草长""蝶飞""苗嫩""叶肥"。

师：这些都是值得在春天里歌唱的，为你的细致点赞！

师：同学们，我们现在来合作朗读第一小节。我读"春季里"，你们读后面几句。

师：通过刚才的朗读，大家发现"春风吹"与哪些词的尾音比较一致呢？

生：我发现"春风吹""蝴蝶飞"以及"叶儿正肥"的尾音是一致的。

师：你能说说它们的尾音是什么吗？

生：它们的尾音都是"i"。

师：这就叫"押韵"。

师：同学们，请关注最后一句话，"麦苗儿多嫩，桑叶儿正肥"。这一句也是非常讲究的，它们的字数是相等的。现在我们来玩一个"我说你答"的游戏，我来问"春风吹，什么开……"，你们来回答。

师：春风吹，什么开？

生：春风吹，花儿开。

师：春风吹，什么长？

生：春风吹，草儿长。

师：春风吹，什么飞？

生：春风吹，蝴蝶飞。

师：春风吹，什么嫩？

生：春风吹，麦苗嫩。

师：春风吹，什么肥？

生：春风吹，叶儿肥。

师：同学们配合得真好，让我们带着愉快的心情一起把第一小节再读一读。

2. 学习夏之歌

师：请大家朗读第二小节，边读边圈画夏天里农民伯伯忙什么。

生：老师，我圈了"采桑""养蚕""插秧"。

师：同学们，老师出示两幅图，一幅叫"早起耕作图"，一幅叫"戴月晚归图"，这样大家能更加形象地感受农民伯伯的忙碌。这两幅图的名字里藏着一个需要我们会写的生字，谁来告诉我是哪一个字？

〔课件展示〕

早起耕作图　　　戴月晚归图

生：我发现了，是"戴"字。

师："戴"这个字笔画多，结构复杂，哪位同学有好写又好记的方法呢？

生：我们可以把"戴"分成四个字来记，上边是"土"字，"土"字的下面分别是一个"田"字和"共"字，右边是一个"戈"字。

师：你把"戴"字拆开来记，是一个好方法。谁知道"戴"的意思呢？

生：在学《场景歌》时，里面有一句话叫"一队红领巾"，我们平时是说戴红领巾，我认为"戴"是穿戴的意思。

师：你能结合我们学过的课文来理解"戴"的意思，真会迁移运用！"戴"是穿戴的意思，它在字典中有"把东西放在头上"或者"头顶着"的意思。

师：哪位同学能说说"戴月归"的意思？我这里有一个小道具——草帽，可以帮助大家理解，哪些同学愿意来戴上帽子试一试？

生1："戴月归"就是戴着月光归来。

生2：月光怎么能戴呢？

师：同学们，这个时候，月光如洗，笼罩大地，一切都好像在月光中沐浴。于是，农民伯伯头顶着月光，就好像给自己戴上了一顶月光之帽。

师：现在我们再来玩"我问你答"的游戏，我们依次回答出对应的答案。农事忙，农事忙，农民伯伯忙什么？

生：农民伯伯忙采桑。

师：农事忙，农事忙，农民伯伯忙什么？

生：农民伯伯忙养蚕。

师：农事忙，农事忙，农民伯伯忙什么？

生：农民伯伯忙耕作。

师：农事忙，农事忙，农民伯伯忙什么？

生：农民伯伯忙着晒月光。

师：我们再一起朗读第二小节，感受农民伯伯的忙碌吧！

3. 学习秋之歌

师：同学们，我们一起朗读第三小节，边读边圈画秋天里农民伯伯开心的原因。

生：农民伯伯是因为"稻上场，谷像黄金粒粒香"所以开心。

师：刚才你们在朗读中，有没有发现一个多音字呢？

生：我发现了"场"的读音是二声，不是三声。

师：你有一双善于观察的眼睛，我们要想知道"场"作为二声的意思，得学会一个好办法，请大家把书翻到"语文园地二"，告诉老师，这个方法叫什么名字呢？

生：部首查字法。

师：对，今天老师将会为大家展示通过"部首查字法"知

道 "场" 作为二声的意思，同学们请看屏幕上老师出示的一个关于查字典的微课。

师：看完微课，谁来告诉我 "场" 作为二声的意思呢？

生：我发现当 "场" 是二声时，它的意思是 "晒谷子的空地"。

师：你说得真对。为了让你们更能感受到农民伯伯的开心，老师在课件上出示了几个句子，我读前半句，你们读后半句，你们有信心读好吗？

生：我们有信心。

师：那我们开始吧。

[课件展示]

稻上场，稻上场，
你看稻谷粒粒香。
稻上场，稻上场，
你看稻谷颗颗满。
稻上场，稻上场，
你看农民身体苦。
稻上场，稻上场，
你看农民喜洋洋。

师：稻上场，稻上场，

生：你看稻谷粒粒香。

师：稻上场，稻上场，

生：你看稻谷颗颗满。

师：稻上场，稻上场，

生：你看农民身体苦。

师：稻上场，稻上场，

生：你看农民喜洋洋。

师：同学们，你们跟老师配合得真是越来越默契了，给自己掌声，为自己的进步点赞！让我们再次齐读第三小节，带着高兴的语气感受农民伯伯在秋天里的快乐。

4. 学习冬之歌

师：请同学们朗读第四小节，边读边圈画冬天里农民伯伯为什么休闲呢？

生：我找到农民伯伯是因为"一年农事了"，所以很休闲。

师：你说得很对，"一年农事了"，农民才有时间做棉衣。我们在读第四小节时，要注意"了"的读音，它在这里。不读"le"，而是读"liǎo"。谁能用"liǎo"的读音组一个词？

生："了解"和"了结"。

师：很会"积累"。冬季来了，雪初晴时会有哪些变化呢？请大家读一下第四小节，圈画出相关的词语。

生：有新制棉衣、农事了、大家笑盈盈。

师：现在老师把雪初晴的变化用一首歌谣展示出来，大家一起读一读。

〔课件展示〕

> 雪初晴——棉衣暖、棉衣新；
> 雪初晴——农事了、农人都有好心情；
> 雪初晴——农事了、农民伯伯笑盈盈。

师：还是跟之前一样，我读前面雪初晴，大家读后半句。

（师生读）

师：在歌谣中，我们感受到了冬季里农民伯伯的悠闲，让我们带着悠闲的语气再读一读第四小节吧。

（师生读）

5.总结"四季歌"的特点

师：学完这首歌谣后，我们会发现《田家四季歌》中四季皆有欢喜。春季的欢喜在希望，夏季的欢喜在充实，秋季的欢喜在丰收，冬季的欢喜在富足。每个季节都有它独特的欢喜。通过《田家四季歌》，我们感受到大自然的循环和变化，也能够领悟到不同季节带给我们的不同心情和体验。让我们带着自己的感受再读全文吧！

评析 教师在执教过程中，对"春之歌""夏之歌""秋之歌""冬之歌"都进行了变式朗读设计。这样的设计是结合文本和生活经验，让学生在朗读过程中感受歌谣的趣味；这样的设计让句子易读且富有韵律感，同时学生也能通过朗读增强语感，学习编歌谣的小技巧，从而感受歌谣的魅力。通过这样的变式设计，学生会自然而然地表达，可谓"一举多得"。

总评

《田家四季歌》是识字单元的一首歌谣，识字单元主要是提高学生的识字量，让学生通过教材，在朗朗上口的学习中，在欢乐的氛围中来识字，识得很轻松。何老师执教的《田家四季歌》为低学段的语文识字教学提供了一个很好的模板——怎样利用教材上的课文以及课后习题、识字条、写字条帮助学生在轻松愉快的氛围中识字、写字。

1.优先关注要掌握的字，教学不迷路

新课标在"识字与写字"第一学段的要求里指出：要让学生喜欢学习汉字，有主动识字、写字的愿望。认识常用汉字1600个左右，其中800个会写。每个孩子都是语言学习的天才。天真无邪，充满好奇心是学习最好的动力。教师应在语文教课过程中

保护儿童天真之本色，让学生在学习中感受美，激发学习语文的兴趣。何老师在执教过程中，优先关注"会认会写"的字，并在教学中借助文本进行资料补充，巧妙讲解"季""戴"以及"场"字，让学生在趣味中记住生字，提高识字量，达到第一学段的要求。

2. 利用好课后习题识字，提升识字量

教师把课后习题融入教学过程中，从而让学生认识更多的字，在课堂上把课后习题解决了，学生学得轻松。何老师在第一个教学环节便让学生关注到课后习题"读一读，记一记"，发现"一年四季，谷物生长，人也在成长"的规律，很好地利用教材课后习题帮助学生识记生字。

3. 借助文本巧妙编歌谣，感受文化美

教师注重引导学生在语文课堂中理解汉字的意义及运用方法。何老师在教《田家四季歌》时，对每一小节的诗歌都在文本基础上进行了创意改编，进行了变式朗读，学生在朗读过程中感受到了中华文化的魅力与美，从而生起一股热爱中华文化的感情。学生在创意改编歌谣中，又加深了识字印象，可谓"一举多得"。

搭称象之船，悟智慧之光

——统编版二年级上册《曹冲称象》课堂实录及评析

一、听故事　碰出思维火花

师：大家都喜欢听故事，今天我们一起听《曹冲称象》。

（播放音频）

课件展示

（生专注听）

师：听了故事你有什么感受？

生1：我感觉曹冲很聪明。

生2：我觉得曹冲很爱动脑筋。

（其余略）

师：大家对曹冲很了解了，请问你们觉得曹操怎么样？

生1：曹操很好奇。

生2：曹操很会出题。

师：那些大臣们怎么样？

生1：他们好像不怎么聪明。

生 2：他们想的办法都没用。

师：你觉得曹冲是个怎样的孩子呢？

生 1：曹冲是个聪明的孩子。

生 2：曹冲是个会动脑筋的孩子。

生 3：我觉得曹冲是个遇事冷静、积极想办法的孩子。

（其余略）

评析　思维能力是新课标要求培养的核心素养之一，旨在培养学生思维具有一定的敏捷性、灵活性、深刻性、独创性、批判性。让学生有好奇心、求知欲，养成积极思考的习惯。何老师以问题为导向，引导学生关注故事中的各种人物，调动学生思考的积极性，激发学生的发散性思维。

二、读故事　引领思维方向

1. 片段学习，梳理人物关系

师：大家已经基本了解人物了。现在请同学们朗读第一段，边读边观察，这一段到底出现了哪些人？

生：曹操、曹冲、大臣。

师：他们三个分别是什么关系呢？

生 1：曹操是曹冲的爸爸。

师：父子关系。

生 2：大臣是曹操的下属。

师：君臣关系。这样一看，谁地位最高？

〖课件展示〗

生：（异口同声）曹操！

2. 关注细节，找到故事关键

师：同学们，有一个角色从开始到现在一直被我们忽略，你觉得是什么？

生：大象。

师：同学们，大象我们都很熟悉，但是在三国魏晋时期，中原人是第一次收到这个礼物。我们来看看大象是什么样子。

〖课件展示〗

dà xiàng yòu gāo yòu dà　shēn zi xiàng yì dǔ qiáng　tuǐ xiàng sì

大象又高又大，身子像一堵墙，腿像四

gēn zhù zi　guān yuán men yì biān kàn yì biān yì lùn　zhè me dà

根柱子。官员们一边看一边议论："这么大

de xiàng dào dǐ yǒu duō zhòng ne

的象，到底有多重呢？"

师：同学们，大象到底多大？

生1：它像一堵墙。

生2：腿像四根柱子。

师：大象除了有一堵墙似的身子、柱子似的四条腿以外，还有什么呢?

生 1：还有蒲扇似的耳朵。

生 2：它有水管似的鼻子。

师：这大象可真大呀！同学们想想看，第一次看见大象，人们有多么好奇。假如你来到现场，你会怎么说?

生 1：它的身子简直像坦克!

生 2：它的耳朵，像个磨盘!

生 3：还有它的鼻子，像一条大蟒蛇!

（其余略）

3. 创设情境，理解重点词句

师：同学们的想象力简直太丰富了！这么大的象，你最好奇的是什么呢?

生 1：大象有多重?

生 2：大象有多高?

生 3：大象这么大应该怎么养? 大象会吃人吗?

（其余略）

师：同学们都有不同的想法，来，有不同想法的同学都起立！把你们心中的好奇和想法说出来吧。

（生纷纷起立，议论开来）

生 1：这头大象到底有多重，多大呢?

生 2：这么大的猛兽，它究竟吃什么呢?

生 3：这庞然大物，如果发起脾气来谁制服得了，谁有那么大的本领养得了它呢?

生 4：象这般大，三个小孩能抱得住吗? 这么高，怎么爬得上去呢?

师：同学们，假设你是当时在朝廷上的大臣，请你也“议论纷纷"一下。

（生议论）

师：同学们，这里有一句话是大臣们说的。我们一起读一读。

生：（齐读）官员们一边看一边议论："这么大的象，到底有多重呢？"

课件展示

dà xiàng yòu gāo yòu dà   shēn zi xiàng yì dǔ qiáng   tuǐ xiàng sì
大象又高又大，身子像一堵墙，腿像四
gēn zhù zi   guān yuán men yì biān kàn yì biān yì lùn   zhè me dà
根柱子。官员们一边看一边议论："这么大
de xiàng   dào dǐ yǒu duōzhòng ne
的象，到底有多重呢？"

师：请看图，刚刚曹冲带着儿子和大臣去看大象。在场的大臣肯定分两种，一种叫文臣，一种叫武将。你想一想，文臣有文臣的调子，武将有武将的口气。那接下来我们各自来担任一种角色，他们各自会怎样议论？有文臣、武将、嗓音粗的猛士、文弱的书生……

（生依次上场）

师：同学们，我是曹操，我是主公，我带着儿子和你们去看大象，就想看看诸位大臣会不会思考，来，议论起来。请注意，每个人都只能说同样的一句话。

生1：（慢条斯理）这么大的象，到底……有多重呢？

生2：（语气粗犷）这么大的象，到底有多重呢？

（其余略）

评析　"议论"一词对于低学段学生来说理解起来有一定困难。何老师在课堂上巧妙地设计了一个讨论的场域，让学生首先围绕自己对大象的好奇进行议论，生成真实的"议论纷纷"的场景。引导学生不断思考当时的人物以何种语气说话，帮助学生入情入境，水到渠成。这一系列具有内在逻辑的语文实践活动，共同指向学生的核心素养发展。

三、练对话 挖掘思维深度

1.关注对话，进行朗读指导

师：你发现了吗？这个故事都是由对话构成的。这篇文章的对话共三种，第一种，刚才大家已经说了，叫议论，对吧？第二种是什么呢？

生：问问题。

师：是的，第二种就是很重要的一种问话。这里的问话是曹操问的，他身份最高，居高临下。还有第三种，谁发现了？

生：第三种是说话。

师：掌声鼓励！说话实际上就是最正常的对话。这里的说话是大臣们说的，请同学们观察说之前写了什么。如果没有写什么，就直接读。现在，请你试着读一读。

（生自由读对话）

师：谁想来挑战对话？

生1：谁有办法把这头大象称一称？

师：有居高临下的气势。

生2：得造一杆大秤，砍一棵大树做秤杆。

生3：有了大秤也不行啊，谁有那么大的力气提得起这杆大秤呢？

2.图文批注，实现随文识字

师：说话的语气很到位！大臣们谈称象的时候，提到了一样工具，你发现了吗？

生：秤。

师：（画简图，边说边批注）看，这是个秤，这个是——秤杆（书写"秤""杆"），这是秤的提绳，这个是秤砣。"秤""杆"都是左右结构，左窄右宽，请你写一写这两个字。

（生写字）

师：那么这秤怎么称呢？请看视频。

（生专注看视频）

师：这杆秤的用处非常大，可以称小物，称活物，还能称重物（出示图片）。称重物的时候，秤砣要往后拨，越重越往后，有时候还要换提绳。何老师想问同学们，假如要用这样的一杆秤来称大象，请问能行吗？

┌─课件展示┐

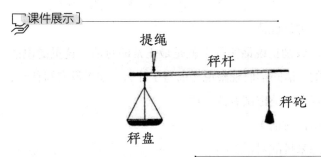

生：不行。

师：为什么不行？不是可以称重物吗？

生：因为大象又高又大，身子像一堵墙，腿像四根柱子。这么大的象怎么称啊！根本没有这么大的秤！

评析 教师紧扣对话，充分调动前一版块的知识经验，指导"问话"和"说话"的朗读要点。在学习过程中，以批注的方式进行生字教学。杆秤对于现代学生而言，非常陌生，教师通过视频教学生如何称，通过图片让学生知道可以称的物品必须是秤能够承受的。如此一来，学生才明白，官员的办法是行不通的。巧妙的教学设计，充分调动了学生的主动性，让学生学得扎实。

四、聚重点 感悟思维智慧

1.逐句分析，学会复述故事

师：同学们看看，曹冲怎么说？

[课件展示]

曹冲才 7 岁，他站出来，说："我有个办法。把大象赶到一艘大船上，看船身下沉多少，就沿着水面，在船舷上画一条线。再把大象赶上岸，往船上装石头，装到船下沉到画线的地方为止。然后称一称船上的石头。石头有多重，大象就有多重。"

师：曹冲这段话一共说了几句？

生：五句。

师：第几句开始称呢？到第几句称完了？

生：第二句开始称，到第五句的时候才称完。

师：请读第二句，曹冲叫这些士兵到底做了些什么事？请大家圈出动作。

（生边读边圈）

师：哪位同学找到了？

生：第二句的动作有"赶""看""画"。

师：赶什么呢？看什么呢？画什么呢？请三位同学依次回答。

生 1：赶大象。

生 2：看船身。

生 3：画船舷。

师：请你把这三个词连起来说一说。连起来，谁来说？

生：把大象赶上船，看一看船身下沉了多少，在船舷下沉的地方画条线。

师：恭喜你会说曹冲下达的第一个命令了。其他同学会说了吗？同桌互相说一遍。

（生交流）

师：接下来我们讲第三句。同样，曹冲让士兵怎么做？

生："赶""装"。把大象赶回岸上，往船上装石头。

师：学会抢答了，太棒了！请问石头装到哪里为止？

生：装到刚才画线的地方。

师：我们继续看，第四句又做了什么呢？

生："称"，称石头的重量。

师：同学们，赶的是大象，到了结局称的是石头，你觉得怎么样？

生1：很厉害，不用把大象绑起来称了。

生2：这个办法我是想不到的。

师：是啊，谁能想到称石头就是称大象，称大象就是称石头。石头就是大象，大象就是石头，曹冲太厉害啦！请看课后第二题，我们一起排序。根据我们刚刚圈出的动作，正确的顺序是——

［课件展示］

排序

○读第4自然段，给下面的内容排序，再说说曹冲称象的过程

① 赶象上船   ③ 把大象赶上岸，往船上装石头

② 在船舷上做记号   ④ 称石头的重量

生：1、3、2、4。

师：现在，谁能完整地说出曹冲让士兵称象的过程？

生：把大象赶上船，看一看船身下沉了多少，在船舷上画线。接着又把大象赶下船，在船上装石头，最后称出石头的重量，就是大象的重量。

师：基本完整，但有一个关键的地方没说清楚，可能会导致称错，是哪里？

生：在船上装石头，一直装到船沉到画线的地方。

2.聚焦主角，完成片段背诵

师：这一点非常重要，千万别忘了。同学们，这一系列的话都是曹冲站出来说的，对吧？这时候他才 7 岁，那你看，如果我说"他 7 岁"可以吗？

生：不可以。

师：为什么？

生：因为"才"代表他只有 7 岁。

师：原来"才"字说明他还小，这么小就这么聪明，更了不起！同学们想一想，曹冲一站出来，他讲话就应该大声，大方，大胆，为什么？

生：因为他要讲给很多人听。

师：是啊，不仅要讲给很多人听，更要讲得清清楚楚！现在请同学们来表演。

（生上台背诵片段）

评析 重点段落学习，何老师以数句子、读句子、串句子等看似传统又普通的方法，悄无声息地教会了学生复述故事的精彩情节，达成新课标对低学段学生"表达与交流"能力的目标。更以一个看似不经意的问题，引导学生理解、欣赏语言文字产生的效果。最后让学生表演曹冲站出来说话的场景，完成片段背诵。真正体现出，教师的教，是为了帮助学生的学，落实到学生的学。

五、观字形 升华思维方式

师：同学们，曹冲说了这么多，我们看看曹操满意吗？他是什么表现？

生：曹操很满意，他微笑着点了点头，叫人照曹冲说的办法去做，果然称出了大象的重量。

师：看到儿子如此出色，曹操满意得笑都藏不住了！我们一起再读一读这一自然段。

生：（齐读）曹操微笑着点了点头。他叫人照曹冲说的办法去做，果然称出了大象的重量。

师：曹冲才 7 岁就能想到这么巧妙的称象办法，一定是他积极思考的结果。现在，何老师考考你们会不会思考，请找出这些字的共同点。

〔课件展示〕

| 柱 | 底 | 岁 |
| 站 | 船 | 然 |

生 1：它们都有"点"这个笔画。

师：你们太厉害了！继续思考：请问这些"点"写法都一样吗？

生 2：不一样，"点"在最上面写的时候要居中，在字中间笔画里的时候要写小一点，几个排在一起的时候大小也不一样。

师：果然厉害！请问这些"点"写法上有没有什么相似之处

呢？

生 3：都是由轻到重，除了左点以外，其他的点都是向右边倾斜的。

师：这节课，写好这些点你就成功了，会写了吗？开始写字。

（生写字）

师：认为自己把"点"都写得很棒的同学请上台。

（学生上台展示，教师投影点评）

师：同学们，这堂课，我们知道曹冲能想到让曹操满意的称象办法，是因为他爱思考。课堂上，何老师看到大家积极思考的时候也毫不逊色，希望大家能一直保持这种积极思考的状态，不断进步！

评析 生字教学环节，何老师依然紧扣"思考"，培养学生学会观察字形，体会汉字部件之间的关系，最后将"生活中遇到事情应积极思考"的道理像给花浇水一样，浇进学生心里。同时，培养学生独立自主学习的习惯，为之后生字等基础知识的学习打下基础。

总评

故事学习，思维先行。《曹冲称象》是一篇根据《三国志·魏书·邓哀王冲传》改编的中国古代经典故事，介绍了曹冲称象的经过，旨在赞扬曹冲的聪明才智，启发学生养成积极思考的习惯。故事离现在比较遥远，其中提及的工具——"秤"，学生几乎没见过，教学难度较大。何老师执教的这节课，给了我们许多启发。

1. 指向思维，深度挖掘文本价值

新课标指出"义务教育语文课程培养的核心素养，是学生在积极的语文实践活动中积累、建构并在真实的语言运用情境中表现出来的，是文化自信和语言运用、思维能力、审美创造的综合体现"。何老师在执教中，以思维能力培养为导向，兼顾了语言运用能力、审美创造能力的发展。

2. 创设情境，激发内在学习动机

学习动机是激发学生进行学习活动、维持已引起的学习活动，并使学习行为朝向一定目标的一种内部心理状态。通俗地说，学生只有产生了内在的学习动机，才会积极主动地学习。何老师在课堂上巧妙设计的学习活动，如"议论纷纷""表演曹冲"等，让学生产生学习的浓厚兴趣，让学习在学生身上真实地发生。

3. 创新方式，紧密结合时代特点

教师是学生学习的促进者，其教学方式的选择直接影响学生的学习成效。本堂课，学生缺乏对"秤"的认识，而"秤"关系着学生是否能够理解课文中心，何老师采取视频、图片等多种方式，解决了学生的经验问题，推动课堂顺利进行。

入情入境，诗心溯源

——统编版二年级上册《古诗二首》课堂实录及评析

一、学习《登鹳雀楼》

1. 理解诗题，了解历史

（1）齐读诗题

师：同学们，今天我们学习两首古诗，请读第一首的诗题。

生：（齐读）登鹳雀楼。

师：这首诗写的是什么？

生：写的是登楼看风景。

师：没错，这首诗就是登楼写景。同学们，他登的是什么楼啊？

生：鹳雀楼。

（2）了解历史

师：诗在楼在，鹳雀楼今天在什么地方？

[课件展示]

鹳雀楼，位于山西省永济市。因为经常有鹳雀停留在上面，所以叫作鹳雀楼。

鹳雀

师：鹳雀楼在山西永济。这座楼就在黄河边，经常有鹳雀停留在上面，于是得名鹳雀楼。

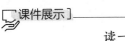 **评析** 解诗题，让学生知道这是一首写景诗，为整首诗的学习奠定了基调，学生明白了这首诗以赏景为主。介绍鹳雀楼的具体方位，让鹳雀楼从古诗中走出来，来到我们的现实生活中，拉近了古诗与学生的距离。

2.初读全诗，整体感知

（1）读好古诗，读准字音

师：同学们，诗人登楼观景，看到了什么呢？请同学们自由地读一读这首诗。

┌ 课件展示 ┐──────────────────────────────

读一读

登鹳雀楼

[唐] 王之涣

白日依山尽，

黄河入海流。

欲穷千里目，

更上一层楼。

──────────────────────────────

（生自由读古诗）

师：谁来读一读？

（生1读）

师：不错，字正腔圆，字字咬准。谁再来试一试？

（生2读）

师：掌声鼓励，有点小诗人的感觉了。我们一起来，登鹳雀楼，读——

（生齐读全诗）

（2）整体感知，欣赏风景

师：诗人登楼观景，他看到了什么？谁来说一说？

生1：他看到了白日。

生2：他看到了山、黄河。

生3：他看到了大海。

师：这个回答很有意思，诗人真的看到大海了吗？同意看到大海的请举手。

生4：我觉得诗人看见了大海，黄河自西向东，朝大海奔去。

师：非常好！这是诗人想象中见到的大海。你不同意他的看法，你来说。

生5：我觉得诗人看不见大海，大海太远了。

师：是啊，那是诗人心中之海，是眼睛看不见的。诗人觉得自己还想看，怎么办？

生6：站高点，站在更高的地方。

师：没错，站得高才能看得远。你们和诗人想的一样。

评析 不读诗，无以教。只有读通读顺了古诗，才能进行下一步的教学。通过自由读、点生读、齐读等多种方式朗读，让这首诗在学生心里留下了印迹，才能进行接下来的教学。关于"能不能看到大海"老师给出开放性的回答，引导学生站在诗人的角度进行想象，拉近与诗人的情感距离。

3.加入想象，深入探索

（1）加入想象，看心中之景

师：同学们，想想看，在鹳雀楼下的时候诗人就看到黄河水奔流而去，黄河水去哪里了？

生：去大海里了。

师：现在大海没看着怎么办？

生1：再上一层楼。

生2：往最远的地方看。

师：诗人又上了一层楼，并努力向更远的地方看，诗人想知道这奔流而去的黄河去哪里了。想要看更远的地方，就要更上一层楼，用诗句说就是——

生：欲穷千里目，更上一层楼。

师：诗人到底想看多远啊？

生：想看千里之外。

师：是啊，想看千里之外，能看到吗？

生：不能。

师：诗人想，黄河入海的盛况一定在千里之外，所以诗人不妨就让自己的心去千里之外的黄河入海处看看。人在鹳雀楼，心随黄河走，欲穷千里目，更上一层楼，读——

生：（齐读）白日依山尽，黄河入海流。欲穷千里目，更上一层楼。

师：只恨鹳雀楼只有三层，我的心想继续攀登啊，我想看黄河入海处啊。读——

生：（齐读）白日依山尽，黄河入海流。欲穷千里目，更上一层楼。

（2）进入情境，悟诗人之情

师：你觉得诗人更上一层楼，心情怎么样？

生1：诗人很开心。

生2：诗人很激动。

生3：诗人很兴奋。

生4：诗人很高兴。

师：是啊，诗人更上一层楼后，站得高，看得更远了。视野更开阔，心情也更愉悦。诗人登楼之后，又开始做什么？

课件展示

生1：又开始眺望，目视远方。

师：从上往下，诗人看到——

生：白日依山尽。

师：从近往远，诗人看到——

生：黄河入海流。

师：他心里想——

生：欲穷千里目。

师：还希望——

生：更上一层楼。

师：同学们，这首诗在课文中，一个注释都没有，因为这首诗一看就能懂。高水平的诗就是读来都懂，合在一起好听，琢磨一下有意思能又让人回味无穷。而且这首诗对仗工整，"白日"对"黄河"，"依山尽"对"入海流"。"欲穷"对"更上"，"千里目"对"一层楼"。王之涣的对仗已经达到炉火纯青之境。我们再来读一读——

（生齐读古诗）

评析 在情境中教诗，何老师把每一位学生带到诗人写诗的现场，同诗人共呼吸，同写作，与诗人神交，产生千古的共情。通过反反复复地诵读，学生入情入境，就仿佛和诗人一起登楼观景，与诗人产生共鸣。

二、学习《望庐山瀑布》

1.激趣导入，理解诗题

师：同学们，刚才我们跟随诗人王之涣登上了鹳雀楼，看到了黄河奔腾而去的美景，现在我们跟随诗人李白来到了庐山瀑布，请读诗题。

生：（齐读）望庐山瀑布。

师：这首也是观景诗。看的是什么？

生：庐山瀑布。

师：李白看到的庐山瀑布究竟是什么样？我们也去看一看。

[课件展示]

庐山瀑布

评析 出示庐山瀑布的图片，让庐山瀑布在学生心中可知可感。而这样的庐山瀑布又是怎样通过李白的笔变得天下闻名的？一下子激发了学生的好奇心和求知欲。

2.初读古诗，读出韵味

（1）读好古诗，读准字音

师：这样的庐山瀑布，极具想象力的李白是怎么写的呢？请同学们打开书本，自由读一读这首诗。

〔课件展示〕

望庐山瀑布

唐·李白

日照香炉生紫烟，

遥看瀑布挂前川。

飞流直下三千尺，

疑是银河落九天。

（生自由读古诗）

师：谁来读？

（生1读古诗）

师：不错，字字咬准。谁能读得更好？

（生2读古诗）

师：我们一起来。

（生齐读古诗）

（2）加入想象，读出画面

师：日照香炉生紫烟。要有瀑布必须有山，山越来越高，瀑布才流得越来越急。什么山？

生：香炉山。

师：香炉峰就像香炉一样，请看——

课件展示

香炉峰

香炉

师：看到这幅图，你想到哪句诗？

生：日照香炉生紫烟。

师：紫烟指的是紫色的云霞还是紫色的烟雾？

生：紫色的烟雾。

师：你们看，香炉峰高不高？谁能把香炉峰的高读出来？

生1：日照香炉生紫烟。

师：谁的香炉峰可以更高？你来！

生2：日照香炉生紫烟。

师：你把香炉峰一下子就读得很高了。谁能把紫烟读得很多？

生3：日照香炉生紫烟。

师：我们全班一起，把香炉峰读得高，把紫烟读得多。

生：（齐读）日照香炉生紫烟。

师：哪里来的紫烟？有水才有烟，有日光才有烟。诗人远远地看到——

生：遥看瀑布挂前川。

师：远看瀑布就像白布一样从山上挂下来。看到山才见得到水，山水成趣啊。一起读——

生：（齐读）遥看瀑布挂前川。

🔗 **评析** 李白作诗是在意境中作诗，在故事中作诗，李白写诗时候的才思是喷涌而出的。我们在读诗的时候要加入想象，体会诗人的情感，才能读出韵味、读出诗味。叶嘉莹先生说："声音里有诗歌一半的生命。"何老师这样带着学生入情入境地朗读古诗，让学生进入诗歌的意境中，能让学生更好地理解诗句，走进诗人。

3. 深入探究，感知意境

（1）跟随诗人，赏眼中之景

师：李白看到了什么？

生：先看到了山，然后看到了水。

师：不过这山水还是在远处，就如诗句所说——

生：日照香炉生紫烟，遥看瀑布挂前川。

师：同学们，我们要看的庐山瀑布看完了吗？

生：看完了。

师：你们现在看到的瀑布就像白布一样挂在眼前。你要知道瀑布是活的，水是流动的，如果你说看到白布，那你就把瀑布"看死"了。诗人李白往下继续看，看到了活的瀑布。哪句诗把瀑布"看活"了呢？

生：飞流直下三千尺。

师：非常好！这时候我们把瀑布"看活"了。你发现了吗，这里有一个"三千尺"，前面有个"千里目"，都有"千"。千里目，是往前看，看到最远处。三千尺，真的有这么高吗？

生1：没有，那是诗人心里想的。

生2：没有三千尺，诗人夸张了。

师：这一夸张就显得他很豪迈、很潇洒、很浪漫。瀑布这么高，这么急，何止三千尺啊。你读的时候可别读短了，谁来读一读?

生1:飞流直下三千尺。

师:这瀑布不够高，谁的瀑布可以更高?

生2:飞流直下三千尺。

师:比刚才高一些了，还不够。谁再来?

生3:飞流直下三千尺。

师:听老师读，飞流直下三千尺。我们一起来——

生:(齐读)飞流直下三千尺。

（2）走进诗人，悟心中之情

师:到这里，我们把瀑布看活了。原本看到这里，瀑布已经全看完了。但是李白看到眼前的瀑布还不满足，一定要把心中的瀑布和读者分享。这就是诗仙李白和读者的差别。我们只看到瀑布又急又高，这是眼中之瀑布。而诗人看到了心中之瀑布。在他的心中，这哪里只是人间的瀑布啊，是天上的，是仙境中的瀑布。只有仙人才能看到仙境。李白是仙人，有仙的神思，李白就是仙，只有仙人眼中的瀑布才是银河。我们和仙人李白一起欣赏落入凡间的瀑布，我们读着读着也成了神仙。来，读——

生:(齐读)飞流直下三千尺，疑是银河落九天。

师:李白眼中，香炉峰高耸入云，紫烟飘荡满山。瀑布悬挂峭壁，银河直落九天。请问浪漫不浪漫?

生:浪漫。

师:豪迈不豪迈?

生:豪迈。

师:这个瀑布壮观不壮观?

生:壮观。

师:李白爱这样的瀑布吗?

生：爱。

师：把爱带进去，我们再来读——

生：（齐读）日照香炉生紫烟，遥看瀑布挂前川。飞流直下三千尺，疑是银河落九天。

师：同学们，这首诗在我心中有三点：第一点，望不够，庐山瀑布永远望不够。第二点，想不停，想是香炉紫烟，是挂前川，是飞流直下三千尺，是银河落九天，想也想不停。第三点，爱不完，李白爱什么，爱凡间景，爱天上境。李白是仙人，爱天上境。李白落入凡间，爱凡间景。这就是诗仙李白，这就是诗仙笔下的庐山瀑布，读——

生：（齐读）日照香炉生紫烟，遥看瀑布挂前川。飞流直下三千尺，疑是银河落九天。

师：这就是闻名天下的庐山瀑布，读——

生：（齐读）日照香炉生紫烟，遥看瀑布挂前川。飞流直下三千尺，疑是银河落九天。

师：好！下课！

评析 李白是诗仙，是谪仙人，是浪漫主义诗人。李白作诗时，他的思想能飞上宇宙，在银河遨游。因此老师教李白的诗，思想要自由，要带着学生上可游九天揽星辰，下可巡五湖纵云海。本堂课就做到了这一点，何老师带着学生想象画面，带着孩子看李白看到的画面。正如叶嘉莹先生所说，只有通过想象和联想，才能领悟到诗歌兴发感动的生命力，才能对诗歌有真正的了解。

 总评

低学段古诗词教学如何教？何老师这堂课给我们做了很好的示范。王荣生教授说：教学内容和教学目标相匹配，这节课就是好课。所教即想教，想教即所教，何老师的课就是这样的一流好课。如何让古诗词课程做到所教即所想，所想即所教？以下是我的思考：

1. 读好古诗，读出画面

叶嘉莹先生说：声音里有诗歌一半的生命。教古诗，第一点就要教读。诗之所以是诗，因为它在形式上区别于其他的文学题材和类别，它有属于诗歌特有的节奏、声韵和美感。学生读诗，既要读对、读准诗歌原有的节奏变化，更应该读出学生自己的体验、理解和情感表达。何老师先带学生跟随诗人王之涣登上了鹳雀楼，随着诗人在鹳雀楼从上往下看、从近往远看，想象画面诵读古诗，读出学生自己的体验。又带着学生跟随诗仙李白一起欣赏落入凡间的瀑布，在一遍又一遍的朗读中，学生读出了自己心中的庐山瀑布，看到了自己心中的庐山瀑布。声、景、情融为一体，学生成为王之涣，成为李白。

2. 想象画面，入情入境

为什么要教学生想象？第一，符合学习诗歌的规律。第二，符合课程标准的要求。我们诗歌的学习就要让学生从有限的文字当中展开无尽的联想。新课标明确提出第一学段的学习要求：诵读儿歌、儿童诗和浅近的古诗，展开想象，获得初步的情感体验，感受语言的优美。叶嘉莹先生也说：只有通过想象和联想，才能领悟到诗歌兴发感动的生命力，才能对诗歌有真正的了解。那联想的策略如何落实呢？何老师在课堂上创设情境，让学生穿越千年，走进了诗的情境中。比如教《登鹳雀楼》，何老师问，"诗人更上一层楼后，站得高，看得更远了。视野更开阔，心情也更愉悦。诗人登楼之后，又开始做什么？"这个问题一提出，学生仿佛就站在诗人的旁边，和诗人一起登楼，和诗人共赏美景。

3. 化身诗人，诗心溯源

叶嘉莹先生说，最伟大的诗人都是用他们的生命来写诗的，而且是用自己的生命生活实践来践行他们的诗篇。新课标强调要发展学生的核心素养，所以语文课程育人才是根本，发展学生才是根本。要让学生通过学习能够获得诗歌中的知识，最终又超越于知识之上，获得人格的、心灵的、智慧的成长。何老师在课堂上一直积极引导学生以一颗"诗心"去感受古诗里的诗意和灵魂。比如教学《望庐山瀑布》，当学生认为庐山瀑布的风景已经欣赏完了时，何老师提出：我们只看到瀑布又急又高，这是眼中之瀑布。而诗人看到了心中之瀑布。在他的心中，这哪里只是人间的瀑布啊，是天上的，是仙境中的瀑布。只有仙人才能看到仙境。李白是仙人，有仙的神思，李白就是仙，只有仙人眼中的瀑布才是银河。何老师说完后，学生的思路慢慢打开，学生开始尝试像诗仙李白一样去银河遨游，赏诗仙眼中的风景，悟诗仙的浪漫豪迈之情，此时此刻学生好像就是李白，正在银河遨游。学生在何老师的诗歌课堂中塑造美好的心灵，汲取向上的力量，获得人生的智慧。

用儿童的方式编童话

——统编版三年级上册《在牛肚子里旅行》课堂实录及评析

一、明确要求 亮明目标

1. 明确目标

师：同学们，今天我们来学习第 10 课（出示课题），齐读课题——

生：在牛肚子里旅行。

师：这篇课文来自第三单元，请大家读读单元学习目标。

（出示单元学习目标）

生：感受童话丰富的想象，试着自己编童话、写童话。

师：本节课，我们学完这篇童话之后，也要试着自己编童话、写童话。

2. 了解文体

师：这是一篇科普童话，这篇课文想要借助童话告诉我们什么知识呢？

生 1：牛肚子里一共有四个胃。

生 2：牛会把吞进去的草重新送回嘴里。

生 3：我知道！这是牛的反刍。

师：到底是什么呢？我们到文中去一探究竟吧！

　🔗 评析　教师在学习前先让学生明确学习目标，通过师生共享目标，让学生明确学习任务，使其尽力而为。向学生介绍文体，引起学生的好奇心，激发他们读书的意愿，引导学生走进文本。亮明文中出现的科学现象，把科普这颗种子在学生心中悄悄种下，为后面的学习做好铺垫。

二、初读童话　整体感知

1.依靠想象创生故事角色

师：故事中有什么？

生：有一头牛和两只蟋蟀。

师：请注意，这头牛有名字吗？

生：没有。

师：这两只蟋蟀有名字吗？

生：有，红头和青头。

师：看来，这两只蟋蟀才是这个故事的主角，而故事有了主人公才能叫作童话。

2.通过想象安排故事线索

师：故事中的人物做了什么？

生：红头被牛吃了，青头去救它。

师：在牛肚子里旅行，这次经历一定充满了——

生1：危险。

生2：惊险。

师：让我们一起走进文本，看看红头经历了哪些危险。

　　评析　明确童话中的角色和生活中的事物有所不同，它们并非普通的动植物，而是被赋予了人的个性。它们的想法和行动也充满了正能量。教师慢慢抽丝剥茧，让学生明白"童话"是怎么"编"出来的，集中指向"编童话、写童话"这一目标的抵达，力求让学生"知其所以然"。

三、拆分故事　明晰写法

1.掉进牛肚子里的三次历险记

师：请同学们轻声读课文7～16自然段，用下划线画出文中描写红头遇险时的句子。

[课件展示]

轻声读课文

第7～16自然段,用"＿＿"画出文中描写红头遇险时的句子。

（1）红头的第一次历险

师：你找到红头遇到什么危险了吗？

生1：可怜的红头还没有来得及跳开，就和草一起被大黄牛卷到嘴里了。

生2："救命啊！救命啊！"红头拼命地叫起来。

师：谁来说说这个时候的红头是怎样的心情呢？

生1：着急。

生2：害怕。

师：红头做梦也没想到，刚才还在开开心心地玩，突然之间就面临死亡的危险，这真是祸从天降！你们能读出红头此时此刻焦急的内心世界吗？

（生齐读）

师：都说"相由心生"，当内心紧张的时候，我们的神情、举止是怎样的？

生1：双手握拳。

生2：眉头紧皱。

师：请带上这样的动作和表情，再读一读这句话。

（生带动作、表情，再读句子）

（2）红头的第二次历险

师：幸好红头够机灵，躲过了牛的牙齿，逃过一劫。危险结束了吗？

生：没有。

师：红头又遇到了什么危险呢？

生："那我马上就会死掉。"红头哭起来。它和草已经一起进了牛的肚子。

师：和刚才相比，此时此刻，红头的心情会发生什么变化？

生1：紧张。

生2：绝望。

师：绝望！是啊！红头心里明白，一旦进入牛的肚子，就绝无生还的机会。它是如何表现自己的绝望的？

生：它哭着说。

师：那你哭了吗？试试用"哭"的方式表达极其危险的境遇。

（生再读）

（3）红头的第三次历险

师：在牛肚子里走了一遭的红头，还有一个更大的危险等着它！

生：这一下，红头又看见了光亮。可是，它已经一动也不能动了。

师：这时候，红头看起来已经——

生1：活不了多久了。

生2：奄奄一息了。

师：你能试着读出红头此时的状态吗？

（生朗读，读出有气无力的感觉）

师：红头在牛肚子里的这趟"旅行"真是充满了曲折啊。我紧张得手心里全是汗，你们呢？

生1：我也紧张得直冒冷汗。

生2：我紧张得心都要跳出来了。

师：好的童话故事，情节一定是曲折的，这样才能吸引人。

（板书：情节曲折）

2. 藏在历险故事中的科普知识

师：让我们再次聚焦红头最危险的这次经历，你有什么发现？

 课件展示

红头在牛肚子里随着草一起移动，从第一个胃到了第二个胃，又从第二个胃回到了牛嘴里。这一下，红头又看见了光亮。可是，它已经一动也不能动了。

生：牛好像不止一个胃。

师：人只有一个胃，牛可是有四个胃呢！

课件展示

wèi

胃

注意"月"的撇
要写成竖撇

师："胃"字，是月字旁，俗称肉月旁。还有哪些肉月旁的字可以表示我们身体的部位呢？

生：脸、肚、腿……

师：你们发现了肉月旁的秘密，还发现了什么？

生：牛会把吃到肚子里的食物再送回到嘴里。

师：这就是牛的反刍。

（小视频介绍牛的反刍科普知识）

牛为什么会不停地嚼东西？牛是反刍动物，吃草，但草里的纤维素很难消化，所以有空就会嚼，这种现象叫反刍。牛有四个胃，分别是瘤胃、蜂巢胃、重瓣胃和皱胃，牛吃下的食物不经细嚼，就从瘤胃到蜂巢胃，经过发酵又返回到嘴里，反复细嚼后再送到第三个胃，最后送到皱胃吸收。这就是牛为什么不吃草时也在咀嚼的原因。

师：你看，作者把复杂的科普知识变成了一个有趣的童话故事，靠的是什么？

生：丰富的想象。

师：是啊！想象要丰富，更需要合乎生活的规律。所以，在编童话的过程中，我们该如何去想象？

生：合理地想。

师：是啊！好的童话故事，想象一定要合理，想象合理才能贴近生活。

（板书：想象合理）

3. 见证一场历险中的深厚友情

师：在这场旅行中，红头其实并不孤单，有"一个人"始终不离不弃，它是——

生：青头。

师：青头是如何一步一步帮助红头脱险的呢？请同学们默读课文，找出青头帮助红头时是怎么说的，怎么做的。

（生默读，圈画）

师：（课件展示对话）现在，老师当红头，你们当青头，读一读对话。

┌─ 课件展示 ──────────────────────

　　我被卷到牛嘴里了，救命啊！救命啊！谁来救救我？

　　躲过它的牙齿，牛在这时候不会仔细嚼的，它会把你和草一起吞到肚子里去……

　　可是我快要死掉了，我被吞到牛肚子里了。

　　红头！不要怕，你会出来的。

　　谢谢你的安慰。可是牛肚子里黑洞洞的，我什么也看不见，我肯定出不来了。

　　你是勇敢的蟋蟀，你一定能出来的。

　　谢谢你的鼓励。啊，我看到光亮了，可我一动也不能动了。青头，你能帮帮我吗？

　　青头爬到牛鼻子上，用它的身体在牛鼻孔里蹭来蹭去。

　　牛打了个喷嚏，红头随着一团草一下子给喷了出来。看到自己的好朋友，红头泪流满面地说："谢谢你……"

红头还会说什么呢？
─────────────────────────

　　师：我被卷到牛嘴里了，救命啊！救命啊！谁来救救我？

　　生：（读）躲过它的牙齿，牛在这时候不会仔细嚼的，它会把你和草一起吞到肚子里去……

　　师：可是我快要死掉了，我被吞到牛肚子里了。

　　生：（读）红头！不要怕，你会出来的。

　　师：谢谢你的安慰。可是牛肚子里黑洞洞的，我什么也看不见，我肯定出不来了。

　　生：（读）你是勇敢的蟋蟀，你一定能出来的。

　　师：谢谢你的鼓励。啊，我看到光亮了，可我一动也不能动了。青头，你能帮帮我吗？

生：（读）青头爬到牛鼻子上，用它的身体在牛鼻孔里蹭来蹭去。

师：牛打了个喷嚏，红头随着一团草一下子给喷了出来。看到自己的好朋友，红头泪流满面地说："谢谢你……"红头还会说什么呢？

生1：如果没有你，我就葬身牛肚子里了。

生2：多亏了你，我才能成功脱险。

生3：谢谢你，我的朋友，有了你，我一点也不害怕！

师：对呀，正是有了青头的帮助，红头的"惊险之旅"变成了它们的"友谊之旅"。好的童话故事，一定会传达美好的情感，让人感到温暖。

（板书：情感美好）

🔗 **评析** 这一版块向学生展示"角色安排""想象加工""布局构思""情感美好"等童话创作带给我们的启发。何老师在执教过程中不断渗透想象类作文的写作技法，集中指向"编童话、写童话"这一目标。学生看到"青头"如何营救伙伴，梳理"红头"如何在牛肚子里"旅行"，如何脱险，知道牛的反刍功能是什么，明白他们的深厚友情如何建立等，一步一步引导学生知道"如何才能写成这样"的童话。

四、提供支架　读写结合

1. 提供科普短文

师：这是多么有趣的一个科学童话，我们也试着向课文学习，编一个童话故事吧。

┌─ 课件展示 ┐

科普小资料：

磁铁是人类社会发展进程中一项重要的发明。将条形磁铁的中点用细线悬挂起来，静止的时候，它的两端会各指向地球的南方和北方，指向北方的一端称为指北极或 N 极，指向南方的一端称为指南极或 S 极。两个磁铁放在一起，如果是 N 极和 S 极靠近，那么这两个磁铁就会相互吸引，如果是 N 极和 N 极或者是 S 极和 S 极靠近，两个磁铁就会相互排斥，这就是著名的磁铁原理：同性相吸，异性相斥。

你来编童话

设立故事角色
想象故事情节
总结童话之美

2. 设立故事角色

师：现在，请你根据科普小资料编写一个童话故事，你会先做什么呢？

生：给磁铁取名字。

师：是的，名字取得好听，取得特别，可以让人印象深刻。姑且叫它们小青、小红吧。

3. 想象故事情节

师：小青和小红，它俩会发生什么故事呢？请你们为这个故事创编好玩的情节。情节曲折，故事就好看了。

生：我的书桌里藏着两块小磁铁，一块叫小青，一块叫小红。它俩是一对好朋友，身上都带有 N 极和 S 极。

师：情节曲折的故事开始了，接着往下说。

生：当两个朋友的 N 极碰在一起时，两个好朋友会被推开。当一方的 N 极和另一方的 S 极碰在一起时，它们会紧紧拥抱在一起。有一次，有一把大铁锤想要狠狠砸向它们，这可怎么办呀？要是被大铁锤砸到，它俩肯定凶多吉少。有办法了！这对好朋友的 N 极同时出现，它俩被推开，逃过一劫。大铁锤失落地离开了，小青和小红激动地拥抱在一起，互相感谢："谢谢你，我的朋友！"

师：哈哈，幸亏有惊无险啊！

4. 总结童话之美

师：多么美好的友情啊！同学们，齐读单元导语。

生：乘着想象的翅膀，游历奇妙的童话王国，看花儿跳舞，听星星歌唱。

师：你们都是最好的童话家，我期待诞生更多有趣的童话故事。

评析 学生能否"写出童话"是用来检验本课教学效果的标尺。何老师为学生提供科普材料，设立写作支架，让学生自己进行"角色安排"，对情节进行"想象加工"，为整个童话故事"布局构思"，从而实现读写结合。在教师的辅导下，当堂实现"教—学—练"三位一体的良性推进。

总评

教学生用儿童的方式去编写童话，让他们"知其然"，更要"知其所以然"。《在牛肚子里旅行》是一篇科学小品文，作者张之路用生动的童话语言为孩子们解释一个科普知识，安排在本单元的这个位置，除了提高学生的感受能力，更重要的是集中向"编童话、写童话"这一目标前进。课文的语言生动，知识性、趣味性都很浓。那么，怎样才能确保学生顺利写出童话故事呢？何老师为我们提供了一些思考和方向。

1. 亮明目标，激活兴趣，搭建学习阶梯

课堂伊始，何老师便亮出本课的位置以及学习目标，重视学习情境的创设和学习动机的激发，推动学生在后续学习过程中进一步强化积极的情感体验。

2. 整体把握，梳理文意，感受人物形象

这一教学模块主要引导学生通过阅读文本，梳理故事情节。明确红头在牛肚子里的三次历险，引导学生从红头和青头的对话描写中感知人物形象，感受红头胆小害怕、懂得感恩和青头重情重义、机智勇敢、沉着冷静的性格特点。拆分整个故事，梳理出编写童话要具备的三个重要环节：情节曲折、想象合理、情感美好，为后面学生写童话提供支架。

3. 读写互动，相融共通，落实写作要求

潘新和教授认为："教阅读就是教写作，教写作就是对阅读教学的检验与反馈。学生都学完了，教学还没完，要会写，才是一个阶段教学应有的结果。"何老师在执教本课时，将教材提出的习作要求一一落实，分别是：设定好角色，设想好故事的结构，引导学生有序地、有组织地、有构思地进行写作，让想象合理与大胆完美结合。最终学生能做到叶圣陶先生说的美好效果——"自能写作，不待老师讲"。

聚焦阅读策略，感受预测之趣

——统编版三年级上册《总也倒不了的老屋》课堂实录及评析

一、要素亮相　明预测之意

1. 关注目标，感知预测

师：今天我们学习四单元第一课《总也倒不了的老屋》。先来看看单元提示。这个单元我们重点需要学习什么？

生：学会预测。

师：请具体说说本单元的语文要素。

生：语文要素有两条，一是一边读一边预测，顺着故事情节去猜想。二是学习预测的方法。

师：本单元的第一篇文章就是《总也倒不了的老屋》。我们就按照单元要求，一边读这个有趣的故事，一边学习预测，感受阅读中预测的乐趣。

2. 联系生活，理解预测

师：单元提示中有一个非常关键的词出现了两次，叫"预测"，什么叫"预测"？

生：预测就是猜一猜。

师：不错，其实阅读中预测用一个词来说特别好懂，这个词叫——猜读。

师：猜读就是一边猜——

生：一边读。

师：一边读——

生：一边猜。

师：猜一猜——

生：读一读。

师：读一读——

生：猜一猜。

师：读不下去了——

生：就猜。

师：猜不了，就——

生：读。

🔗 **评析** 统编教材教学，特别注重单元中的语文要素。何老师在课堂开始就直接亮出语文要素，师生共享目标，让学生在整个学习过程中学得明白，学得清晰。

二、聚焦目标　学预测之法

1.听读故事，整体预测

师：接下来，我们来听读故事。我播放音频，讲故事，大家听故事。要求有两个：第一，听完整个故事然后再做反应。第二，统计一下在听故事的过程中，你到底有几次猜测。（播放音频）

（生听故事，猜一猜）

师：故事听完了，你有几次猜测呢？

生：四次。

师：真不错！只要你有一次猜测，你就会猜读了。掌声送给自己。

师：这个故事其实没有完，它才写了一半。猜猜，最后老屋倒了吗？

生1：没有倒。快倒的时候，母鸡、蜘蛛会来要求住进房子里。

生2：不会倒。因为课题是总也倒不了的老屋。

生3：会倒。蜘蛛一死，老屋就会倒。

生4：会倒。老屋总有一天会撑不下去的。

2.关注旁批，随文预测

师：同学们，打开课本，课文共三页。看看课文的第一页，课文旁边有两次批注。请读第一处——

［课件展示］

看一看：

文中两处猜测

【题目】老屋总也倒不了，是被施了魔法吗？

【插图】图中的老屋看上去那么慈祥，它应该会答应吧！

发现与讨论：

读到题目就能猜

读到插图也能猜

读到什么还能猜？

批注1.老屋总也倒不了，是被施了魔法吗？

批注2.图中的老屋看上去那么慈祥，它应该会答应吧！

师：同学们，你们发现了吗？看到哪里就能猜？

生：我们读到题目就能猜，看到插图也能猜。

师：请看学习任务（课件展示）文中课文旁边有7处旁批，是编者的猜测，请你读一读课文和旁批，重点想一想读到哪些地方就能够进行猜测。

（生默读批注和课文）

师：请同学们读第三、第四处批注。（课件展示）

生："我想老屋可能会不耐烦了""一读到这句话，我就知道，一定又有谁来请老屋帮忙了"。

师：再读第三处批注，这里有两个重要的字"我想"，请问凡是有什么的地方都可以猜？

　　生：有想法。

　　师：是的，今后凡是有想法的地方都可以猜，请问是谁的想法？

　　生：自己的。

　　师：读红色画线句子"一读到这句话"。

　　生：一读到这句话。

　　师："这句话"是哪句话？

　　生：老屋说："再见！好了，我到了倒下的时候了。"

　　师：这句话在文中出现了几次？

　　生：三次。

　　师：一句话在文中出现了三次，是不是重要的话？齐读"重要的话"。今后读一篇文章的时候，凡是重要的话我们都可以把它画下来然后猜一猜，明白了吗？

　　师：读第六处批注，到底有几个需要帮助的小动物？（3个）

　　师：小动物请求什么？

　　生：老屋不要倒，然后动物们进去避难，就很开心。

　　师：今后读故事，凡是读到这些语言差不多的地方，反复出现的地方，也可以猜测。再读第七处猜测。

　　生：估计老屋不会倒了。

　　师：这个猜测已经是故事的末尾了，原来我们读到哪儿还可以猜？

　　生：故事的结尾。

　　师：来，我们复习一下，全文哪些地方可以猜测呢？

　　生：读到题目、开头、插图、内容、结尾……都可以猜。

　　师：我送给大家一句话，你只要把这句话带走就学会预测啦。

☞课件展示 ——————————————————————

猜读，到底
可以从哪些地方
开始呢？

全文哪些地方可供猜读？
题目、开头、插图、内容、结尾……

只要你想猜，到处都可猜。

生：（齐读）只要你想猜，到处都可猜。

🔗 **评析** "在游泳中学游泳"。学习预测，就要跟随故事，一边听一边进行。由于教材采用旁批的方式展示预测，所以教师用讲述的方式，引导学生听后预测，预测后对比，这样的学习效果，是基于教材的设计而定，也考虑到预测的神秘性和阅读的趣味性。

3.借力助学，总结方法

师：同学们，学习从哪些地方猜，这只是我们这节课完成的第一项任务。接下来的任务更难，敢不敢挑战？文章中有七处猜读，到底是怎么猜出来的呢？

（1）如何做出预测——找规律

师：来，所有同学认认真真地读一读第一处猜测。

生：老屋总也倒不了，是被施了魔法吗？

师：看，这一处是针对课题的猜测。我们先来找找规律。第一个问题：猜测的部分和题目有关系吗？

生：我觉得是有关的，因为它说老屋总也倒不了，是被施了魔法吗？这个是根据题目来提问的。

师：对，题目中就有三个字，叫——

生：倒不了。它们是有联系的。

师：看第二题：猜的内容好玩在哪里？

生：好玩在它说"是被施了魔法吗？"。

生：大家都喜欢看魔法，魔法可以变出很多好玩的，魔法也可以有想象力。

师：于是怎么好玩怎么猜对不对？

师：所以猜读就是两个词，来，读——

生：有联系、有意思。

课件展示

老屋总也倒不了，是被施了魔法吗？

找规律：
猜的和题目，有关系么？
找乐趣：
猜的内容好玩在哪里？

有联系　　有意思

（2）如何预测准确——有依据

师：如何预测，才能更准确？请看课后习题，老师把它用表格的方式呈现出来。

课件展示

当我读到老母鸡请求老屋不要倒下时，我猜老屋可能会不耐烦。因为不断地被别人打扰，可能会觉得很烦。

故事里的内容	生活经验、生活常识	预测的内容
小猫刚刚离开，老母鸡又来请求老屋不要倒下。	生活中不断被别人打扰，会觉得很烦。	老屋可能会不耐烦了。

读　　　　　　　　想　　　　　　　　说

师：你发现每一列分别是什么内容了吗？

生：第一列，是故事的内容；第二列是根据故事内容想到的生活中的事；第三列是做出的预测。

师：你发现三列之间的规律或者联系了吗？

生：第一列故事内容是最关键的，可以通过阅读知道。然后根据阅读到的故事，展开联想，想到生活中的事。最后，根据联想，有了预测，我们就可以把自己的预测大声说出来了！

师：很好，看来预测不是胡乱猜想，而是有根有据的。你觉得，要想预测得准，依靠什么？

生1：可以靠阅读，读得细致，预测得就准。

生2：可以靠平常多留意生活，你在生活中遇到的情况多，也可以预测准。

生3：我觉得要靠大脑，大脑要思考，预测就准，不要随便预测。

师：大家说得好，总结起来，预测要想准，就要有三靠：靠读，靠想，靠说。你们的结论很有意思，也很有意义！猜读就要大胆说出自己的结论。

（3）面对预测失败——正态度

师：我们再看看课文中的预测，居然发现，第一条和第三条预测得不是很准确。当你读完这篇课文后，你会发现，老屋根本没有不耐烦，对不对？那么我们就是猜错了，可见猜读有时对——

生：有时错。

师：有时错——

生：有时对。

师：对也可以——

生：错也可以。

师：猜读有没有讲究对错？

生：没有。

师：只要能猜出来——

生：就可以。

师：是的，这就是猜读的三步，第一步叫作——

生：读。

师：第二步叫作——

生：想。

师：第三步叫作——

生：说。

师：请看，自己读表格就明白了，两处猜测都是这么猜出来的。

评析 本环节教学，让学生充分借助助学系统（课文旁批、课后习题等），感受预测的乐趣，明确预测的依据，正确面对预测的失败。预测，原本是个人内心的思维，而注重依据的预测，更具有教学的意味。预测要有依据，阅读过程中要根据实际内容不断调整阅读预测的方向。

三、迁移运用　践预测之法

师：方法学会了，同学们练习一处试试吧。请看！我从文中抽出了一段"老屋低头看看，吃力地眯起眼睛……"，读到这段话，你会有什么猜测呢？

生：我的猜测是老屋眼睛都花了，不会把小猫看成老虎就不放它进来吧。

师：有意思，比魔法还酷。

生：老屋看到小猫会不会让它进去呢？

师：谢谢你。你的猜测和我好接近啊。联系课文，课文中有老屋，课文中有小猫，于是何老师的猜测是——（出示课件：老师的猜测）

生：（齐读）那么老屋和小猫会聊得很开心吗？

💬 **评析** 本单元是策略单元，作为单元首篇，教的意味要浓厚，教学要到位，效果要确保。本环节教学具体切中实践，引导学生自主实践体验预测的过程。配合跟进练习，巩固所学。

四、总结方法　激预测之趣

1.鼓励引导，自主梳理方法

师：（课件展示本单元习作页面）学习到这里，我们的课快要结束了；学到了这里，真相也大白了。关于猜读，请你们快速来回答。第一个问题：猜读，都要猜对吗？

生：不需要。

师：猜读是不是可以从头猜到尾？

生：可以。

师：随便猜能不能算是一种猜？

生：可以。

师：最后一个问题，猜对，你有什么诀窍？愿意交流的同学请排队到这里来说。

生1：我猜对的诀窍是联系文章。

生2：可以根据插图来猜，或者联系生活来猜测。

生3：预测需要读课文，猜测的内容要和课文紧密联系。

生4：猜测要根据经验。只要我们读故事时一边读一边猜，读到感兴趣的地方，就迫不及待地猜测。我有可能猜对，也有可能猜错。猜对了，心里好激动，好开心；猜错了很疑惑，更想看看后面发生了什么事儿。这样读书就更有趣啦!

师:说得非常好。掌声鼓励!你们今天有些猜测很"离谱",那是因为你们经验不足,往后你们多读书,读得越多,猜得越多,猜得也就会越准。好了,同学们,送给你们几句话——

生:(齐读)猜读,并非胡乱猜测。猜读,应该努力做到有根有据。

2.归纳总结,激发继续学习兴趣

师:本单元,还有两篇课文需要学习。一课是《胡萝卜先生的长胡子》,请大家借助课文,再次巩固对预测的学习;另一课是《小狗学叫》,课文提供了三种预测结果,需要大家学习后对比哪一种结果更好。祝福大家预测越来越准,成为小小诸葛亮,料事如神。

评析 本单元是策略单元,作为单元首篇,教学要到位,要确保效果。本环节教学具体切中实践,引导学生自主实践体验预测的过程。配合跟进练习,巩固所学。

总评

策略单元,是小学语文统编教材中三个特殊单元之一,既是亮点,也是难点和痛点。对于阅读策略单元究竟该怎么教,中小学语文统编教材总主编温儒敏给出了具体的教学指导意见:策略单元就是提示教师在教学中应注重对策略的教学与渗透,单元教学中应把策略当作核心目标、显性目标予以实施。

把《总也倒不了的老屋》作为预测单元的第一篇课文,就是要以这篇课文为例,去教预测策略,引导学生系统地学习有关预测的方法,再运用方法在本单元其他课文中继续实践。如何让学生在阅读中学习运用阅读策略,体验预测的乐趣,提升阅读能力。

何老师的这堂课给我们做了精彩的示范。

1. 教学目标明确，提供路径指导

执教策略单元，要在目标的指引下敞亮前行，给学生可抵达目标的路径。此课的教与学，都实实在在地朝着目标推进。学生学习目标明确，知道"我要去哪里"，整个学习过程路径清晰，借助课文旁批和课后习题，让学生学会"读到哪里可以预测""如何能够做出这样的预测""预测产生的方法"。何老师善于搭建和利用支架，促进学生的学习。

2. 教学流程清晰，"五环节""三部曲"

阅读策略是一个大系统，是分层次和类型的，其作用也各不相同。把"预测"放在新课标中考量，目标上，它对应的是"核心素养—思维能力—直觉思维"；呈现形式上，它对应的是"思辨性阅读与表达—推断—依据事实和细节，表达自己的观点和思考"。为达成目标，何老师在教学中引导学生经历"策略提炼——概念理解——方法获取——练习巩固——实战运用"五个环节的学习过程，学生明白预测可以从读故事入手，再到结合生活和上下文进行联想，最后到大胆直接表述。从"读"到"想"再到"说"的三部曲，发现预测的路径，促进思维的发展。

3. 教学意图明朗，练评互动扎实

何老师的这堂课，师生互动贯穿全程，这是一种不可或缺的学习体验；适时调整预测结果，比对印证预测结果与原文，这是可贵的学习体验；在比对中不断地校正预测，让预测更为精准，这是必经的学习体验；同伴之间的交流，师生之间的互动，这更是一种充满乐趣的学习体验。学生将自己的预测结果和别人进行分享、互换，有助于学生语文能力的提升。因此，在教学中，何老师留下了更多的空间与时间，让学生获得体验，让切身的体验转化为对预测的认识与兴趣，这是何老师课堂的一大特色。阅读策略的形成需要经历模仿、调整、抽象、迁移、运用的学习过程。

作为策略单元的首篇课文，何老师的整个教学过程"教—学—评"一体，练评互动扎实。丰富的学习经历和必要的学习支持，促进了学生阅读策略的形成，使学生的阅读能力逐步提高。

诵读中华智慧小故事，来一场古今奇遇记

——统编版三年级上册《司马光》课堂实录及评析

一、知人论世 关注人物 引发兴趣

1. 谁是司马光——了解人物，激发兴趣

师：司马光是以前很有名的一个人，但很多同学可能不知道他．你知道吗？

生：司马光是古代的一个小孩子。

师：他非常厉害。在历史上他是政治学家、历史学家、文学家，不止如此，你看他官居宰相，谁知道宰相有多大？

生：我认为宰相是在皇帝的下面第一大的。

师：没错，一人之下万人之上。他主持编撰了中国历史上第一部编年体通史，听懂了请举手。

生：不太清楚。

师：司马光编了历史上第一部系统史书。你现在可以不懂，你未来可能会懂，这书的名字就叫《资治通鉴》。历代帝王都把它当作教科书，请挥动你手中的教科书。没错，司马光写的这本书，当时皇帝都有一本。请问《资治通鉴》重要不重要？

生：重要。

2. 回忆司马光——回顾经典，引入新课

师：今天学习的这个故事就是司马光小时候的故事，故事叫作《司马光砸缸》。接下来请大家听故事，好不好？

生：好。

（课件展示并播放录音）

课件展示

古时候有个孩子，叫司马光。有一回他跟几个小朋友在花园里玩，花园里有假山，假山下面有一口大水缸，缸里装满了水。有个小朋友爬到假山上去玩，一不小心掉进了大水缸。别的小朋友都慌了，有的吓哭了，有的叫着喊着跑去找大人。司马光没有慌，他举起一块石头使劲砸那口缸，一下子就把缸砸破了，缸里的水流出来了，掉进缸里的小朋友得救啦！

师：这个故事跟你们小时候听的是一样的，故事发生在什么时候？

生：古时候。

师：我们今天要学的课文题目就叫——

生：司马光。

评析 三年级学生第一次接触文言文，不可操之过急，不可旁枝末节地拓展，需抓住学生喜欢的"趣味性"，带领学生轻松地走进文言文。何老师通过人物简介、把《资治通鉴》作比"教科书"和回顾经典《司马光砸缸》让学生轻松了解古人的信息和经典著作的信息，给了学生接触文言文的第一份"见面礼"——轻松、有趣。

二、古文好"古" 文白对比 初识文言文

1.初读文言，体会特点

（1）初读文言文

师：我们第一次学习文言文，那么文言文是什么样的？打开课本24课，请同学们自己读一读这篇课文。

（生自己读）

师：全文总共几句话？

生：两句。

师：太棒了！谁来试着把它读通读顺？

生：第 24 课，《司马光》。群儿戏于庭，一儿登瓮，足跌没水中，众皆弃去。光持石击瓮破之，水迸，儿得活。

师：掌声鼓励，同学请你带着我，再找一个同学读。（学生牵着老师的手找到下一个朗读者）

（生读课文）

师：同学们读得很不错，掌声鼓励。现在我请全班一起读。

（生齐读）

（2）体会文言特点

师：第一次接触古文，这文言文跟平时读的故事有什么区别？说得越多越好，越细越好。

生1：我就觉得好短，古文短，平时的文章比较长。

师：对，一短一长，区别一。

生2：文言文很短，但是故事讲得清清楚楚。

师：对，他们用很短的两句话就把我们平时的长篇课文描述出来了。古文虽短，但是容量挺大。

生1：古文比较难读。

生2：我觉得不难，因为它像以前学过的诗一样，旁边有注释，结合注释就可以读懂意思啦。

师：了不起，掌声鼓励！同学们真厉害，发现了好多差别。

生3：古文里有一些字的意思，和我们现在的意思不一样了。

师：没错，古代人常用的，我们现在不常用了。

生4：古时候的课文里面有些字，读起来很押韵。

师：掌声鼓励！

生 5：我发现文言文会简写，它在文章中把司马光说成"光"。

师：这就是古文为什么那么简洁的原因，它把很多东西都简写了，对不对？例如司马光叫作"光"。"司马"是姓，"光"才是名，我叫何捷，于是在古文中我就叫一个字——

生 5：捷。

2. 再读文言，读得通畅

师：韩愈说过"彼童子之师，授之书而习其句读者"，意思是说，学习文言文，首先要把文章读通顺，读出正确的停顿。

怎么才能读通？我将这个古文，划分了节奏。

（课件出示划分停顿的全文）

（全班同学按划分的节奏逐句跟老师读）

师：哇！大家读得很好，我再提醒一下，你们读得很有节奏，对不对？有些地方我们该拖长，有些地方该紧凑，我们可以更紧凑点，例如，"持石""光——持石击瓮"。谁来读一遍？

（生范读）

师：掌声鼓励，读得非常好。

3. 三读文言，读出滋味

师：同学们第一步读好了，请再看。梁启超曾说"念古文非摇头摆尾不可"。来，同学们摇头摆尾读起来。

（生演示摇头摆尾）

师：你觉得摇头摆尾是这样的。那么，摇头摆尾地读是怎样的呢？大家看一看。（课件出示古人摇头摆尾读书的影像）读文言文的时候，你也可以像这样跟着节奏摇头摆尾地读。

师：同学们，全体起立。古人读书的时候喜欢把书卷在手中，这个动词叫"卷"。请同学们"卷书"，看着我的手（教师用手指挥学生读的节奏）。来，一起再读一读。

（生手执书卷，摇头摆尾读）

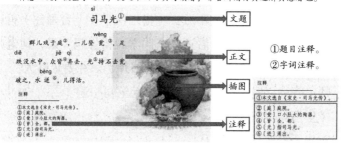 **评析** "朗读"是文言文学习的第一要义。何老师的这一板块分成初读文言、再读文言、三读文言，构成了文言文朗读的三个梯度：学生初读文言数句子，顺势说说自己第一次学习文言文的发现与收获，让学生的朗读产生轻松之感。再读和三读文言，以古语解古味，朗读由"读通"过渡到"有节奏、有韵味"地读，学生在学与动的学习活动中完成了课后第一题的初阶要求。

三、古文不"古" 文白对比 读懂故事

1.认识"注释"，理解意思

师：韩愈又说"彼童子之师，授之书而习其句读者，非吾所谓传其道解其惑者也"，什么意思呢？他说古时候读书最讲究的是心里要明白意思。

师：请看，这篇古文分为四个部分。

┌ 课件展示 ┐

韩愈又说：彼童子之师，授之书而习其句读者，非吾所谓传其道解其惑者也。

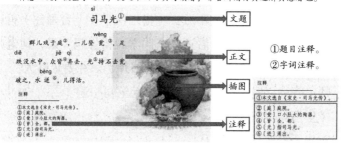

生 1：文题。

生 2：正文。

生 3：插图。

生 4：注释。

师：接下来，就让我们跟着注释读懂这个故事。什么是注释呢？请看——

我们常见的注释有两种：①题目注释，他告诉我们这篇课文是谁写的，来自哪里，好像身份证一样。②字词注释。文中需要解释的字词的右上角标有序号，在注释部分相同序号的后面便是他们的意思了。我们按照数字一一对应就可以轻而易举地读懂他们了。

师：现在请同学们拿起笔，结合注释，试着把小古文读懂，一旦读懂了，就举手。

（学生默读，教师巡视评价）

2. 教学反馈，理解难懂字

师：在这么多注释中，有一条实在太古老了，需要何老师帮助大家来理解。（出示注释③瓮）

生：（读注释）瓮：口小肚大的陶器。

师：口小肚大的陶器是什么意思？

生：是那种罐子。

师：把它画出来，敢不敢？（指三位学生上台画瓮）再读注释"口小肚大的陶器"，看这三个同学画得像吗？来，何老师也带你们看看什么是瓮（课件出示瓮的图片）。瓮要足够大。

师：齐读三遍"瓮"，书空，拿起笔写一遍。

（生书写生字）

3. 出示古文，趣味识记

师：其实古时候的文章不是长这个样子的。（出示《宋史》原文中的文字）这就是真正的古文，来，直接读——

（生齐读竖着书写的古文）

📢 课件展示

司马光字君实，陕州夏县人也。父池，天章阁待制。光生七岁，凛然如成人，闻讲左氏春秋，爱之，退为家人讲，即了其大指。自是手不释书，至不知饥渴寒暑。群儿戏于庭，一儿登瓮，足跌没水中，众皆弃去，光持石击瓮破之，水迸，儿得活。其后京、洛间画以为图。仁宗宝元初，中进士甲科。年甫冠，性不喜华靡，闻喜宴独不戴花，同列语之曰：「君赐不可违。」乃簪一枝。

师：同学们，其实，真的古文是这样的（课件出示繁体字的原文）。

（生齐读竖着书写的繁体字的古文）

师：同学们真棒。但是很抱歉，古文不是这样。而是这样的，（课件出示竖着排列、繁体字的、没有标点的原文）连标点都没有，你们能读出节奏吗？

（生齐读竖着书写，繁体字不带标点的古文）

📢 课件展示

师：读书百遍，其意自现。读着读着，我们就把原文背下来了。学习文言文其实一点都不难。

4.借助图画，讲好故事

师：同学们，刚才我们花了这么多时间，实际上完成了这篇课文课后的 1、3 两题。还差第 2 题没有完成，请同学们读第 2 题的题目。

生：（齐读）用自己的话讲讲这个故事。

师：讲故事不等于背书，要能够"添油加醋"，因此可不是把两句话翻译出来这么简单。何老师把这个故事画成了连环画，借助图画，根据提示，请三位同学来讲讲故事。（课件展示连环画）

（三位同学合作，根据图画及提示绘声绘色讲故事）

师：掌声感谢这三位同学。下面，请同桌看着连环画，互相把故事讲一遍。

（同桌互讲故事）

评析 整个教学环节体现了"趣"与"实"。以微课介绍"注释"是趣，师生画"瓮"是趣，变化文言文的形式让学生猜读是趣，看连环画讲故事更是趣味无穷。学生在这样层出不穷的趣味活动中，学会了如何借助注释理解文言文，理解了意思，积累了语言，更发展了思维，这便是"实"。

四、总结回顾 拓展延伸 传承文化

师：同学们，这节课就要结束了，何老师有三个问题问问你们，看看你们学得怎么样？第一问，这个故事能讲了吗？

生：能。

师：第二问，这个古文你读懂了没有？

生：懂了。

师：第三问是何老师最纠结的，这是咱们第一次读古文，请问你还感觉害怕吗？

生：不怕啦！

师：好，同学们都不怕，我就放心了。古代像《司马光》这样类型的小故事非常多。像何老师小时候看的这些传统故事小人书现在你们在图书馆可以找到，有兴趣的同学可以多留意。

师：好，谢谢同学们，再见。

生：再见！

评析 教师的连续三问，把三年级的学生拉进了对文言文学习的兴趣之门。这一版块的设计，何老师从"读懂古文""体验阅读乐趣""激活继续了解中华智慧小故事愿望"三个层面设问，让学生梳理并肯定了自己的学习成果，让中华智慧小故事走进了学生的心里。这种影响是自发的，也是课堂效果的最佳体现。

总评

统编教材三年级上册第八单元第一课《司马光》，是学生第一次遇到的文言文。结合三年级学生特点、学段要求，"为三年级学生而教"应该成为这次教学环节设计的主旋律。何老师这节课各个环节的设计、定位是非常精准的。尤其在选择教学方向和学生能力培养方面为我们提供了很好的教学参考。

1. 定调，促生教学的"动员"功能

文章各有各样，教材编者为我们选取这篇古文，也是有意让学生在第一次接触古文时，不被强制牵引。从本学期和以往学的古诗引入，降低陌生感，让学生尽快熟悉这种比较"古"的表达方式。何老师把司马光的历史资料，转化成学生喜欢的小故事的形式，通过比对，引发学生思考司马光小时候应该是什么样，激发了学生对后面学习任务的兴趣，为继续学习文言文定好了调子，做好了动员。

2. 依据本文特点，通过朗读渐进式引导

《司马光》作为三年级学生学习的第一篇小古文，初识的教育意义显得尤为重要。何老师设计的每一个环节都用朗读贯穿始终，一步一步，从学生熟知的东西过渡到新知部分，让学生记忆的画面也更深刻。

3. 维持学习方向，标记关键特征

学生学习过程中，有时很难把控自己的学习状态和学习方向，这就需要老师及时激发学生兴趣，让其明白自己正在做什么，接下来要做什么，做到什么程度，这是教师设计支架的重要功能。何老师通过古文变式诵读来让学生感受中华传统文化气息。有关注释的理解与使用的教学设计，让学生在理性与感性思考之间自由切换，让小古文上出语文味的同时升级了文化意义。师生共同完成了本课要求的学习目标，实现了本课的学习价值。

读寓言 悟道理

——统编版三年级下册《鹿角和鹿腿》课堂实录及评析

一、趣味引入 明晰目标

1.紧扣课题，"鹿"字入课

师：读一读今天的课题。

生：（齐读）鹿角和鹿腿。

师：猜猜看，图中画的是什么？

［课件展示］

生：鹿。

师：你们说得不错，这是"鹿"字的演变过程。甲骨文时代，人们重点关注的是鹿的角，所以就画出了它的角。到了金文时代，突出了鹿的蹄子。到了篆书时代，淡化了鹿角。到了隶书时代，就有字的样子了，不过还不是我们今天写的字，今天我们写的字叫楷书。请所有同学伸出食指，在左手的掌心里写一个鹿字。（板书：鹿）

（生书写"鹿"字）

2.关注目标,发现"道理"

师:这个单元的学习目标有两个,今天这节课我们重点完成第一个目标。读——

生:(齐读)读寓言故事,明白其中的道理。

师:同学们,今天我们这节课围绕着这个目标只做两件事,一是阅读,二是发现。究竟要发现什么呢?

生:发现寓言故事的道理。

师:是的,寓言的"寓"是"寄托"的意思,即把道理寄托在故事里。那么让我们一起踏上"寻理"之路,开启我们今天的学习吧。

评析 何老师巧妙地将课题中的鹿角和鹿腿的关系融入识字教学中,创设了一个积极的语言学习环境。依标而教,以标定学,始终是何老师进行教学实践的原则。

二、初读故事 探索道理

1.整体感知,找到道理

师:寓言故事特别调皮,很喜欢把道理藏在故事中,所以需要我们一边读一边从故事中把道理挖出来。接下来,我会放音频,讲述这个故事,请大家按照要求进行学习。

课件展示

要求:1.一边听,一边跟着读。2.读完之后,在课本上画出一个最能体现道理的句子。

(生听故事,并勾画)

师:表示道理的句子是哪一句?

生:两只美丽的角差点送了我的命,可四条难看的腿却让我狮口逃生!

师：整篇课文就一页半，而表现道理的句子就藏在故事的最后。于是我们探索出道理隐藏的秘密，同学们请看红色部分，读——（课件展示）

生：寓言的道理，往往最后告诉你。

师：寓言的道理为什么要藏在最后，不藏在开头呢？

生1：如果藏在开头，你读这篇文章有什么意思啊。

生2：我觉得如果藏在开头的话，那后面就没有必要再读了。

师：两个人说的意思差不多。那我再问一个问题，寓言的道理为什么不藏在中间？

生：因为放在中间可能要讲两个故事。

师：各位，掌声鼓励。这是我听过的最妙的解释。今后要写故事一定要记住这位同学给我们的启发。

生3：我觉得道理放在中间，故事讲到一半就告诉你道理，感觉有点突然。

生4：如果藏在中间，那后面的就不用读了。

师：我们把道理总结一遍，请大家再读一读。

生：（齐读）两只美丽的鹿角差点儿送了我的命，可四条难看的鹿腿却让我狮口逃生！

💬 **评析**　何老师的教学设计特别关注教科书的单元目标及单元语文学习要素，授课伊始，他便引导学生关注单元学习目标，而后顺势进入"发现道理"环节，以问启智，很自然地实现了从教学目标到教学实践的转变。

2. 初步理解，感悟道理

师：读了这句话，你明白了什么道理？

生1：不能看漂不漂亮，要看自己的身体有没有力气。

生2：每个人都有自己的长处和短处。

生3：美丽的东西不一定很有用，但是难看的东西也会在一件小事上帮你一个大忙。

生4：我觉得要看清一个东西的实际用途。

生5：尺有所短，寸有所长。

师：刚才同学们的心里都经历了一个获得道理的过程。寓言的道理，不会直接告诉你，这个明白道理的心理过程就是——（课件展示"悟"）

生：（齐读）悟。

师：什么叫"悟"呢？读——

生：（齐读）心里明白过来。

🔗 **评析** 这一环节中教师充分引导学生联系生活实际，指导学生用自己的语言，表达自己的理解和感受，学生在自主表达、聆听他人表达的过程中，发散了思维，促进了思考，才能真正做到由"知道"到"理解"的过渡。

3.聚焦心理，探寻道理

（1）寻找依据

师：对，这个就叫"悟"。你们比小鹿厉害得多，因为小鹿不是一下子明白过来的。请同学们快速浏览课文，看看小鹿是怎么悟出道理来的。提示大家，找到文中三处描写小鹿心情变化的句子，就能解决这个问题啦。

（生默读课文，勾画道理悟出的线索）

（2）体会对"角"的喜悦

师：谁来说说，你找到的悟出道理的线索。

生：他最初很喜欢自己的鹿角。我从课文第3自然段体会出来的。

☐ 课件展示]

　　鹿摆摆身子，水中的倒影也跟着摆动起来。他从来没有注意到自己是这么漂亮，他不着急离开了，对着池水欣赏自己的美丽："啊，我的身段多么匀称，我的角多么精美别致，好像两束美丽的珊瑚！"

　　师：小鹿在水中看到自己美丽的鹿角，此时此刻的心情怎样？

　　生1：兴高采烈，心里美滋滋的。

　　生2：小鹿的心里得意洋洋、欢天喜地的。

　　师：全班一起读出小鹿的开心。小鹿非常开心，但喜悦含在心里。注意文中的这个"啊"字要读出这种喜悦。

　　（生读文）

　　（3）感受对腿的厌恶

　　师：可是小鹿对自己的腿，又是怎样的感受呢？

　　生：非常厌恶，我从第4自然段体会到的。特别是"唉"这个字，感觉他特别不喜欢自己的腿。

☐ 课件展示]

　　一阵清风吹过，池水泛起了层层波纹。鹿忽然看到了自己的腿，不禁噘起了嘴，皱起了眉头："唉，这四条腿太细了，怎么配得上这两只美丽的角呢！"

　　师：怎么读，才能读出小鹿对腿的厌恶呢？谁来读一读？

　　生1：突出"怎么配得上"，体现厌恶。（生读文）

　　生2：我觉得把"太细了"读重点儿，就能表现小鹿不喜欢自己的腿。（生读课文）

评析 新课标指出，以学生为主体的过程性体验需要教师建构真实的学习情境，学习语言文字运用也需要依托特定的学习情境。教师指导第一处朗读时引导学生把自己当成小鹿，以学生的认知为基础，奠定了朗读的情感基调。

四、复述故事 深化道理

1. 复述故事高潮部分

师：小鹿最初非常欢喜自己美丽的鹿角，后来却变成了厌恶鹿角。原先，小鹿特别厌恶自己四条难看的腿，如今变得喜欢鹿腿。请问：这喜欢到厌恶，厌恶到喜欢之间，是不是还发生了一件事情促使了情感的反转？究竟发生了一件什么事呢？

生：狮子追小鹿，鹿角卡在了树枝上，小鹿差点被狮子吃掉。

师：接下来，请同桌合作，讲述小鹿这一段惊心动魄的经历。

（生合作，尝试复述故事的高潮部分）

师：我会为大家提供一些关键词，帮助大家回忆故事情节，把故事讲清楚。

（课件展示"逼近""挂角""挣脱""没追上"）

（多组尝试复述故事高潮部分）

2. 补充复述完整故事

┌─ 课件展示 ┐

角：美丽　欣赏　差点儿送命

腿：难看　抱怨　狮口逃生

原先　突然　最后

师：大家已经复述了故事的高潮部分，接下来，我再提供两个关键词，大家就能把整个故事复述下来了，有信心吗？

生：有。

师：第一组关键词是"角"和"美丽"。

（生复述小鹿对角的喜爱的内容）

师：第二组关键词是"腿""难看"。谁能复述完整的故事？

（生添加小鹿对腿的厌恶部分，完成整个故事的复述）

师：小鹿经历了这么多的事情，终于明白了道理，一起读——

生：（齐读）鹿跑到一条小溪边，停下脚步，一边喘气，一边休息。他叹了口气，说："两只美丽的角差点儿送了我的命，可四条难看的腿却让我狮口逃生！"

（生齐读片段）

师：通过复述故事，我们又探索出了一个发现寓言道理的方法，读——（课件展示）

生：（齐读）寓言的道理，要经过特定的事。

评析 统编教科书特别重视对学生复述能力的培养，因为复述能全方位地促进学生语文核心素养的形成。在这一环节中，教师充分考虑到现阶段学生的特点，通过关键词引领，给学生提供恰当的复述支架，通过熟读和理解给学生提供了较好的复述基础，从而化难为易，指导学生讲好这个故事。

五、思辨阅读 探寻根源

1. 自由辩论，探究真理

师：这个故事告诉我们要喜欢"实用的"，不要贪图美丽，但也有人认为，美丽的东西其实也很重要。课后第三题，就让我们来辨析辨析，到底哪一种说法对呢？

〔课件展示〕

下面的说法，你赞成哪一种？说说你的理由。

1. 美丽的鹿角不重要，实用的鹿腿才是最重要的。

2. 鹿角和鹿腿都很重要，它们各有各的长处。

生1：我赞成第二条。因为鹿角在两只鹿打架的时候可以派上用场，而实用的腿也可以派上用场，所以我赞成第二条。

生2：我赞成第一条。因为两只公鹿争夺一只母鹿的时候，鹿角就有用了。还有美丽好看也很重要，我们注重仪表，爱干净，讲卫生，才能得到别人的尊重，如果总是邋里邋遢，再有用处也会被嫌弃的。

2.回到文本，探寻真理

师：好像大家说得都有道理，那到底什么才是真正的道理呢？让我们回到课文的第1、2自然段，探寻根源吧。

[课件展示]

丛林中，住着一只漂亮的鹿。

有一天，鹿口渴了，找到一个池塘，痛痛快快地喝起水来。池水清清的，像一面镜子。鹿忽然发现了自己倒映在水中的影子："咦，这是我吗？"

师：发现了吗，小鹿说的第一句话就是"咦，这是我吗？"，这说明什么？

生1：他在想"这是不是我呀？"。

生2：他平时没有注意到这一点，直到今天才发现，说明他一点儿也不了解自己。

师：是啊，它平时根本不在乎自己，根本没有清楚地认识自己。这则寓言来自《伊索寓言》，《伊索寓言》来自古希腊。在古希腊，有个哲学家，他的名字叫苏格拉底，据说，有人问苏格拉底"世上何事最难？"答曰"认识你自己。"我们认认真真读一读——（课件展示）

生：（生读）世界上最难的事——认识你自己。

师：请同学们把这句话记在心里，这才是你今天探索的寓言真正收获的道理。这是所有道理背后的源头，是最重要的道理，我们把它称为"哲理"。学习，就是不断思考哲理的过程。请把今天的收获读出来，送给所有的人吧。（课件展示）

生：（齐读）寓言的道理，往往最后告诉你。寓言的道理，不会直接告诉你。寓言的道理，要经历特定的事。最根本的道理，认识你自己。

评析 教师在授课中不是就课文内容教学生"理解"，而是通过教学内容促进教学形式上发生改变。在充分学习的基础上关注寓言的文体特点，深入挖掘寓言故事是如何揭示寓意的基本特点和表现形式，帮助学生建构了完善的寓言学习体系。

3. 拓展补充，寻根溯源

师：本次学习的《鹿角和鹿腿》是根据著名的《伊索寓言》改写的。《伊索寓言》是世界四大寓言之一。其他三本分别是：十七世纪法国的《拉·封丹寓言》，十八世纪德国的《莱辛寓言》，十九世纪俄国的《克雷洛夫寓言》。这些寓言用鲜活的形象，来说明一些深刻的人生哲理，警示世人。希望大家课后能读一读，好吗？

生：好的。

师：请问同学们，你们有没有感到遗憾？这号称是世界上的"四大寓言"，作为中国人，你有遗憾吗？

生：为什么没有我们中国的寓言？

师：是的，世界上必须要有著名的中国寓言。来，请看何老师的推荐——《庄子》《韩非子》。大家熟悉的《自相矛盾》《守株待兔》《庖丁解牛》《鲲鹏万里》都是出自这两部书。希望大家多读！下课。

评析 新课标指出："文化自信是指学生认同中华文化，对中华文化的生命力有坚定信心。"任何课程都包含文化，都是文化的载体。想让学生理解、热爱中华文化，建立自觉自信的文化意识，语文课就是最好的阵地。

总评

寓言是一种特殊的文体，学习寓言故事，最重要的就是从故事中获取道理。寓言中的道理，往往不会直接告诉你，需要读者在读懂故事后，基于理解进行提取、加工、关联、内化。从故事前往道理，从表面到内核，从浅层到深层，学习寓言，学生经历的是非常典型的学习过程。如何让学生在寓言学习中获取"道理"？何老师的这节课为我们提供了很好的示范。

1. 紧扣目标，在"故事"中"探理"

何老师的教学设计有鲜明的目标意识，目标的确定主要来自课程标准与教科书的学习要求。本课围绕单元目标——"读寓言故事，明白其中的道理"展开教学，通过"寓言的道理往往最后告诉你""寓言的道理不会直接告诉你""寓言的道理要经过特定的事"这三个教学环节，带领学生自主探究总结道理领悟的方法。这让学生不仅对本篇寓言的道理有了深刻的认知，同时探秘道理的过程层层深入而又深入浅出，切实提升了学生的对单元学习目标的理解，助力学生语文素养的提升，促进了其深度学习的发生。

2. 提供支架，在"复述"中提升

新课标提出，低年级的学生要做到"具体地复述"，中年级进行"简单复述"，高年级则需要进行创造性复述。对复述能力的要求是呈螺旋形上升的。复述指导可采用"支架、序列、还原"法。支架包括图例支架、关键词支架，序列包括读、补给、连缀。

本节课的复述指导，采用的是关键词支架。教学中以"命"为主题，逐一呈现关键词"逼近、挂角、挣脱、没追上"引导学生讲出"逃命"的过程。同时利用"角——美丽""腿——难看"的对比，再次连缀故事，实现三层推进的复述。

3. 启发思维，在"思辨"中升华

语言是思维的外壳，思维是语言的内核。在语文学习过程中，提高学生的思辨能力，是提升学生语文核心素养的重要途径。新课标中第一次集中地出现"思辨性阅读与表达"任务群，指出"思维能力是指学生在语文学习过程中的联想想象、分析比较、归纳判断等认知表现"。理性思维能帮助学生更好地适应未来社会的发展。在本堂课中，学生的思维始终处于被唤醒、被激发的状态。何老师在一次又一次的思辨教学中切实培养了学生的核心素养。

文化里的节日，节日里的深情

——统编版三年级下册《古诗三首》课堂实录及评析

一、明确主题 知晓目标

师：同学们，今天我们来学习第9课（出示课题），齐读课题。

生：古诗三首。

师：本单元是综合实践单元，其中的主题非常重要，齐读——

（出示主题）

生：深厚的传统文化，中国人的根。

师：传统文化包含的内容有很多，今天要学的这三首古诗，就与传统文化中的传统节日有关。在学习课文，了解传统文化的过程中有一件事不能忽略，齐读——（出示单元语文要素）

生：收集传统节日的资料，交流节日的风俗习惯。

师：在这个单元我们要学习——收集资料。今天的这三首古诗，就离不开资料的补充。同时我们借着三首诗，还要来交流交流三个传统节日。

🔗 **评析** 诗歌教学重在诵读，涵泳，体悟情感，读出诗歌所传达的趣味，从而获得审美体验。但诗歌也可以作为教学"用件"，以诗歌作为引子，激发学生对传统文化的兴趣，开展与之相关的读写实践活动。本课教学正是在完成课时目标的基础上，适切地嵌入相关的课外读写活动，为之后的课文学习和开展综合实践活动奠定基础。

二、读《元日》 感节日场面

1.读通诗句，解诗题

师：大家拿起课本，先看第一首，齐读全诗。

（生齐读诗句）

师：大家读得通顺流利，有节奏。读完后，你觉得这首诗写的是什么节日？

生：元日。

师：元日就是？

生：注释上说是农历正月初一，就是春节。

2.圈出习俗，说感受

师：是的，古诗的注释很重要。那诗中的人们在元日这一天都在做什么？大家在诗里圈一圈，想一想。

（生圈完，回答）

生1：人们在元日这天放爆竹。

生2：元日这一天要喝酒。

生3：还要贴桃符呢。

师：这一天人们的心情如何？

生1：大家很开心、很兴奋。

生2：心里特别愉悦。

师：同学们的体会都不错。再仔细想一想，诗中的哪些字眼表现出了人们心情好？

生："除"字。

师：你从"除"中看到了什么？

生：旧年在爆竹声中消失了，人们在快乐地过除夕。

师：除夕守岁，大家都知道。

生1："新"，我觉得"新"的都是好的。

生2："暖"，因为我能想象到人们聚在一起喝屠苏酒时其乐融融、喜悦温暖的场景。

生3："曈曈日"，新年的第一缕阳光照到千家万户，仿佛就是大自然的新年祝福，我觉得特别精神。

师：是啊，这样的日子亮起来了，这样的日子朗润起来了，这样的日子预示着新的一年好运来了。

师：诗中还有哪些事物藏着美好的心情？

生：春风。

师：怎么说？

生1：春风很暖，很和煦，很舒服。

生2：还有听到的爆竹声！

生3：我还觉得"千门万户"这四个字也能感受到节日的美好，因为他写出了每家每户都在迎接着新年，快乐的气氛非常浓。

师：了不起，我仿佛也想到了那个画面，那在这美好的一天，人们又希望得到什么？

生：祝福、压岁钱。

师：压岁钱也是为了让你在新的一年平平安安，快快乐乐。

生：平安好运。

师：同学们看看，这一天放爆竹是为了？

生：赶年兽。

师：我查了资料，年兽是一种邪兽，其实就是驱邪、祛晦。还做了饮屠苏酒，是为了？

生：祛除病痛，迎来好运。

师：还有换桃符，是为了？

生：压邪、迎福、镇灾。

师：这一天人们做了这么多事，其实都是为了？

生：迎好运，开年大吉，在新的一年能过上幸福的生活。

师：这么美好的期待，我们也带着美好的期待再读一读全诗吧！

（生齐读全诗）

3. 回扣生活，话《元日》

师：各位同学，你们又是如何过春节的？大家想一想，说一说。

生1：除夕那晚，我们一家会一起吃丰盛美味的年夜饭，我最喜欢奶奶做的卤鸡、卤鸭，每次都吃得满手是油。

生2：我会和妈妈一起上山寺祈福。妈妈会在零点前准备好各种祭品，零点一到，漫天烟花齐响，我和妈妈就挑着祭品，在新年的热闹声中，求来了祝福。

生3：春节那一天，我会和邻居的小伙伴一起玩鞭炮，会互相比一比谁家的鞭炮、烟花更丰富，更漂亮。

［课件展示］

王安石与《元日》

这首诗写于王安石初任宰相，开始逐步推行新法之时，此时皇帝对他寄予厚望，希望依靠王安石的变法，能使国家重新振作。和你们一样，王安石此时踌躇满志。在他看来，国家正值百废待兴之时，就如这欣欣向荣的"元日"，一切都在更新、变化，都在朝美好的未来迈进。

大场面 大场景

师：看来大家在这一天都很快乐。其实《元日》这首诗写于王安石初任宰相，开始逐步推行新法之时，此时皇帝对他寄予厚望，希望依靠王安石的变法，能使国家重新振作。和你们一样，王安石此时踌躇满志。在他看来，国家正值百废待兴之时，就如这欣欣向荣的"元日",一切都在更新、变化,都在朝美好的未来迈进。诗人借千家万户的迎新大场面来描写节日的喜悦、幸福和吉庆,表达自己积极向上的从政之情,那么写节日,除了写这样的大场面之外还可以怎么写呢?我们接着往下看。

评析 精细化理论告诉我们,在设计教学时,内容应该先以简单的方式呈现,然后逐步增加其复杂性。这有助于学习者不断整合学习内容,从而对教学所要最终呈现的复杂的知识有扎实的理解。在这一版块,为了让学生理解王安石笔下喜气洋洋的元日场面,何老师层层推进,步步为营,先是找习俗,再是讨论习俗,接着想象习俗,最后回扣生活。每一次讨论都与习俗有关,但每一次又都在深入,学生在由外而内的习俗交流中,结合个人的体验,对春节的文化内涵有了更深入的了解。

三、读《清明》品内心世界

1.读通诗句,梳诗意

师:这首诗很简单,大家自己读一读,同桌之间用自己的话互相说说诗歌大意。

(生自读古诗,并交流)

师:清明这一天,杜牧在做什么?

生1:在路上散步。

生2:问路,然后打算去喝酒。

生3:避雨,清明这一天下了密密麻麻的雨。

2.聚焦时雨,融情景

师:杜牧遇到了纷纷的细雨。他遇到了这些事、这些人,心情会怎样呢?

生:心情很不好,路上的其他人心情也都不好。诗中有个"欲断魂"，应该就是心情很差。

师：那诗人的悲从何而来？

生1：诗人独自走到路上，也许很孤独。

生2：遇到了雨，全身湿湿的，很难受吧！

师：是啊，这场雨下得可真不是时候，雨仿佛深深影响着诗人。此时到底写的是雨，还是心情呢？

生1：写的是雨，写雨中诗人的狼狈。

生2：应该是写心情，在路上忙着赶路，还下着雨，诗人心情肯定不好。

师：是啊，这景之雨不就是情之雨？正所谓"一切景语皆情语"，诗中之景也是诗人之情。诗人此时形单影只，孤独地走在潮湿的小路上，这纷纷的清明雨，更像一张无形的大网，给诗人的心情蒙上一片阴霾。此时此刻，如果你是诗人，你会做什么呢？

生1：我会大哭一场。

生2：会去喝酒买醉，诗中说到了"借问酒家何处有"。

生3：还可能会去暖暖身体，把湿透的衣服弄干。

生4：还可能去找人诉说自己的遭遇，排解心情。

师：诗人就这么干了，于是接下来他写道"借问酒家何处有"，他问路人酒家在何处，那个路人是一位牧童，"牧童遥指杏花村"。也就是说酒家在？

生：远处的杏花村。

3. 拓展想象，悟诗心

师：诗人是如此迫切地需要一个安身、安心之地，诗歌却戛然而止。同学们，你们觉得诗人最后能找到那座酒家，喝到酒吗？

生1：我觉得是喝到了，因为牧童给他指了路，告诉他酒家的位置，诗人只要顺着方向去找，应该就能找到。

生2：我觉不太可能，文中说"遥指"，说明很远。就算牧童告诉他方向，诗人也很难找到，因为他就是简单指了一下，而且杏花村离这里那么远，谁知道诗人要走多少弯路。

┌ 课件展示 ┐

> 小心情　小世界
> 牧童遥指杏花村
> ……

生3：我觉得喝得到，我觉得"遥"也可以指看得到的前方，课本中还有一处画着长满红色杏花的村落，诗人和牧童应该是都见到杏花村了。既然见到了，朝着看到的村子走，肯定能走到。

师：真没想到，在诗歌的结尾，一个"遥"字，竟然生发出这么多猜测和想象。这正是中国诗歌语言的魅力——言简义丰，韵味无穷。那同学们，你们希望诗人喝到酒吗？

生：我不希望，因为喝酒伤身。

师：对，没错，可是，我们在读诗、欣赏诗时，是要站在诗人的立场、所处的文化背景去理解的。曹操曾说"何以解忧，唯有杜康"，古代诗人排解心情的最佳"药剂"正是——酒。我们想象一下，假如诗人终于来到了杏花村，他进了一家酒店，此时天色已暗，在那一夜他……想一想，回去拿起笔往下写，今天的百字作文就有了。

✍ 评析 诗的任务之一是表现自我的心灵。读诗就是要领悟诗中发生的故事，接着体会诗人的内心。在这一版块，何老师在疏通语句之后，重点聚焦诗中"清明雨"的意象，找到意象与诗人之间的情感重叠点，拉近了学生与诗人的情感距离，"情景交融"的创作手法呼之欲出。同时，何老师还在"遥指"一词上做辩证探究，使学生进一步感受诗歌"言有尽而意无穷"的特点。

四、读《九月九日忆山东兄弟》 体佳节思念之心

1.读通诗句，解诗题

师：下面来看第三首，这首也很特别，齐读诗题——

生：九月九日忆山东兄弟。

师：王维写这首诗时，才17岁，正独自一人漂泊在洛阳与长安之间，然而他的家乡在——

生：山东。书上注释说是指华山以东，我还查过资料，诗人的家乡在华山东面的蒲州，所以山东应该就是指诗人的故乡。

师：你预习得很充分，所以"山东兄弟"指的就是——

生：家乡的兄弟好友。

师：那我明白了，这首诗实际上就是在什么时候诗人想谁了？

生1：在九月九日想念家乡的兄弟好友。

生2：也可以是亲人。

师：对，这首诗表达一种节日特别的情感——思乡之情。但表达的方式又与前两首不同。我们一起来读一读整首诗，注意读准字音，读出节奏。

（生读）

2.解读诗意，悟诗情

师：读完，你们说一说，诗中写到了重阳节的哪些特别活动？

生1：登高。

生2：插茱萸。

生3：我查了资料还有喝菊花酒，开菊花会，邻里之间非常热闹！

师：可这个节日诗人过得如何？

生：不是特别好，很孤单。诗中有"独在异乡为异客，每逢佳节倍思亲。"一句，诗人独自在外多年，在重阳节这一天，思念家乡的心情就更浓了。

师：而且，诗人写这样的心境，用的手法也十分特别，请齐读这两句："遥知兄弟登高处，遍插茱萸少一人。"

（生齐读）

师：和元日、清明不同，这首《九月九日忆山东兄弟》的节日之景就很特别，这个特别不单单是特别的习俗，还有特别的时空。

生：诗人写的是故乡兄弟过节时的场景。

师：那是一个怎样的场景？你想象到什么画面？

生：重阳节这一天，秋高气爽，诗人儿时的好友三五成群，一同登山，他们边走边聊天，脸上洋溢着喜悦。

师：你看到了他们爬山时的场景。还有吗？

生：他们爬到半山腰，在一处凉亭里休息，一人拿出一坛珍藏的菊花酒与大家对饮，吹着凉爽的秋风，欣赏迷人的秋色。

师：我猜你也曾在这一天和家人爬过山吧！还有吗？

生：他们还会互相插茱萸，互相祝福。

师：是啊，王维想到这里，不觉微微一笑，可转瞬间又黯然神伤，为什么？

生：因为这么热闹的场面，独独少了他一人，他觉得很孤独。

师：原来这一切的一切，都是他自己的想象，想象此时在山的另一边，那场特别的重阳聚会。那场面有多热闹，自己的处境就有多悲凉，因为（出示"独在异乡为异客，每逢佳节倍思亲"）——

九月九日忆山东兄弟

[唐] 王维

独在异乡为异客，每逢佳节倍思亲。

遥知兄弟登高处，遍插茱萸少一人。

方法很特别！ **想象**

生：（齐读）独在异乡为异客，每逢佳节倍思亲。

师：更因为（出示"遍插茱萸少一人"）——

生：（齐读）遍插茱萸少一人。

师：只是插茱萸这件事少一人吗？还有什么也少了一人呀？

生1：登高。

生2：喝菊花酒。

生3：聊天。

生4：赏秋。

师：只是重阳节少一人吗？

生1：元日。

生2：清明。

生3：中秋。

师：这少的一个人就是？

生：王维！

师：是啊！节日中所有的美好，一年中所有美好的节日，似乎都与他没有关系了，因为（再次出示"独在异乡为异客，每逢佳节倍思亲"）——

生：（齐读）独在异乡为异客，每逢佳节倍思亲。

师：还因为（课件出示"（　　）少一人"），这空白的部分，就让大家自己去想象，去体会。回去还可以以王维的口吻，写一写过节的感受，就又有一篇百字作文啦！

评析 在这一版块中，何老师抓住王维特殊的情感表达方式，来感受诗人浓浓的思乡之情。让学生大胆想象诗人登高时对"山东兄弟"的猜度，从而贴近了诗人孤独的情感世界，运用大量的心理补白，丰盈了王维"独在异乡为异客"的荡子形象。

五、统整总结 达成目标

师：本节课我们学了三首诗，了解了三个节日，更知道了三个节日在表达感情上的三种写法（出示：写大场面、写内心世界、写对亲友的想象）。同时也要特别注意，一些资料能帮助我们更深刻地理解诗歌，我们还可以拓展想象，代诗人写一写心中所想，与千年前的诗人神交，去体会特殊节日背后的特殊情感。其实我们中国的传统节日还有很多，它们不仅清晰地记录着中华民族丰富而多彩的社会生活文化，也积淀着博大精深的历史文化内涵。下课后还可以再找一找相关的诗词，读一读，体会体会，下课！

评析 本节课最后，何老师重新梳理出这堂课的教学路径和学习重点，在"诗歌里的传统文化"这张学习地图上，放上一块"罗盘"。让学生重新反思验证自己在这节课中的所思所得，并将学习内容延伸拓展，意在使诗歌学习和文化熏陶不限于此时此地，而是随时随地。

总评

奥苏贝尔说，教育是一群有经验的人对教材的重组、加工、排序和再创造。何老师在处理《古诗三首》的教学上做到了这一点。我们可以很明显地看到他对教材有意识的处理。三首诗并没有因为内容不同而被离散地教授，而是统整在一个主题之下，分块推进，一步一步揭示诗歌与节日之间的情感关系与暗含的特殊表达。

1. 统整一个主题，文化里的传统节日

准确而有意义的知识结构，能让学习者更充分有效地提取和运用知识。

本篇课文的三首古诗虽然心境、时空、创作手法均不同，但却都属于一个主题——传统节日。何老师创造性地挖掘三首古诗在文化心理上的共性，分析在同一个文化心理下，个体情感的特殊性，从而展现了丰富多彩的情感世界，让学生在感受节日魅力的同时，对诗歌赏读的方法有了进一步了解。

2. 推进两个话题，节日下的情景交融

课堂应该通过提出大量问题以促进新内容和已学内容之间联系的建立。本堂课，何老师向学生提出很多问题以检索学情，推进教学。同时我们发现，有两个问题贯穿三首古诗——"这个节日怎么过？""心情怎么样？"，围绕这两个问题，何老师引导学生想象画面，交流讨论，拓展写作，帮助学生在景中理解情，感受诗人笔下节日的独特氛围。

3. 拓展三个表达，情景中的特殊笔触

新课标提到，在诵读诗歌的过程中，要"感受文学作品语言、形象、情感等方面的独特魅力和思想内涵，提升审美能力和审美品味"。在本课教学中，何老师不只是带着学生了解传统文化习俗，还去呈现诗歌背后的审美，总结创作手法，写节日可以从"写大场面、写内心世界、写对亲友的想象这三个角度来进行"，并积极"鼓励学生在口头交流和书面创作中"，表达自己的见解和感悟。

探纸张奥秘，寻文化之脉

——统编版三年级下册《纸的发明》课堂实录及评析

一、明示目标　了解内容

师：本单元是综合实践单元，目标是学会收集传统节日的资料，开展交流活动。那该怎么收集呢？我们又该如何"多快好省"地梳理自己想要的材料，并运用到节日的探究中呢？现在让我们走进本单元的第二课（出示课题），来学习面对一份资料，我们该如何进行"梳理探究"，齐读课题——

生：（齐读）纸的发明。

🔗 **评析**　教学是有目的促进学习以达成学习目标的活动。向学生展示目标有利于教学环节的开展，为避免上成"文化常识课"，教师和学生都必须牢牢把握本课的学习目标——对资料的"梳理与探究"。

二、纸的"前世今生"

1.默读课文，梳理信息

师：下面，我们先来完成第一个任务（出示课后第一道习题）。大家自由读，边读边完成这道题，找到你想要的答案时，还可以用笔把相关语句在课文中标注出来。

（生完成）

┌ 课件展示 ┐

默读课文，想想每个自然段的意思，再照样子填写下面的表格。

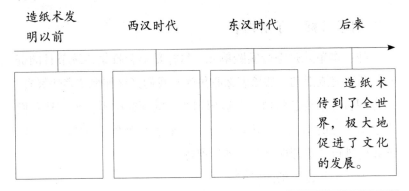

师：刚刚我在观察大家，发现你们做这道题时，找答案的习惯非常好，这位同学，每填写一个框之前，都会来回翻书，反复确认，让我们来看看他的答案。造纸术发明以前——

生1：人们把文字刻在龟甲、兽骨和青铜器上，后来又写在竹片、木片和丝帛上。

师：到了西汉时代，这位同学还在相关语句下画了直线，做了记号。

生2：人们用麻纸书写。

师：到了东汉时代？

生3：改进了造纸术。

师：他直接在这一句话下画了线，而且还把课文中有关时间的短语圈了起来。后来呢？全班一起读——

生：（齐读）造纸术传到了全世界，极大地促进了文化的发展。

师：这个内容是在哪一段？

生：（齐答）最后一段。

师：把它用直线画出来。找资料不仅要知道自己找的重点是什么，还要反复比对确认，然后用工具梳理出来，比如用表格。造纸术原来经历了这样漫长的发展过程，现在我们已经都梳理出来了，谁能借助这个表格，说一说纸发明的历程？

生：造纸术发明以前，人们把文字刻在龟甲、兽骨和青铜器上。后来又写在竹片、木片和丝帛上。到了两千多年前的西汉时代，人们又用麻纸写字。到了一千九百多年前的东汉时代，蔡伦改进了造纸术。后来造纸术传到了全世界，极大地促进了文化的发展。

师：说得真完整，通过关键信息、表格梳理，原本漫长复杂的造纸术发展历程被我们轻松拿下。我们在面对一份资料，尤其是关于介绍某一事物发展历程的资料时，可以通过利用表格和提取文章关键信息的方法来把握重要内容。这样在分享交流这些内容时，就得心应手了。

评析 叶圣陶说"阅读教学之目的，我以为首在养成读书的良好习惯"。在本环节，何老师扎扎实实地开展如何梳理资料的教学工作：在任务开始之前，他提醒学生可以怎么做；在任务执行之时，他认真观察学生行为；在交流反馈阶段又对行为进行评价。我们可以看到，何老师的评价的侧重点不在学习结果，而在学习的过程，指向学习行为的改变。

三、纸的"艺术人生"

1.由此及彼，发散角度

师：纸的发明对今天的世界有什么影响？

生1：书籍随处可见，看书变得容易了。

生2：生活更方便了，纸在生活中随处可见，我们已经离不开它了。

生3：课文里说"极大促进了人类社会的进步和文化的发展，影响了全世界"。

师：纸对于你而言又有什么影响呢？

生1：写作业可以在干净的本子上写。

生2：可以随时看我喜欢的书。

生3：无聊时还可以折纸玩。

生4：平时感冒了，我都会随身携带纸巾。

师：纸的发明对每一个人的影响都如此巨大，那你们能想到哪些和纸有关的词语或句子吗？

生："纸上得来终觉浅"。

师：这里的"纸"指的是？

生：书本。

师：这是学习领域的纸。

生："白纸黑字"。

师：这讲的是写出来的证据，经常用于日常生活中的纠纷。

生："洛阳纸贵"。

师：这讲的是什么？

生：西晋大文学家左思花十年写了一篇《三都赋》，因为写得太好了，被洛阳的百姓争相传抄，把洛阳的纸价都抬高了。

师：这是文学领域的纸。

生："纸上谈兵"。

师：这是军事领域的纸，不过这个"纸"比较特别，纸上谈兵的主角是战国时赵国名将赵括。那个时候，人们的主要书写材料是竹简或木片，竹简很重，所以古人把学识丰厚的人称作"学富五车"。各位同学，从这一层面，我们能猜测，这一成语可能最早出现在？

生：西汉，因为书中说早在西汉时代，麻纸就出现了。

师：有可能。你懂得根据已有资料进行推断，这是做研究的一个方法。不过有学者认定，"纸上谈兵"成语出现的时代，应该是"纸"被广泛运用的时代。这至少得到东汉以后。不过由于这个成语出处众说纷纭，所以大家也只是猜测，但猜测也还是离不开对资料的搜集和整理。从大家回答中，我们能看到纸的影响力之大，它渗透进了人类社会的各个领域。

2.畅聊纸艺，体认文化

师：我们刚刚花了一些时间梳理了纸发展的轨迹，拓展了关于纸的一些文化常识，也知道在古代人们的书写材料真是多种多样。这些书写材料在我们的文明史上都发挥了不同的作用。

师：比如龟甲和兽骨最早是用来？课文中说到了。

生：记事的。

师：随着文明的发展，人们对书写的要求越来越高，就写在了——

生1：竹简、木片和青铜上。

生2：帛上。

生3：纸上。

师：可现在，为什么最后流传下来的只有纸呢？

生1：因为它易于制造。

生2：轻便好用。

生3：价格便宜，很多人都能买得起。

师：是啊，蔡伦的造纸术因为以上这些原因，走进了人民的生活中，成为了大众离不开的日常"物资"。请告诉我，如果是你，你又如何将这种纸文化传承下去呢？比如发扬些什么？

生：可以找一找和纸相关的文化知识，让大家去了解。

师：先了解纸文化，才能爱上纸文化。那，还能做些什么？

生：还可以开展和纸有关的手工活动，比如剪纸、做风筝、纸雕，等等。

师：这些都是和纸有关的非遗工艺。还能保留纸的哪些优点？

生：纸的便宜、轻便和实用。

师：是的，古人的造纸智慧，我们要保留。

生：还要我们老百姓喜欢。

师：为人民服务，才是文化发展的不竭源泉。

💬 **评析** 王荣生说："学习中的互动不单是人际互动，还是学生聚焦学习内容、围绕材料的互动。"何老师在这一环节重在引导学生从课文之内走向课文之外，但却不至于游离本课的教学目标。原因就在于所有的拓展都是为了扩充学生对纸文化的思考角度，进而形成学生为探究某一文化事物和现象时所要采取的搜集资料的形式和方法，而学生也在对纸的互动讨论中，切身体会到纸文化的博大精深，有利于激发对纸文化的探究兴趣。

四、纸的"转世来生"

1. 综合运用，书写传奇

师：同学们，通过今天这堂课，我们梳理出了纸的"前世今生"。这一单元是综合实践单元，今天这堂课，涉及了纸的文化的拓展，课后，你们感兴趣的话，自己去查资料再了解纸的艺术人生。现在老师再给你们一个方向——纸的"转世来生"，何为"转世来生"呢？

生：纸会在未来发展成什么样？

师：是的，人类的文明在不断发展，用来纪录文明的载体也将会不断变化，正如最早是——

生：龟甲和兽骨。

师：然后是——

生：竹简。

师：接着是——

生：帛。

师：最后是——

生：纸。

师：那未来呢？还是纸吗？

┌─ 课件展示 ─────────────────

纸的转世来生

也许在未来，纸也会成为历史？

社会在发展
材料在变化
唯有传承生生不息

生1：可能文字都记录在电脑里了；我爸爸每天回家都会看书，但他是用"平板"看的。

生2：现在很多材料都能储存在电脑里，可能未来就不需要再用纸来写字了。

生3：有可能连储存都不用储存，直接一键传到人类的大脑，这样，大脑就是未来文明的储存地。

师：在未来，纸有可能会彻底消失，那如果真的消失了，纸又会对大家说些什么呢？请大家在课后以纸的口吻写一封《纸的告别信》，你们说这封信可以写给谁？

生1：人类。

生2：我们。

生 3：树，因为纸是用大树做的。

生 4：蔡伦。

师：你们还可以写一写《纸的保卫宣言》，告诉人类，未来休想取代纸。要想做到有理有据，你们就得去查找、梳理纸对人类文明的意义和价值的资料，而梳理的方法在今天这堂课我们已经有所涉及。可以先想一想应该查找哪些内容，找到资料后，用表格梳理出关键信息，然后分享给自己的小组成员。

生 1：我觉得可以查一查纸对中华民族到底产生了怎样的影响。

生 2：还可以查查对世界其他民族有什么贡献。

2.项目活动，巧编小剧

师：我们还可以发散性地想一想，不单单是纸，还有火药、活字印刷、指南针，当另外三个发明也一齐出现在我们面前，比拼自己对世界文明的贡献，他们又会说些什么呢？这也离不开课外的资料。假如你是火药，你会向大家介绍什么呢？

> 课件展示
>
> 纸的"转世来生"　　　　查找资料：
> 四大发明吵起来啦！　　文化、历史、影响等
> 　　　　　　　　　　　　梳理资料：
> 　　　　　　　　　　　　　　表格
> 　　　　　　　　　　　　　　写台本

生：我会向大家介绍火药带给人类的意义，比如欢乐和痛苦。

师：这是从火药对我们生活的影响来思考的。

生：我还会介绍火药对文明发展的意义，比如战争。

师：从社会文明的角度去讨论就更宽泛了，除了战争，还有

经济、政治和文化的发展，可要下一番功夫！各小组可以围绕四大发明见面的场景，课后找一找资料，想想他们要说的话，编一编课本剧，也是个不错的呈现方式。

 评析 新课标提到教师应引导学生"学习组织有趣味的语文实践活动，在活动中学习语文，学会合作"。本环节，何老师以纸的"转世来生"为主题，借助本课所习得的"梳理与探究"的方法，开展项目化学习，让学生积极地参与到文化实践活动中。

五、梳理总结　回扣目标

师：同学们，通过《纸的发明》这篇课文，我们了解了和纸有关的知识，但更重要的是，我们还了解到如何就一个文化事物从多个方面和角度查找资料以及梳理资料，最后为我所用，展开交流。这一单元是有关传统节日的综合实践单元，我们可以把这些方法，用在对传统节日的梳理、探究中。

[课件展示]

文化知识
借助资料
探究文化

 评析 学习纸的知识是为了增强"文化自信"的学习内容，而本课真正的目标是培养学生对资料的"梳理与探究"能力。尽管在本课中，何老师和学生聊了很多，但始终都在强调如何找资料，如何用资料，课文在本节课只是一个"跳板"，如何去深入地探究文化才是真正的"水池"。

总评

"文化自信"在新课标核心素养中居于首位，因此教师自身须有一种文化敏感性和自觉性，备课时积极挖掘教材的文化属性，教学设计时牢牢把握"文化育人"的价值追求。这一单元是传统文化单元，关于如何用好教材主题，如何在教学中体现文化自信，何老师在本课中给出了比较权威的示范。

1. 理解文化，增强体认

在教学之初，教师应从"文化态度与情感"的角度，激发学生对中华优秀文化的兴趣，帮助学生了解中华优秀文化，增强学生对文化的理解与认同。何老师在梳理完纸的发展轨迹后，随即转入对中国纸文化的发散性讨论，从课本中的纸到文学中的纸又到生活中的纸，由课内到课外又到课内，转了一个来回，使学生充分了解到纸的悠久历史和丰厚的文化底蕴。增强了学生对纸这一寻常之物的文化认同，这为后面的语文实践活动奠定了情感基础。

2. 引导实践，开阔视野

新课标鼓励学生应"在活动中学习语文""积极思考""有目的地搜集资料，共同讨论"。丰厚的文化视野和底蕴离不开"语文实践活动"。本节课，何老师设置有层级的语文任务，如"说一说纸的发展历程""写一写《纸的告别信》""写一写《纸的宣言》""演一演四大发明的见面会"等，这些有趣味的语文活动都需要学生运用课堂所学，去搜集资料。而在这一过程中，学生既巩固了课堂所学，又对纸文化及相关文化有了更广阔和深入的认识。

3. 丰厚底蕴，建立自信

文化自信的建立应在"创设真实的语言运用情境"、引导学生积极参与文化语言实践、"发展思维"形成"审美意识"和积淀文化底蕴这一系列学习过程中慢慢实现。何老师在本节课秉持着文化实践取向的教学观，从历史纵向与内容横向上，引导学生打开对纸文化的认识视野，布置了一系列相关的语文实践活动，把纸文化的知识融于现实生活，让学生在不同情境下实践运用已经具备的知识和能力。帮助学生慢慢建构文化认知框架。这是文化适应的过程，也是文化自信的前提。

文言文可以既扎实又有趣

——统编版三年级下册《守株待兔》课堂实录及评析

一、明确目标 引入课题

1.明确目标，读正确

师：今天学习一篇寓言故事，这个故事在第二单元。请大家看单元导读，齐读学习目标。

课件展示

读寓言故事，明白其中的道理。

（生齐读）

师：这个目标告诉我们今天的学习至少要做两件事，请问是哪两件？

生：第一件是读寓言故事；第二件是从故事中明白道理，受到启发。

师：相当棒！可见寓言故事读起来有趣，读完后从中明白道理，人就会成长。今天学习的这则故事选自《韩非子·五蠹》，看来学习就要从"读"开始，只有读了，才会"读懂"。

评析 根据统编教材的特点，在教学时需要参考单元导读、课文在单元中的位置来制定教学目标。本课是学生学习文言文道路上的第二篇课文，所以老师在课堂刚开始就向学生明确教学目标：读寓言故事，从故事中明白道理，受到启发。教学的第一步就是通过"读"来夯实学生的学习基础。

二、以读代讲 整体感知

1.读得准准的

师：同学们，本文很短，何老师希望大家结合着注释，试着自己把它读准确。

[课件展示]

宋人有耕者。田中有株，兔走触株，折颈而死。因释其耒而守株，冀复得兔。兔不可复得，而身为宋国笑。

（生尝试自由读准，个别汇报试读结果）

2.读得顺顺的

师：刚才同学们读得正确，但是不流畅，越读越紧张。注意读好这句话的节奏，就能把全文读得顺顺的。请跟着何老师一起来读，注意读出节奏，读得顺顺的。

[课件展示]

因 / 释其耒 / 而守株，冀复得兔。

3.读得"古古"的

师：接下来我们来挑战一下——读得"古古"的。请问在你的想象中，这篇文章如果放在古时候应该是什么样？跟现在一样吗？

生：古时候的文章是从右到左，竖着排。我在一本书上看到过古代的竹简就是这样写的。

师：太厉害了，我喜欢这种爱阅读的同学。同学们请看，在古代文章可能是这样的，大家读读看。

[课件展示]

> 宋人有耕者。田中有株。兔走触株，折颈而死。因释其耒而守株，冀复得兔。兔不可复得，而身为宋国笑。

（生尝试读竖排文言文，个别汇报试读结果）

师：同学们，你们看现在这个样子，还不是真正的"古古"的样子，因为古文没有标点符号。去掉标点符号，你还能读吗？

[课件展示]

> 宋人有耕者田中有株兔走触株折颈而死因释其耒而守株冀复得兔兔不可复得而身为宋国笑

（生尝试读竖排无标点符号的文言文，个别汇报试读结果）

评析 本课是文言文，教会学生读准、读顺、读出感觉很重要。何老师在"读"的设计上别具一格。他先让学生结合注释读准、再指导学生读顺，还用上了"读得'古古'的"方式，这样的读法不仅有趣，还能让学生在朗读中熟悉课文，训练朗读的节奏。

三、启动学习　读懂道理

1.学习关键字词，理解课文内容

（1）结合注释自学理解

师：接下来我们进入新的学习环节——读得明明白白的。真正读懂文言文，要借助注释。请同学们根据课文中的七处注释，读懂这则寓言故事讲了什么。

[课件展示]

根据注释理解课文意思

注释
① 本文选《韩非子·五蠹》。
②〔株〕树桩。
③〔走〕跑。
④〔因〕于是。
⑤〔释〕放下。
⑥〔耒〕古代用来耕田的一种农具。
⑦〔冀〕希望。

（生自学注释，理解文言文）

（2）结合关键字词，理解文言文

师：文中的第六条注释"[耒]古代用来耕田的一种农具。"请看课文插图，这就是农具"耒"，这个字是经过演变而来的，据说是神农氏发明的。这个字容易错写成"来"，请大家认真看，之后在课本的空白处写一个。

（生齐读"耒"，并书写）

师：出现这个"耒"字，我们可以验证这图中的人的身份，的确是——

生：正儿八经的农夫。

师：是啊，不仅这个字，还有一个生字也透露出他的身份，看这个字。猜猜这是什么字？

┌ 课件展示 ┐ _____

猜猜这是什么字？

生：我猜测是"耕"字，因为这个字的甲骨文，右边是"耒"，左边是"田"，整个字看起来像农夫拿着耒在耕田。

师：掌声鼓励。那"耕"的意思是什么呢？

生：就是用耒来耕田。

师：不仅用耒耕田，还用上大家刚才说的各种农具，干各种农活儿，可见他确确实实是一个农夫。请大家猜测，作为一个农夫，原先他每天都在干什么？

生：都在耕田、除草、劳作。虽然有点辛劳，但很幸福。

2.学习关键点，了解事件原因

师：是的，作为农夫，这个人每天耕田虽然有点辛劳，但也幸福，是什么改变了他呢？

生：有一天出了一件事，一只兔子跑来撞死了。这件事改变了他。

师：这只兔子是怎么死的？文中哪些句子说出了兔子的死因？

生：田中有株，兔走触株，折颈而死。

师：来，伸出手摸摸你们的颈部，看样子脖子真的特别硬。

不过何老师有个疑问，原文中写到兔走触株折颈而死。怎么会走着走着，就"折颈而死"呢？

生：因为古代的时候"走"字的意思不是慢慢走，而是跑。

〔课件展示〕

师：请看"走"字的演变。如果请你来表演"走"，你觉得甲骨文的"走"应该是什么样的？（在教师的指导下，学生做出跑的动作）看来同学们的理解特别到位，"走"字在古时候的意思是快步地跑，演变到今天意思就变成了慢慢地走。像过去和今天的意思完全不一样，这种文言文中的现象，叫作古今异义。

师：故事读到这里，我相信大家应该已经理解了这则寓言的意思。理解得怎么样呢？请三位同学配合着来讲一讲这个故事。

（三个学生配合复述故事）

3. 尝试明白道理，学习故事寓意

师：理解了关键的字词，了解了故事的内容，那么最后一个环节就是请你来说说这故事到底让我们明白了什么道理。

生1：我们要自己付出才有收获，不能不劳而获。

生2：我们做人要脚踏实地，做事要一步一个脚印。

生3：我明白了做事情不要存在侥幸的心理，要踏踏实实。

师：什么叫"侥幸"？

生3：侥幸也就是指因为偶然的原因而获得利益。就像故事中兔子撞到树桩上死了，农夫白捡了一顿美食。这种是不经常发生的事情，虽然很幸运，但是不能觉得今后就必然能遇到这样幸运的事，所以就不劳动了。因为那是偶尔发生的，不可能一直那么幸运。

4. 创设具体情境，代入身份劝诫

师：要是这个农夫，知道这些道理就好了，也不至于落得这样既悲惨又可笑的结局。既然大家知道这个道理，不妨来劝劝他，好吗？

生：好。

[课件展示]

假如你是：邻居／大妈／官差／他的亲人，你会怎样劝他？

师：首先我邀请一位同学来扮演"邻居张老汉"劝说农夫。注意他可是一个心直口快之人。劝说时结合自己的身份、性格来说。

生1（张老汉）：赵农夫，我跟你说，你这样每天待在这里也不是办法。要知道，兔子跑来撞死是运气，不可能天天有兔子来撞死的。你还是赶快去耕地种田吧，过了这个季节，耽误了农时，田地荒芜了，你吃什么呀？

生2（农夫）：哼，我不相信，总会有兔子跑来的。兔子肉可比粮食美味多了。

师：看来不行，再请出"街坊王大婶"来劝劝吧。注意大婶可是一个热心肠，而且特别爱唠叨。她又会怎么劝呢？

生1（王大婶）：大侄子，你看看你啊，一天天都在这里干什么呀！做人要像爬楼梯，一步步地走，脚踏实地。像你现在这样子，总有一天会饿死的。你一直等在这里，怎么可能有兔子来呀，它是不可能每天来撞树桩的。

生2（王大婶）：你这样一天天地等在这里，等在这里，总有一天你会被饿死的。

生3（王大婶）：你这样子也不种田，什么都不干，什么收获都没有。你看那边的田都干枯了，还是快点去种田吧，你这样什么收获都没有。

生4（王大婶）：如果你继续种田还可以维持生计，这样你就能有收获了。

生5（农夫）：别说了，你们真够啰嗦的！你们别烦了行不行啊！我已经受不了了。

师：还有一个角色也加入了劝诫团队。这人就是"衙门里的官差张大人"。注意，在宋国的时候田地是朝廷的，田地分给农夫耕种，如果不耕种就是犯法的。那么张大人会怎么告诫农夫呢？

生1（张大人）：你，你赶紧去种地，不然我就把你抓到衙门里。

生2（农夫）：嘿，我就要等兔子，你再给我一天时间，我就不信等不到兔子！再给一天。

生1（张大人）：你知道吗，这个地是国家的，如果你不种的话，就是犯法，我就把你抓到衙门里！

评析 何老师的设计很特别，特别之处在于他将识字教学和寓意的教学结合了起来。他先讲生字，结合生字和注释帮助学生理解课文，在理解课文上做到了"扎实"。在理解意思之后，何老师让学生代入角色演一演，劝一劝这个农夫。不仅扎实，而且有趣。

四、追根溯源 拓展延伸

1.追根溯源

师：大家不要劝了，幸好他只是个农夫，如果他是个君主，那可有大麻烦了。本文选自《韩非子·五蠹》，要读得明明白白，说得清清楚楚，就要回到原文中去看看。先看看作者写这篇《韩非子·五蠹》的简介。

[课件展示]

《韩非子·五蠹》是战国末期的韩非子创作的散文。作者举出大量事实，指出古今社会的巨大差异，告诫君王要做出调整与改变。

师：可见，这个故事韩非子不是讲给农夫的，而是讲给一国之君听的。韩非子写这则寓言，就是要"告诫君王要做出调整与改变"。原文是这样写的——

[课件展示]

宋人有耕者。田中有株。兔走触株，折颈而死。因释其耒而守株，冀复得兔。兔不可复得，而身为宋国笑。今欲以先王之政，治当世之民，皆守株之类也。

（生齐读）

师：这句话的意思是，总是以过去的方法治理国家，会出现守株待兔这样的可笑局面。可见，这里的可笑之处不仅仅是大家理解的"不主动努力，却存侥幸心理，总想着不劳而获"。作为一个寓言故事，韩非子还希望向当时的君王们说一个道理："要根据实际情况，做出应对和调整，才能有所改变。"这就叫"以史为鉴"。

2.拓展延伸

师：真正去读，才会读懂。大家能不能结合今天读寓言的经历，说说文言文怎样才算"真正读懂"。

生1：可以先自由读故事，读通顺，读流畅。

生2：然后还可以比对读注释，读懂文言文。

生3：也可以寻找原文读一读，感受更深。

生4：要联系古代和今天，才能真正读懂，读明白。

师：课后，我们就用这个方法，读一读《南辕北辙》。虽然课文中出现的是白话文，我们还可以再读读原文——《战国策·魏策四》。看看能否读得更明白，理解得更透彻。

⌐课件展示⌐───────────────

今者臣来，见人于大行，方北面而持其驾，告臣曰：我欲之楚。臣曰：君之楚，将奚为北面？曰：吾马良。臣曰：马虽良，此非楚之路也。曰：吾用多。臣曰：用虽多，此非楚之路也。曰：吾御者善。此数者愈善，而离楚愈远耳。

────────────────────

生：好的，记住了。对比读，读得更明白。

师：这个故事，其实一直在发生……这只兔子，随时会出现在我们的生活中！下课后，请同学们细心体会，细品，细细品。

评析 不少老师在教学的过程中对教材上的拓展部分视而不见。何老师为如何利用这一部分提供了一个很好的参考。他展示了这篇文言文的原文，讲解原来这篇文章的意思，在这个基础上激发学生的兴趣，鼓励学生读原文、读更多的文言文。

总评

《守株待兔》是统编版三年级下册第二单元的文言文。这篇课文本身就是一则寓言故事，短小精悍。作者仅用 39 个字就将一个宋国人守株待兔的形象写清楚了。不少老师在教授这篇课文时会无意中忽略本课在整个教学系统中的特殊地位，而将教学的主要精力放在字词以及着重解释这一课的寓意上。那么如何教好这一节课，为学生打好基础呢？何老师的课堂给我们提供了一些参考。

1. 扎实训练，夯实基础

（1）针对字词：三年级的学生接触文言文的次数不多，而本课在三年级下册，字数较少，内容简单，便于学生展开学习。学习文言文的一大障碍就是字词。在字词教学的过程中，教师不应只是简单地引导学生看注释理解意思，也可以展开字理教学，这样非常生动形象，而且当学生在遇到类似的生字时也可以结合字形轻松理解其意思。

（2）针对朗读：本课在朗读上的教学也值得借鉴。何老师设计的训练朗读目标简洁而有趣。他并非让学生只是简单地重复朗读，而是一步一步提升难度，从读准到读顺再到读"古"，用这样的方式让学生在朗读的过程中不知不觉学会了正确朗读文言文的方法。

（3）针对学习方法：何老师在讲解课文意思的时候并不是简单地讲解课文的注释，而是运用字形特点，让学生猜一猜；提醒学生关注注释，利用注释理解课文意思；寻找原文读一读，结合古代和现代的意思进行理解。这些学习方法看似简单，但是对于学生自学文言文有极大的帮助，这些教学方式为学生日后自学文言文打下了基础。

2. 趣味学习，加深理解

（1）这一课的识字环节设计得很巧妙。如何进行字理识字？何老师采用了展示甲骨字形"猜一猜"的方式进行教学。不仅如此，何老师还从"耒"字联想到"耕"字，再从"耕"字延伸到故事主人公的身份——农夫，再从农夫的身份延伸开来，教学环节环环相扣，十分巧妙。

（2）本课的复述环节十分有趣。它的亮点是"从身份角度出发"进行复述。学生在代入身份的同时自然而然地进入到"问题情境"之中，并尝试解决"这个宋国人执念于等下一只兔子"的问题。如此教学不仅能帮助学生理解课文内容，还能引发学生的思考：在不同的身份背景下，"我"应该用什么方式说话更合适？用什么方式说话更容易达成"我"的目的？这些思考的结果同样也能应用于写作。这种教学设计，值得我们参考应用。

（3）文言文的内容本身也可以讲得很有意思。何老师展示了这篇课文的原文，拓展了学生的知识面。并且在本课的最后，何老师展示了教材中的拓展部分，鼓励学生利用今天学的方法去"读一读"，将学生的兴趣引到关注文言文、关注中华文化上，可谓一举多得。

锚定目标，学习"写清楚"

——统编版四年级上册《麻雀》课堂实录及评析

一、围绕目标　确定"写清楚"的标准

1.揭示目标

师：今天，我们学习的是俄国著名作家屠格涅夫的《麻雀》，请大家读一读课题。

生：（齐读）麻雀。

师：《麻雀》是四年级上册第五单元的第一篇课文。这个单元很特殊，它是个习作单元，我们要从这单元的课文中探索大作家的写作密码。先来看看本单元的学习目标。大家一起读一读目标。

〔课件展示〕————————————————————

了解作者是怎样把事情写清楚的。

————————————————————————————

（生齐读）

师：这里有个关键词，"清楚"。想要写清楚，首先要明白什么是"清楚"，以及写成什么样才算是清楚。

生1：写清楚就是写完整。

生2：写清楚就是有条理。

生3：把故事中的时间、地点、人物和事件交代清楚才算写清楚。

生4：要让读者都知道发生了什么才叫写清楚。

师：开始学习之前，大家已经了解了目标，很好！

2.明确标准

师：请看本单元的"交流平台"，这里有四个小朋友分享对本次学习目标的描述。一起读一读。

[课件展示]

> 起因、经过、结果写清楚
> 时间、地点、人物写清楚
> 眼见、耳听、心想写清楚

（生齐读）

师：发现了吗？其中隐藏着三个关于"写清楚"的信息。

师：你发现了什么？

生：我发现了故事的"六要素"。

师："六要素"有哪些？

生：起因、经过、结果、时间、地点、人物。

师："写清楚"还要注意什么？

生：要按一定顺序写。

师：很好！《麻雀》这课中，作者将自己看到的、听到的、想到的写出来，也就将文章写清楚了。

师：这节课，我们就来学习如何才能"写清楚"。

评析 中年级的习作要求是"写清楚"。而《麻雀》这篇课文是统编教材的特殊单元——习作单元的首篇，是单元核心知识的首现，需要学生通过对经典文本的分析，学习内隐的写作方法。因此，一开始何老师就直接出示本单元习作的目标，师生共同厘清"写清楚"的含义和标准。同时，引导学生提取和梳理"交流平台"中透露的有关"写清楚"的信息，使学生零散的认识条理化。同时，目标清晰是结果抵达的重要保证。

二、逐层引导　初探"写清楚"的方法

1. 厘清"故事六要素"

师：作家屠格涅夫是如何写清楚的？之前我们说的三个方法，大家选择一下，先从哪个方面入手？

生：先从"六要素"入手。

师：好的。本文很短，开头就将"六要素"交代了一半。我们一起读一读。

［课件展示］————————————————

我打猎回来，走在林荫路上。猎狗跑在我的前面。

————————————————

（生齐读）

师：这句话，作者交代了哪些要素？

生1：交代了人物：有"猎人""猎犬""老麻雀"和"小麻雀"。

生2：地点是"林荫道"。

生3：时间是"打猎回来"。

师：很好，这是一种高明的写法，以事件来写时间。你们可以模仿这样写时间吗？

生1：我上完培训班回来。

生2：我打完球大汗淋漓地回来。

2. 学习"叙述的顺序"

师：不错！作家开篇第一句话，交代三个要素。事件的起因、经过、结果又是如何的呢？我给出一个表格，同时，再给你们三个词："猎人""猎狗""小麻雀"，请大家结合着课文内容，说说故事的起因。

[课件展示]

起因	猎人 猎狗 小麻雀
经过	猎狗 老麻雀 小麻雀
结果	猎人 猎狗

生：猎人带着猎狗打猎回来，猎狗在林荫道上发现从鸟巢里掉下的小麻雀。

师：我再给出三个词"猎狗""老麻雀""小麻雀"，谁来说说故事的经过？

生：猎狗想要吃掉小麻雀，老麻雀从树上飞下来，保护小麻雀。

师：我再给出两个词"猎人""猎狗"，谁能说出故事的结局？

生：猎人唤回猎犬，小麻雀得救了。

师：你发现，作者根据什么顺序写的这个故事？

生：作者是按照事情发展的顺序来写的。

师：根据这个表格，按照事情发展的顺序，同桌互相说一说这个故事的起因、经过和结果。

（同桌练习说）

3.体会"作家的写作视角"

师：本文作者屠格涅夫是个了不起的人物，请看资料。

[课件展示]

屠格涅夫，俄国作家、诗人和剧作家。毕业于莫斯科大学文学系，先后在德国柏林大学和圣彼得堡大学攻读哲学、历史。1879 年被授予牛津大学名誉博士，在巴黎"国际文学大会"当选副主席。成名作《猎人笔记》。

师：大作家是用了什么方法写清楚的呢？本课的课后练习也能帮助我们去学习这样的方法。请齐读课后题。

⌐ 课件展示 ⌐

课后习题：朗读课文。说说课文围绕麻雀写了一件什么事，这件事的起因、经过和结果是怎样的。

课文是怎样把下面的内容写清楚的？找出相关句子读一读。

老麻雀的无畏
猎狗的攻击与退缩

（生齐读）

师：现在就让我们一起走进文本，去看个清楚。请大家再次默读课文，读完后，试着回答我的三个有关"清楚"的提问。

（生默读）

师：准备接受挑战吧！第一个问题：猎狗到底凶不凶？

生：凶。文中写道，"猎狗张开大嘴，露出锋利的牙齿。"

师：第二个问题：老麻雀到底怕不怕？

生1：老麻雀不怕。因为它像一块石头似的落在猎狗面前。

生2：不对，老麻雀很害怕。文中写道："因为紧张，它浑身发抖，发出嘶哑的声音。"

师：第三个问题，猎人到底站在谁的一边？

生：站在老麻雀这一边。因为结尾写道，"我急忙唤回我的猎狗，带着它走开了。"

师：猎狗是谁的猎狗？麻雀又是谁的麻雀呢？

生：猎狗是猎人的，麻雀属于大自然。

师：那么，在弱肉强食的大自然中，麻雀就该是猎狗的粮食。

为什么猎人还是站在麻雀那一边呢？

生1：是因为猎人同情麻雀。

生2：因为猎人被老麻雀保护幼儿的行为打动了。

生3：猎人此时心情复杂，他对老麻雀保护小麻雀的行为产生了敬畏之心，同时也动了恻隐之心。

师：你仿佛触摸到猎人当时充满敬畏和怜悯的内心活动了，而猎人仿佛也忘记了自己的身份。从作家的视角来看，猎人站在老麻雀那边也就顺理成章了。好的，我们一起将课文描写"故事过程"的部分读一读，让清楚的故事在我们心中变得更加清楚。老师读第一段，你们读后面三段。你们认真听我读，感受如何读能让我们一起走进现场。（课件出示第3～6自然段，播放配乐）

（师生合作读第3～6自然段）

✦ **评析** 本环节延续之前的教学内容，再往下落实一层，初步让学生明确"写清楚"的方法。首先，引导学生提取出本课故事的"六要素"。接着，学生结合"六要素"，依据课文的叙述顺序把故事过程说清楚。最后，何老师引导学生发现"作家的写作视角"，其实就是在启发学生，写作时要想将写作意图表达清楚，就要合理地选材和安排文章结构。一步一步引导，老师教得清楚，学生学得明白。

三、深入文本　再探"写清楚"的方法

1. 第一招：一个一个写

师：仔细看这段话，你发现了么？一共出现几个角色？

生：三个，猎狗、老麻雀和小麻雀。

师：这三个，是一起写的吗？

生：没有，先写的是猎狗，之后是小麻雀，然后是老麻雀。

最后又写到猎狗。

师：作者是怎么把自己看到的、想到的、听到的写清楚的？

生：也是一个一个写。先写看到的小麻雀掉下来，之后写老麻雀的时候，联想到"一块石头"，最后写了老麻雀的叫声。

师：那么，关于"写清楚"，你们有没有方法了呢？

生：有。对于人物，我们可以一个一个写，这样条理就清楚了。

师：一个一个写。

[课件展示]

风猛烈地摇撼着路旁的白桦树。我顺着林荫路望去，看见一只小麻雀呆呆地站在地上，无可奈何地拍打着小翅膀。它嘴角嫩黄，头上长着绒毛，分明是刚出生不久、从巢里掉下来的。

先写小麻雀的样子

再写出猎狗的表现

猎狗慢慢地走近小麻雀，嗅了嗅，张开大嘴，露出锋利的牙齿。突然，一只老麻雀从一棵树上飞下来，像一块石头似的落在猎狗面前。它挓挲起全身的羽毛，绝望地尖叫着。

最后写老麻雀的状态

第一招：一个一个写

2. 第二招：描绘细节写

[课件展示]

怎么写清楚

　　风猛烈地摇撼着路旁的白桦树。我顺着林荫路望去，看见一只小麻雀呆呆地站在地上，无可奈何地拍打着小翅膀。它嘴角嫩黄，头上长着绒毛，分明是刚出生不久，从巢里掉下来的。

[课件展示]

　　猎狗慢慢地走近小麻雀，嗅了嗅，张开大嘴，露出锋利的牙齿。突然，一只老麻雀从一棵树上飞下来，像一块石头似的落在猎狗面前。它挓挲起全身的羽毛，绝望地尖叫着。

　　　　　第二招：描绘所见细节

　　师：我们来对比这两句话，哪一句更清楚？

[课件展示]

1. 猎狗冲着小麻雀露出凶相。

2. 猎狗嗅了嗅，张开大嘴，露出锋利的牙齿。

　　生1：第二句。因为清楚地写了猎狗的动作，它嗅了嗅，张开嘴，还看到了猎狗的牙齿是很锋利的。

　　生2：第一句中"凶相"是什么样，没写清楚。

　　师：可见，写清楚，就要描绘所见，把看到的细节都写出来。而第一句写得比较模糊，只概括了自己的感觉。所以，写清楚的第二招是描绘细节。

　　（生齐读）

　　3. 第三招：追加联想写

　　师：再请大家再看这一句。如果只写了"突然，一只老麻雀从一棵树上飞下来"，清楚吗？

课件展示

怎么写清楚

　　风猛烈地摇撼着路旁的白桦树。我顺着林荫路望去，看见一只小麻雀呆呆地站在地上，无可奈何地拍打着小翅膀。它嘴角嫩黄，头上长着绒毛，分明是刚出生不久，从巢里掉下来的。

　　猎狗慢慢地走近小麻雀，嗅了嗅，张开大嘴，露出锋利的牙齿。<u>突然，一只老麻雀从一棵树上飞下来，像一块石头似的落在猎狗面前。</u>它挓挲起全身的羽毛，绝望地尖叫着。

　　　第三招：追加联想

　　生：不清楚，感觉老麻雀不慌不忙的。

　　师：如果再加上"像一块石头似的落在猎狗面前。"，读着这样的文字，你的感觉会发生什么变化？

　　生1：我眼前仿佛出现"一块石头掉下来"的场景。

　　生2：我耳边似乎听到石头落地的声音。

　　生3：这句话写出了老麻雀的着急和奋不顾身，深深砸在我的心上。

　　师：是啊，也砸在了作者心上。我有个非常难的问题：为什么把活生生的麻雀写成石头呢？不可思议啊！

　　生：石头掉下来很快，写出了老麻雀救小麻雀的决心。

　　师：利箭不是更快吗？

　　生：石头在生活中很常见，而射出的利箭我们却很少亲眼看到。

　　师：是啊！要想写清楚，就可以追加联想，要用熟悉的事物做联想。全文仅360字，作家屠格涅夫就把故事写得清清楚楚，老师将大家说的做个总结，"写清楚"有三招——

┌─[课件展示]─────────────────────
 第一招：一个一个写，不急
 第二招：描绘细节写，不糊
 第三招：追加联想写，不虚
 └──────────────

（生齐读）

师：大文豪屠格涅夫的"写清楚"，就是运用了这三招。他能做到三招，我们四年级小学生要"写清楚"，只要做到第一招，学用其他招就可以了。

🔗 **评析** 安德森根据知识的状态和表现方式把知识分为两类：陈述性知识和程序性知识。陈述性知识是对事实、定义、规则、原理等的描述；程序性知识，即操作性知识，是关于"怎么做"的知识。

本环节聚焦课文里的关键语句，带领学生学习作家"写清楚"的方法。何老师通过极具启发性的问题引路，不断引导学生深入思考，去挖掘作家语言中携带的方法，学习结果便不再停留在"修辞手法的运用"这类标签化的陈述性知识上，而是让学生在充分理解文本的基础上，获取了操作"如何写清楚"的程序性知识。

四、拓展延伸 三探"写清楚"的原因

师：有人猜测这个故事选自《猎人笔记》。可是，猎人笔记写在 1847 ~ 1851 年之间。而这篇文章发表在 1878 ~ 1882 年，所以《麻雀》其实是屠格涅夫写的散文诗。这篇散文到此并未结束，它还有一段抒情的结尾，一起朗读这段话，也能帮助我们找到"写清楚"的秘密。

于是，我怀着极恭敬的心情，走开了。

是啊，请不要见笑。我崇敬那只小小的、英勇的鸟儿，我崇敬它那爱的冲动。

爱，我想，比死和死的恐惧更加强大。只有依靠它，依靠这种爱，生命才能维持下去，发展下去。

（生齐读）

师：这段话中藏着"写清楚"的根本原因。是什么呢?

生1：作家善于从生活中观察细节，描写得很仔细。

生2：我觉得作家把自己的情感投射到老麻雀和小麻雀身上，是一份感同身受。

生3：我认为作家理解了麻雀救孩子那种爱的力量。因为热爱，所以才能写得如此动人。

师：是啊，能写清楚最根本的原因是——自己心里清楚。作者清楚地知道自己想跟读者表达什么。

评析 本环节，何老师补充了故事的抒情结尾，带领学生窥见了整首散文诗的全貌，并引导学生通过阅读感悟作家"写清楚"的根本原因。面对多元回答，何老师采取鼓励、开放的态度，让学生自由地表达自己的看法，这正应和了新课标中提出的充分尊重学生个性化的阅读体验的要求。

总评

统编版四年级上册第五单元是习作单元，本单元的语文要素是"了解作者是怎样把事情写清楚的"，习作要求是"写一件事，把事情写清楚"。《麻雀》作为该单元的首篇精读课文，也是体现该项习作能力的经典例文。那么，如何通过具体的语言文字让学生感受表达的特点，学习"写清楚"的方法呢？何老师执教的这节课，为我们提供了新思路，开辟了新路径。

1. 依据目标，确定教学内容

新课标中第二学段的"表达与交流"版块提到"观察周围世界，能不拘形式地写下自己的见闻、感受和想象，注意把自己觉得新奇有趣或印象最深、最受感动的内容写清楚。"可见，中年级的写作要求是"写清楚。"对照单元语文要素，何老师在执教中，明确了该习作单元的首篇课文教学任务——初学"写清楚"这一核心写作知识。在课堂的开始，何老师就带领学生明晰本课所要抵达的学习目标，指引学生关注交流平台，提取与目标相关的信息。在为目标而教的同时，引导学生为目标而学。

2. 统整要素，学习写作方法

王荣生教授提出："教学流程就是'学的活动'充分展开。言学情定起点，言体式定终点，中间搭阶梯。"因此，评价一堂课要关注教师"先教学什么"，教得合不合理、教得正不正确。"再教学什么"，教得通不通顺、合不合适。何老师在执教中，根据学情，从易到难，先从经典六要素入手，再到设定好的序列，最后才是聚焦"最要紧处"——学习难点进行教学：如何把看到的、听到的和想到的写清楚。引导学生拾级而上，突破"写清楚"的难点，习得可操作的"写清楚"的方法。

3. 以读促写，培植写作意识

"了解作家写作意图、培植读者意识"对于小学生来说有一定的难度。纵观何老师经典的阅读课中，始终有"我"在场，始终以写作的角度切入阅读教学，带领学生去亲历、确证作家"写作的过程"，了解作家为什么这样写，作家是怎么把一件事写清楚的。《麻雀》这篇也不例外，聚焦关键语句，体会人物情感，关联作家的写作目的，引出"写清楚"的根本原因——作者心里清楚。作为特殊的习作单元的首篇，这样的教学无疑给学生带来了一场读的盛宴，以及写的革新。

一路勇攀峰顶，破解"写作"密码

——统编版四年级上册《爬天都峰》教学实录及评析

一、谈话导入 明确单元目标

1.读准课题，走进课文

师：同学们，今天我们来学的是第五单元的一篇课文，齐读课题——

生：（齐读）爬天都峰。

师：这里有一个多音字，读作——

生：都（dū）。

师：是的，再读一遍。课题的标准读法是——

生：（齐读）爬天都峰。

2.谈天都峰，明确目标

师：预习课文后，天都峰给你留下了怎样的印象？

生1：很高、很陡峭。

生2：很雄伟、很壮观。

师：（课件展示天都峰图片）这就是天都峰，简直是与天同高，再看，这是沿路上的黄山奇松。黄山有"三绝"，一是石头绝，二是松树绝，三是云海绝。那么文中我们写到天都峰的峰顶在云彩上面，你相信不相信？

生：相信。

师：还真有可能，请看——

（学生发出惊叹声）

课件展示]

师：这就是传说中真实存在的天都峰。如果你已经爬上了天都峰，下来要写一篇小小的文章，你会写些什么呢？

生1：我会写云海。

生2：我还会写在爬的过程中看到的一些松树。

生3：我会写自己是如何爬上去的，当时我的心情是怎么样的，写出自己的心理。

生4：我觉得还可以写写石头的特点。

师：要把自己爬天都峰的过程写清楚，你会按照什么顺序来写呢？

生1：时间顺序。最开始在山脚，然后到了半山腰，晚上到了山顶。

生2：我会按照空间顺序写。

师：何老师要表扬大家，不管是什么顺序，都要清晰、明白、有条理。这个单元的单元目标是——

生：（齐读）了解作者怎样把事情写清楚。

师：关键词是——

生：写清楚。

师：这个单元我们最重要的目标就是向作者学习怎样把事情写清楚。

🔗 **评析** 学习内容的安排要紧贴学生认知等方面的发展，体现学习目标的连续性和进阶性。教师在课程伊始让学生先借助预习谈感受，随后出示图片，重塑形象。教师抓住记叙文的两大要素，一是写作内容，二是写作顺序，让学生获得记叙文写作的精髓。紧接着明确学习目标，激发学生的学习动力。

二、一路攀顶 破解"写作"密码

1. 聚焦课后第一题，学习按照顺序把事情写清楚

师：请大家读一读课后的第一道题。

生：（齐读）这篇课文写了一件什么事？是按照什么顺序写的？

师：请同学们开始默读课文，当读完整篇课文的时候，我们要完成两个任务，一是明确课文写了一件什么事，二是知道课文是按照什么顺序写的。

（生默读课文）

生：我觉得本文是按照事情发展的顺序写的。最开始他在山脚下，望天都峰，感觉又高又陡。接下来他一路往上爬，和老爷爷一起爬山。最终他们爬到了山顶，拍照留念。

师：你解读出的作者写作顺序和我们是一致的，请举手。我们一起复习一遍。

课件展示

准备开始爬：望天都峰，感觉又高又陡。

一路向上爬：和老爷爷一起爬山。

爬到峰顶：一起照相，谈话。

师：同学们，这非常奇怪。我们要向作者学习，我们突然发现，作者所写的顺序和你们刚才说得那个顺序几乎是一样的。谁来归纳总结，类似爬山这样的事件，我们如何写清楚呢？

生：按照事情发展的顺序，先写准备开始的时候，我们会做些什么，再写过程中是怎么向上爬的以及途中看到了什么，最后写爬到峰顶。

2.细读文本，学会添枝加叶

（1）准备爬

师：就这么写，就算写清楚了吗？

生1：我觉得还要再添上一点儿心里的想法和一些语言。

生2：还可以再加一些爬上去的路上看到的美景。

生3：可以用上修辞手法，例如比喻、夸张、拟人。

师：当我们写清楚的时候，没必要想得那么复杂。根据这个单元来学，我们有一种添枝加叶的方法。

生：（齐读）把看到的、听到的、想到的如实写下来。

师：接下来我们回到课文中，看看作者是不是这样写的。（课件展示）

┌ 课件展示 ┐────────────────────

　　假日里，爸爸带我去黄山，爬天都峰。

　　我站在天都峰脚下抬头望：啊，峰顶这么高，在云彩上面哩！我爬得上去吗？再看看笔陡的石级，石级边上的铁链，似乎是从天上挂下来的，真叫人发颤！

────────────────────

　　（生齐读）

　　师：请问在准备开始爬的部分，作者除了按顺序写，还写了什么？

　　生：还有心理描写。

　　生：啊，峰顶这么高，在云彩上面哩！我爬得上去吗？（师指导朗读，读出害怕发颤的感觉）

　　生：写了他看到的和想到的。

　　生：（齐读）看到与想到。

　　师：这里有一个字特别值得我们学习——

　　生：（齐读）挂。

　　师：当你看到这个字的时候，你心里想到了什么呢？

　　生：我觉得很奇怪，为什么要用这个"挂"字呢？

　　师：平时我们什么情况下才用"挂"？

　　生：一个东西跟天上连接的时候才用"挂"。

　　（师板书画台阶，生想象画面）

　　生：（齐读）似乎是从天上挂下来的，真叫人发颤！

　　（2）一路向上爬

　　师：跟何老师一起往上爬。

╔课件展示╗ ──────────────────────────·

　　忽然听到背后有人叫我："小朋友，你也来爬天都峰？"我回头一看，是一位白发苍苍的老爷爷，年纪比我爷爷还大哩！我点点头，仰起脸，问："老爷爷，您也来爬天都峰？"

　　老爷爷也点点头，说："对，咱们一起爬吧！"

　　我奋力向峰顶爬去，一会儿攀着铁链上，一会儿手脚并用向上爬，像小猴子一样……

　　爬呀爬，我和老爷爷，还有爸爸，终于都爬上了天都峰顶。

────────────────────── ──────────

（生齐读）

师：在这个一路向上爬的过程中，作者是怎么写清楚的？

生1：作者写了人物的对话。

生2：作者写了爬山过程中怎么爬的动作。

师：请大家体会一下这段文字，看看能不能还原画面。

（一生表演动作，其他学生齐读）一会儿攀着铁链上，一会儿手脚并用向上爬，像小猴子一样……

师：当你在写作的时候，既注重了写自己听到的，又注重写自己看到的。你写的这段文字会不会让没有去过天都峰的人如临其境？

生：会。

师：你读了这段文字，是不是就好像你也在爬天都峰了？

生：是。

师：会不会感觉特别真实？

生：会。

师：看来写得很清楚、很真实的方法就是把自己——

生：（齐说）看到的、听到的、想到的写下来。

（3）爬上顶峰

师：我们来看看爬到峰顶的时候，突然间发现这个天都峰太壮观了。

[课件展示]————————————————

在鲫鱼背前，爸爸给我和老爷爷照了一张相，留作纪念。老爷爷拉拉我的小辫子，笑呵呵地说："谢谢你啦，小朋友。要不是你的勇气鼓舞我，我还下不了决心哩！现在居然爬上来了！"

"不，老爷爷，我是看您也要爬天都峰，才有勇气向上爬的！我应该谢谢您！"

爸爸听了，笑着说："你们这一老一小真有意思，都会从别人身上汲取力量！"

————————————————

（生齐读）

师：大家来分角色读一读这些对话，男生读"老爷爷"，女生读"我"。

（男女生分角色读第 8～10 自然段）

师：作者从小朋友的选材角度写了自己看到的、听到的以及想到的，是不是写清楚了？作为一个小朋友去爬山，跟大人不同，他最在意的是什么？

生1：我觉得最在意的不仅是玩，而且还要追求刺激，就是喜欢惊险一点。

生2：小朋友在意的是有人跟他爬到顶峰的感觉。

师：如果是一个大作家来写，他已经五六十岁了，阅尽人世沧桑，爬不爬山，对于他来说其实并不重要，关键在于慢慢走，欣赏风景。那他会写些什么呢？

生1：他会写一路爬山看到的景色。

生2：人生的哲理。

师：对的，爬山就如他的一生，在山脚下时，那样的兴奋；爬的过程中，几次要打退堂鼓；到了峰顶时，一览众山小。他感叹，这一辈子没白活。

评析 这一环节，何老师找准切入点，直接走进课后第一题开启攀登之旅，充分体现了"以问题聚焦""以任务驱动"的教学理念。当开始探究作者的写作密码时，何老师引导学生发现爬山的内在逻辑是山脚、半山腰、山顶，而学生自己的设想竟和作者的写作方法基本一致，这激发出学生的自豪感，树立了他们的学习自信心。学生在本环节掌握了写作的核心秘密：按照一定的顺序把事情写清楚、添枝加叶——把看到的、听到的、想到的如实写下来。

三、交流平台　聚焦写作密码

师：第五单元是比较特殊的习作单元，我们必须关注交流平台。（课件展示"交流平台"）

［课件展示］

起因、经过、结果、时间、地点、人物。

●起因、经过、结果写清楚。

●时间、地点、人物写清楚。

●按一定顺序写才算写清楚。

●眼见、耳听、心想写清楚。

（生齐读）

师：我考考可爱的同学们这六个词。

师：这叫什么？

生：六要素。

师：如果能按一定顺序写，把自己——眼见、耳听、心想都写出来，读者就会感到非常的真实。

评析 在特殊的第五单元教学中，教师特别关注运用交流平台梳理探究写作密码。本环节再次强调交流平台提到记叙文的六要素、设定好的序列，如实和读者分享。这样不仅能教给学生写作的方法，还能教给学生学习的方法。让学生获取写作模版，迁移到今后的写作实践中。

四、终极秘密　助力爬上顶峰

师：最后何老师想送给你们一份礼物。本文作者不仅写清楚了文章内容，还有一个关于写作的小秘密，这个秘密就藏在这段话中。

[课件展示]

　　啊，峰顶这么高，在云彩上面哩！

　　我爬得上去吗？我回头一看，是一位白发苍苍的老爷爷，年纪比我爷爷还大哩！

　　"对，咱们一起爬吧！"

　　"谢谢你啦，小朋友。要不是你的勇气鼓舞我，我还下不了决心哩！"

读起来感觉很真实。

（生齐读）

师：请注意何老师标红的字，我们再读一遍，看看这里面到底有什么秘密。

（课件标红：哩、哩、吧、啦、哩）

生：这些句子都加了许多语气词。我觉得加了语气词可以写出小朋友的童真。

师：描写小孩儿讲话，语气词一加，就会让读者感觉真的有人在讲话。

生：他用上这些语气词，会让别人感觉更真实。

师：对啊，这些词一加，真的感到很真实。

生：（齐读）读起来感觉很真实。

师：这就是何老师送给大家的秘密。请看——

[课件展示]

读一读，写作小秘密

> 回忆越细越好，书写越真实越好。
> 记叙事情就要能够——
> **读者能借助文字**
> 清清楚楚来到
> 事发现场

生：（齐读）清清楚楚来到"事发现场"。

师：亲爱的同学们，这就是我们今天的学习成果。希望大家把它用在自己的作文中。我们今天学的课文，叫——《爬天都峰》。这座山峰，我们就爬到这里。下课，同学们再见。

评析 这一环节，可谓精彩中的精彩，在教学目标已经清清楚楚学完的基础上，教师再次走进文本，在文本中寻找一些表达的细节，让学生感受作者语言文字运用之细致，明确终极写作密码——借助文字清清楚楚来到"事发现场"。让学生顺利爬上学习的"天都峰"。

总评

作为语文教师，我们是为了教会学生教材内容？是教给学生学习语文的方法？还是应该借助教材引导学生更好地运用语言文字去学习、去表达、去沟通？新课标希望一线教师在教学实践中，关注"阅读"与"表达"的联系，将其转化为具体的教学设计，在学习活动中落实，让学生获得应有的提升。何老师执教的这节《爬天都峰》是基于对学生的了解、对作者的理解、对编者的认同，更是对新课程标准理念下统编小学语文教材的深度领悟。

何老师总是把教给学生学习方法和提高学生学习能力放在第一位。《爬天都峰》是习作单元中的精读课文，何老师淡化了对文本内容的分析，重点关注了从文本中解密"写作密码"，让学生"当堂得法"。

破解一级密码：按照一定的顺序把事情写清楚。

课程开头，一个问题"要把自己爬天都峰的过程写清楚，你会按照什么顺序来写呢？"就让学生明白把事情写清楚需要按照一定的顺序。紧接着抛出课后题，探究清楚了第一个"写作"密码：按照一定的顺序把事情写清楚。这既为整节课奠定了基础，又为后面引发学生高阶思维"作者……是不是写清楚了？"埋下了伏笔。

破解二级密码：添枝加叶——把看到的、听到的、想到的如实写下来。

加强课程内容的整合和课程实施的"情境性"是新课标的重要理念。何老师将文本学习获得的方法运用到爬山过程中，是学习情境的再迁移，不仅能及时练习、巩固习作密码，更重要的是唤起学生的生活经验，为本单元的习作学习做好铺垫。在"准备爬""一路向上爬""爬上顶峰"这三部分教学中，何老师指导学生抓住关键词"挂"去想象天都峰的陡峭，指导学生分角色读对话、做动作，让学生知道添枝加叶就是把看到的、听到的、想到的如实写下来。新课标强化了课程育人导向，指出要"增强内容与育人目标的联系"。在这里，何老师还让学生与大作家作比较，体悟看上去平常的爬山，其实蕴藏着很多人生哲理。除了在这一课中提取方法之外，何老师还引导学生关注本单元的交流平台，从中直接提取和这个单元写作相关的核心知识。

破解三级密码：借助文字，清清楚楚来到"事发现场"。

在学生已经达到本课目标后，何老师还增添了一个"小秘密"，那就是通过添加语气词让文章更真实。

这是一趟难忘的旅行。整节课，何老师本着登山的目标——带着学生打通通往山顶的道路。这一路，他幽默风趣，语言极具感染力，助力学生勇攀峰顶。

读伟人经典，感家国情怀

——统编版四年级上册《为中华之崛起而读书》课堂实录及评析

一、目标引领　明晰主要人物

1. 明确单元目标

师：同学们，今天我们学习第22课，一起读课题——

生：（齐读）为中华之崛起而读书。

师：同学们，这篇课文选自第七单元，读一读单元的目标。（出示单元目标）

生：（齐读）关注主要人物和事件，学习把握文章的主要内容。

2. 了解主要人物

师：我们先来关注这一课的主要人物。大家通过预习已经知道本课的主要人物，请把他的名字恭恭敬敬地说出来——

生：周恩来。

师：请看，这就是周恩来。

〔课件展示〕————————————————————

　　周恩来是伟大的无产阶级革命家，是中华人民共和国的开国元勋，是以毛泽东为核心的党的第一代中央领导集体的重要成员。

————————————————————

师：本课的主要人物是——

生：（齐说）周恩来。

师：周恩来说的一句话是——

生：为中华之崛起而读书。

评析 单元教学目标是教学设计的起点，也是教学行为的终点。上课伊始，教师直接与学生明确本单元的学习目标，对本堂课学生最终要达到的学业成就有了具体的描画和整体的刻画。加之让学生初步感知主要人物周恩来的简介和他的一句话，为下文理解和感悟周恩来的家国情怀做好了铺垫。

二、梳理事件　把握主要内容

1. 以课后题为抓手，构建事件框架

师：接下来我们再来关注本课的主要事件。

师：同学们，请大家打开课本，看一看这篇课文的第一道课后练习。

〔课件展示〕————————————————

思考：默读课文，想一想课文讲了哪几件事。再连起来说说课文的主要内容。

立志为中华之崛起而读书	时间：新学年开始	六要素
	地点：修身课上	
	事件：立志为中华之崛起而读书	

师：请看第一件事，我的提示是——这件事发生的时间是在——（出示：新学年开始），发生的地点是在（出示：修身课上）——，事件是什么？

生：魏校长问他们一个问题，周恩来回答的是"为中华之崛起而读书"。

师：掌声鼓励。同学们请看，这件事归纳为——（出示：立志为中华之崛起而读书）

师：接下来我跟大家配合一下，我说时间、地点，你们说事件。

在新学年开始，修身课上发生的一件事情是——

生：（齐说）立志为中华之崛起而读书。（课件展示）

师：第二件事看谁最快概括出来。12 岁那年，在奉天家中发生了什么事？

生：周恩来的伯父告诉他，在奉天不要随便乱走，因为奉天有些地方被外国人占据了。

师：太好了，读得相当精准。归纳一下，第二件事是"与伯父谈论中华不振"。（课件展示）

生：（齐说）明明是自己的地方，但是却被外国人占据了，所以说中华不振。

师：掌声鼓励，太棒了！我们试试看同学们接得顺不顺。12 岁那年，在奉天家中发生的事件是什么？

生：（齐说）与伯父谈论"中华不振"。

师：第三件事发生在一个星期天，地点恰好是被外国人占据的地方，这件事比较复杂，谁能够概括？

生 1：有个女人的家人被外国人的车碾死了，想找警察来教训一下外国人，但是警察没有教训外国人，却教训了她。

生 2：用简练的语言概括就是——周恩来如何体会到中华不振。

师：能不能给他点掌声，太优秀了，看看他跟何老师概括的像不像？

（课件展示：目睹同胞被欺辱）

师：刚才那个女生很优秀，她是描述事件；男生也很优秀，他是概括事件。我们来看一看，第三件事就是一个星期天，被外国人占据的地方——

生：（齐说）目睹同胞被欺辱。

师：接下来快问快答，这篇课文写了几件事？

生：（齐说）三件。

师：第一件发生在新学年开始，修身课上什么事？

生：（齐说）周恩来立志为中华之崛起而读书。

师：12岁那年，在奉天家中什么事？

生：（齐说）周恩来与伯父谈论"中华不振"。

师：在一个星期天，在被外国人占据的地方发生了——

生：（齐说）周恩来目睹同胞被欺辱。

师：请同学们用一分钟时间迅速地把这三件事说几遍，能说几遍说几遍，说得越顺越好。计时开始。

（生练说，教师巡视）

师：三件事都说到心里去了吗？都记住了吗？好，同学们看，在这个单元的交流平台是这么说的——有的文章写了不止一件事，如《为中华之崛起而读书》一共写了三件事，可以先弄清每件事讲了什么，然后把几件事连起来，这样一来四年级的同学就学会了把握课文的——

生：（齐说）主要内容。

有的文章写了不止一件事，如《为中华之崛起而读书》一共写了三件事，可以先弄清每件事讲了什么，后把几件事连起来，就能把握文章的主要内容了。

把握文章的主要内容
①弄清每件事讲了什么
②几件事连起来
　　要有顺序

2. 有序串联顺序词，连贯串讲事件

师：但是现在就能连起来说了吗？

生：不能，我发现这几件事不能直接连，因为这几件事的先后顺序有问题。

师：很好，所以建议大家先厘清事件发生的顺序，然后再按照顺序连起来说。

要搞清楚这几件事发生的顺序，一定要读好一个神奇的自然段。请同学们打开课文的最后一段，我考考我们班的朗读水平好不好？一起读。

（生齐读最后一段）

师：读得真好。这里"此时"指的是在发生了哪件事之后？

————[课件展示]————————————————————————

关注最后一段，解开序列之谜

① ②哪件事中第一次提到？

此时的周恩来才真正体会到"中华不振"这四个字的沉重分量。怎么把祖国和人民从苦难和屈辱中拯救出来呢？这个问题像一团烈火一直燃烧在周恩来心中。所以，当修身课上魏校长提出为什么而读书这个问题时，就有了"为中华之崛起而读书"的响亮回答。

③

————————————————————————————————————

生：目睹同胞被欺辱。

师：掌声鼓励。你的思路相当清晰，全班跟着他说一遍，请问"此时"指的是何时？

生：（齐说）目睹同胞被欺辱。（时间轴上标注）

师：再看课文，此时他才体会到中华不振。同学们，"中华不振"这个词是周恩来才接触到的吗？

生：不是。

师：什么时候他第一次接触到了这四个字？

生：与伯父谈论"中华不振"。

师：掌声再次响起。你太优秀了，记忆力超强！你们看，确实第一次提到"中华不振"是在与伯父谈论这件事上。可见这件事是先发生，然后他才真正遇到了"中华不振"。那么我们来看看第三件事，修身课应该发生在之前还是之后？

生：之后。

师：大家看，经历了与祖父的谈论，经历了目睹同胞被欺辱，最后才来到修身课上。周恩来才——

生：（齐说）立志要为中华之崛起而读书。

师：下边请全班同学盯着时间轴，看看谁反应最快。这三件事的顺序是第一件是——

生：与祖父谈论中华不振；

师：然后紧接着就发生了——

生：目睹同胞被欺辱；

师：最后在修身课上——

生：立志为中华之崛起而读书。（完善时间轴）

师：接下来给大家半分钟，用上"起先、之后、最后"的顺序词把这三件事连起来说。

（生练说，师巡视）

［课件展示］————————————————

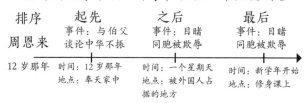

生：起先他与伯父谈论中华不振；之后他到一个被外国人占据的地方，亲眼目睹了中华同胞被欺辱；最后他立志为中华之崛起而读书。

师：掌声响起来。只有一个小问题，你要说清楚他是谁。

生：周恩来在 12 岁那年，在奉天家中，和伯父谈论中华不振；然后一个星期天，在被外国人占据的地方，亲眼目睹了同胞被欺辱；最后就是在新学年的修身课上，周恩有了一个坚定的回答，就是"为中华之崛起而读书"。

师：恭喜大家，因为你们已经初步抵达了本单元的学习目标。（出示单元学习目标）

评析 这个板块的核心任务是"连起来说说故事的主要内容"。教师以课后练习题为抓手，辅以记叙文六要素中事件的时间、地点，引导学生最终概括出三个故事。再引导学生关注课文最后一个自然段，通过抓住关键词"此时""中华不振"，用时间轴帮助学生逐步梳理三件事内在的逻辑联系。最后水到渠成，学生能根据表示时间先后的顺序词串讲三个故事，初步达成了单元教学目标。

三、聚焦"怪事1" 品析内心震撼

1.品读"立志"故事，圈画找寻线索

师：奇怪的事情来了，为什么明明最后发生的事情却要优先写？这件事必有原因，我们必须把原因搞透。第一步先读一读周恩来立志的故事。（出示第 1 ~ 9 自然段）

（生读）

师：第二步圈出魏校长言语行为中你感觉到的特别之处。

（生圈画）

师：我们一起读一读这节课上魏校长做的一件"很怪的事"。

（出示：魏校长听了，连声赞叹："好哇！为中华之崛起，有志者当效此生！"）

（生齐读）

师：魏校长是号召别人去——

生：学习周恩来。

2.补充材料，再读感悟

师：为什么周恩来的一句话会引发魏校长如此的反应呢？同学们请看，何老师为大家找了一些材料。

[课件展示]————————————————————

补充材料

1900 年 8 月 30 日

沙俄调集 17 万军队侵犯东北。10 月 1 日占领奉天。

1902 年 2 月 3 日

美国照会俄国，反对道胜银行垄断东三省经济利益。

1904 年 2 月

日俄战争爆发，辽河以东为战区。

1904 年

美国设立奉天总领事馆。

1905 年 12 月

外国学校、教会遍布东北。

1906 年的 5 月 20 号

俄国公使拒赔东三省损失。

1907 年 4 月

日本在华设立南满铁道株式会社。

1910 年 6 月 4 日

日、俄第二次签订《日俄协议》，联手侵夺利益。

……

————————————————————

师：整整十年，列强一直在我国东北地区实施侵略行为。所以魏校长听完周恩来的回答后，会连声称赞道——

生：（齐说）好哇！为中华之崛起，有志者当效此生！

师：这回读得就有气势了，有志者当效此生。"此生"是谁？

生：周恩来。

师：说了什么？

生：为中华之崛起而读书。

师：同学们，这句话读到这里，我觉得大家才读出点气势来。

3. 提供支架，想象说话

师：请结合刚才提供的材料，思考一下魏校长的惊叹。假如你是魏校长，你心里会对周恩来有什么样的评价？

课件展示

读一读第 1～9 自然段。圈一圈：魏校长言行的特别之处。

魏校长听了，连声赞叹："好哇！为中华之崛起，有志者当效此生！"

惊讶啊，少年周恩来……

希望啊，全班同学……

欣喜啊，我中华民族……

生 1：惊讶啊，少年周恩来小小年纪就能说出这么伟大的话，真了不起！

生 2：惊讶啊，少年周恩来居然小小年纪就想为国家立功。

师：周恩来小小年纪就会为国分忧。好，你们看魏校长还可能会希望全班同学怎么样？希望啊，全班同学……

生：希望全班同学都向周恩来学习。

师：学习周恩来身上的什么？

生：学习他的胸怀，学习他的爱国品质。

师：魏校长对于全班同学还寄予什么希望？

生：希望全班都向周恩来学习，要为国家分忧。

师：魏校长对于整个民族有什么期盼？（课件展示：欣喜啊，我中华民族……）

生1：欣喜啊，我中华民族出现了很多人才。

生2：欣喜啊，我中华民族要从深坑里跳出来了。

师：什么叫"深坑"？

生：被外国人欺辱。

师：没有人才就犹如陷入深坑，现在拉出深坑的是什么力量？

生：是这些爱国者为中华之崛起而读书的力量。

师：掌声鼓励。

评析 这个版块的教学，教师抓住矛盾点：为什么后发生的事件先写。进一步引导学生关注第一个故事，通过圈画魏校长言语中的特别之处，结合补充时代背景材料，创设语用情境，提供言语支架，激发学生的表达欲望，进一步体会当时魏校长对周恩来浓浓的爱国情感的赞叹。

四、聚焦"怪事2" 推动情感升华

1.品读"怪事2"，体会"中华不振"

师：同学们，再读一件"奇怪的事"。（出示课件）

一个星期天，周恩来背着伯父，约了一个同学来到了被外国人占据的地方。这一带果真和别处大不相同：街道上热闹非凡，往来的大多是外国人……

（生读）

师：这件事中我们的同胞被怎么样？

生：（齐说）被欺辱了。

师：同学们，这件事为什么是奇怪的事呢？先看看这件事的起因，一起说——

生：（齐说）亲人被外国汽车轧死了。

师：按道理说，如果亲人被外国的汽车轧死了，你觉得事件的经过应该是怎么样的？

生1：应该是他要去找外国人索赔。

生2：应该是找警察去处置外国人。

师：说得真好。按常理说围观的人应该怎么样？

生：围观的人应该支持警察处理外国人。

师：但怪事来了，请你概括地说一说哪里怪？

生：警察本应该处置外国人，但他反而给外国人撑腰，去训斥那个女人。

师：这件事中到底是谁做错了？

生：外国人。

师：但是他反而被巡警怎么样了？

生：被保护了。

师：而受苦的人遭受了什么？

生：被训斥。

师：这件事怪不怪？还有一处更怪的事，请你说——

生：按照常理来说，围观的中国人应该支持警察惩治外国人，但是他们没有。

师：请你读读书中他们是怎么做的？

生：围观的中国人都紧握着拳头。

师：请你分析一下。

生：我觉得这是因为当时中国的实力很弱小，外国的实力很强大。他们是怕要是万一反对，就会被外国人欺辱。

师：但是他们握紧拳头说明什么？

生：说明他们心中还是很想让这群外国人滚出我们的国家。

师：敢怒不敢言，怪不怪？明明是正义的一方，却向邪恶的一方低头；原本是受害的要得到支持，却得到了训斥。正是在这件事发生之后，少年周恩来有了这样的思考——（课件展示）

生：（齐读）为中华之崛起而读书。

2. 换位思考，情感共鸣

师：假如你在现场，你会怎么想？

生：我会想这些外国人一直侵略我们中国，我们国家也要有一些人才来逆转局势，来保护我们的中国，来拯救我们的中国。

师：我觉得这位同学很冷静。他没有说我马上去开战，而是说我们一定要自强、要成长。掌声鼓励。

生：假如是我，我愿意牺牲自己，但转念一想即使是牺牲自己又能怎样，因为国家的强盛不是一个人的牺牲可以解决的。

师：这位同学小小年纪居然有牺牲精神，非常难得。但在非特殊时期我们要爱护我们的生命。

生：我想，如果有一个像"龙城飞将"这样子的人出现来拯救一下当时的中国，那该有多好。

师：这位同学果然会学以致用，他引用了上次何老师给大家上的《出塞》。但何老师有一个不同的想法，就是在这个时代我们不用再期待飞将军李广复活，我们更应该指望谁？

生：（齐说）自己。

师：我觉得我们要有为国家牺牲的精神，然后增长自己的才能，不能依靠别人，要自己成为国家的顶梁柱。平时要注重修身，要注重成长，在国家有需要的时候勇于奉献。

3. 再读课题，升华情感

师：同学们，这一切归纳起来就是周恩来少年时期立下的志向。我们一起工工整整地读一遍。

生：（齐读）为中华之崛起而读书。

师：同学们，这节课就上到这里，谢谢大家。

评析 新课标指出："引导学生发表对文本的看法，尝试表达自己的观点""鼓励学生自由表达、充分表达"，紧扣这一理念，本环节教师继续引导学生关注"怪事2"——同胞被凌辱之事。教师将朗读与思考有效融合，引导学生逐步理解当时"中华不振"的状况，激发学生的表达欲望，引导学生多元表达自己，同时给予策略支撑和正确的价值观引导，最后让学生的情感再次得到升华。

总评

《为中华之崛起而读书》是统编版四年级上册第七单元的课文。"天下兴亡，匹夫有责"是本单元的人文主题；"关注主要人物和事件，学习把握文章的主要内容"是本课的核心目标。此类革命传统教育课文，如何达成这一目标并能上出"大气且精致"的感觉，何老师执教的这堂课能给我们一些思考和借鉴。

1.拆解目标，以终为始

本单元的语文要素为"关注主要人物和事件，学习把握文章的主要内容"。何老师在课文伊始，引导学生关注导语中的两个关键词：主要人物、主要内容。基于此，何老师一开始通过检查预习并补充资料的方式，解决了"主要人物是谁？"。为了达成"把握文章的主要内容"的目标，何老师在教学时进行了目标拆解：第一步是结合课后练习题，厘清事件；第二步是引导学生关注课文最后一个自然段，连接语文要素与"交流平台"，明确把握多件事中的内在联系；第三步借助顺序词进行串讲，最终实现单元语文要素的突破。三个步骤呈螺旋式上升，即每一个教学目标都是在实现前一个目标的基础上进行的。

2. 巧设支架，化繁为简

"把握文章主要内容"这一语文要素不是一蹴而就的。由于本课有三个故事，且三个故事并非按照正常的时间线顺序编排，给学生讲课时容易产生问题。何老师在处理时搭建时间轴支架，使学生能清晰地将时间、地点和主要事件——对应。这样既为学生连起来概括提供了抓手，也提醒学生在把握主要内容时，注意讲清时间、地点与主要事件。 时间轴不断补充完善的过程，也就是学生围绕语文要素不断练习、不断进步的过程。这样的学习支架也为我们今后语文要素的落实提供了很好的参考。

3. 创设情境，以读促情

新课标在第二学段"阅读与鉴赏"中提出"体会课文中关键词句表达情意的作用""体会文章表达的思想感情"。《为中华之崛起而读书》是一篇融入了浓浓家国情怀的革命传统教育课文。何老师聚焦文中重要事件的重要场景，细细品味其中的场景细节，不断渲染周恩来学生时代的家国背景，学生在老师的提示和指引下思考、对话。渐渐地，学生心中浓浓的家国情怀得到激发，在一次又一次的朗读中，对"为中华之崛起而读书"有了更深的理解与体悟，达到与人文情感的感知、体会相融合，最终达成语文课程立德树人的人文目标。

宗师蓄须明志，尽显"家国情怀"

——统编版四年级上册《梅兰芳蓄须》课堂实录及评析

一、目标先行　初识先生

1.看清目标

师：同学们，我们先来看看本单元的学习目标，齐读——（课件展示）

生：关注主要人物和事件，学习把握文章的主要内容。

师："重点要求"和"核心意图"分别是什么呢？

生："重点要求"是关注主要人物和主要事件，"核心意图"是把握主要内容。

师：没错，主要内容包括主要人物和主要事件。

2.初识先生

师：同学们，这篇故事的主要人物是谁呢？

生：梅兰芳。

师：梅兰芳被称为先生，他可是一代宗师，让我们读读相关资料吧。

⌐课件展示⌐

　　梅兰芳（1894年10月2日—1961年8月8日），中国京剧演员，在50余年的舞台生涯中，发展和提高了京剧旦角的演唱和表演艺术，代表作有《贵妃醉酒》《天女散花》《霸王别姬》等。梅兰芳先生曾赴多国演出，弘扬京剧艺术，传播传统文化。1950年任中国京剧院院长，1951年任中国戏曲研究院院长，1953年任中国戏剧家协会副主席，1959年加入中国共产党。

3. 回顾方法

师：之前我们学过哪些把握文章主要内容的方法？

（课件出示"交流平台"的内容）

生1：根据题目提示概括主要内容。

生2：根据事情的起因、经过、结果概括主要内容。

生3：文章不止写一件事时，需要串联几件事的内容，进行总体概括。

师：对，在《为中华之崛起而读书》一课中我们就学习了用"串联"的方法来概括主要内容。

评析　教学目标承担着明确教学内容、提供教学活动设计的方向、提供教学评价依据的作用，是构建课堂教学活动的先决条件。何老师在教学之前，首先关注本单元的学习目标，明确了课堂中的主要活动是对主要人物的认定、主要事件的概括和主要内容的把握，这是非常重要的，也促进达成了"老师有目的地教，学生有目的地学"的高效课堂。通过目标问题导向，链接梅兰芳的资料，回顾单元"交流平台"，总结方法，拆解难题，同时也激发了学生的学习兴趣。

二、关注"提示"　学习汇报

1. 自学"提示"

师：这是一篇自读课文，需要同学们自学。"导读提示"有几个要求？

【课件展示】

学习"提示"

在京剧舞台上，梅兰芳主演的《贵妃醉酒》《霸王别姬》等享誉世界。默读课文，说说梅兰芳用了哪些办法拒绝为日本人演戏，在这个过程中经历了哪些危险和困难。有兴趣的同学可以查找资料，深入了解这位京剧大师。

1.默读课文，说说梅兰芳用了哪些办法拒绝为日本人演戏。

2.过程中经历了哪些危险和困难？

3.课后查找资料，深入了解这位京剧大师。

办法

卖房搬家、藏身、闭关、装病、蓄须

危险、困难

逼迫演戏、骚扰、诱惑、纠缠、军医检查

串联试讲

生：3个。

师：分别是什么？

生1：默读课文，说说梅兰芳用了哪些办法拒绝为日本人演戏。

生2：过程中经历了哪些危险和困难？

生3：课后查找资料，深入了解这位京剧大师。

师：没错，在学习自读课文时，我们关注"导读提示"，将其中的问题解决了，就能有所收获，学懂课文。

2.学习汇报

师：同学们，带着"导读提示"中的问题默读课文，你能解决哪些问题？

生：我找到梅兰芳拒绝为日本人演戏的办法：卖房搬家、藏身、闭关、装病、蓄须。

师：很全面，你检索、概括的能力真强。

师：大家还读到梅兰芳先生遇到了哪些危险的事？

生1：被逼迫演戏。

生2：总遇到日本人的骚扰。

生3：有人诱惑与纠缠他。

生4：军医检查。

师：好样的，同学们梳理出了梅兰芳先生遇到的这么多的困难和危险。

师：谁能把这些困难危险和刚才找到的梅兰芳拒绝为日本人演戏的办法串联在一起，试着讲一讲这个故事？

生：日本人强迫梅兰芳演戏，梅兰芳为了拒绝给日本人演戏，藏身租界。很多人用金钱诱惑他，他宁可卖房搬家，也不为日本人表演。面对日本人的不断骚扰和纠缠，梅兰芳只得蓄须明志，打针装病。日本人不相信，还派军医来检查，梅兰芳差点儿丢了性命。

师：看来，将危险与办法串联起来，就可以大致知道课文讲了一个什么故事。经过实践，串联的方法的确好用！

评析 叶圣陶先生曾说："就教学而言，精读是主体，略读是补充；但就效果而言，精读是准备，略读才是应用。"本课位于单元第三篇，是略读课文，重在运用概括文章主要内容的方法，提升概括能力。本环节，何老师关照课文之前的"导读提示"，对其进行分析，将概括能力分解为检索、理解、筛选、组合，化难为易。学生通过检索"拒绝的办法有哪些？""遇到的危险困难有哪些？"这两个问题的答案，再经过对文本内容的理解与组合，运用串联的方法感知故事，完成初步讲述，到达提升概括思维和能力的目的。

三、借助"支架" 达成目标

1. 第一招——借助课题

师：同学们，再来看看"交流平台"中给我们提供的三种方法。

┌ 课件展示 ┐

运用方法——如何把握文章的主要内容？

语文园地

| 交流平台 |

我发现题目有时能提示文章的主要内容，如观潮》《盘古开天地》。

弄清事情的起因、经过、结果，能帮助我们把握文章的主要内容，如《普罗米修斯》。

有的文章写了不止一件事，如《为中华之崛起而读书》一共写了三件事，可以先弄清每件事讲了什么，然后把几件事连起来，就能把握文章的主要内容了。

第一招：借助课题
第二招：经典模式

蓄须明志 —— 起因 / 经过 / 结果

师：你能借助课题讲一讲课文的主要内容吗？

生：梅兰芳为了拒绝为日本人演戏，蓄须明志。

师：简洁明了，说明了主要人物和主要事件。

2. 第二招——弄清起因、经过、结果

师：同学们，课文写了四件事：藏身闭关、蓄须明志、买房搬家、打针装病，你认为哪件事最重要？

生：蓄须明志，课文题目就是《梅兰芳蓄须》。

师：真会思考，课文哪些自然段是写"蓄须明志"的？

生：第 3 ~ 8 自然段。

师：谁能具体说说"蓄须明志"的起因、经过、结果呢？

生1：第3自然段讲了蓄须的起因：为拒绝日本司令官的骚扰，梅兰芳蓄须明志。

生2：第4~7自然段讲了经过：戏园老板劝告梅兰芳登台演出，梅兰芳不听；日本侵略军强迫梅兰芳演出，梅兰芳打针装病不演。

生3：第8自然段讲了蓄须的结果：抗日战争胜利，梅兰芳当即剃须，宣布演出。

师：分析到位，难度升级，谁来挑战？谁能用"交流平台"中的第二招来概括"蓄须明志"这一部分的主要内容？

生：为躲避日本司令官的骚扰，梅兰芳蓄须明志，面对金钱诱惑和日本侵略军的逼迫，他拒绝并"打针装病"。抗日战争胜利，梅兰芳当即剃须，宣布演出。

师：看来弄清起因、经过、结果，也能够清楚具体地概括事件的主要内容，怪不得它成为一个普遍使用的"经典模式"呢。

评析 本环节，何老师针对"如何概括文章的主要内容"这一教学难点，再次利用"交流平台"中的方法，有条理、分步骤地为学生搭建方法支架，化难为易，让学生在运用方法的过程中达成目标，走向深度，从而促进学生收获一种"学习的成功体验"，提升学习兴趣。

四、读练得法 落实目标

1.学说"拒绝骚扰"，引出方法

师：同学们，日本司令官是对梅兰芳进行骚扰，而日本侵略军却是强行逼迫他演出，这两个程度一样吗？

生：不一样，日本司令官的骚扰与侵略军相比而言，态度没有那么强硬。

师：仔细读一读第 3 自然段，你从哪些词句中能够看出来？

生：我从"日本驻港司令官亲自出马，多次逼迫梅兰芳演戏。"这句话看出来的，"多次"，说明态度不是很强硬，是骚扰；而日本侵略军去一次就会粗暴地强迫。

师：对，日本司令官是比较高级的特务，相对侵略军而言他们言行没有那么粗暴残酷。你们想想看，他们是怎么骚扰梅兰芳先生的？

生 1：多次以"拜访"为名，来说服梅兰芳演戏。

生 2：给梅兰芳承诺官职，诱惑梅兰芳。

生 3：给梅兰芳送各种名贵的礼品，笑里藏刀，逼梅兰芳演戏。

师：是啊，一次次以"拜访"为名的说服，对于梅兰芳先生来说，是一次次的骚扰。那梅兰芳先生是如何做的？

生：拒绝的借口都用尽了，梅兰芳只能蓄须明志，表示抗议，表明决心。

师：是啊，梅兰芳先生是多么高明，他与日本司令官斗智，通过蓄须来明志，拒绝演戏。那你能不能将日本司令官的骚扰与梅兰芳的机智应对串联在一起，说说"拒绝演戏"这部分的主要内容？

生：1941 年 12 月香港沦陷。日本驻港司令官亲自出马，多次骚扰逼迫梅兰芳演戏，梅兰芳拒绝的借口用尽了，只能蓄须明志，以表决心。

师：很准确，看来用串联法来概括主要内容也是有一定的技巧的。

2.试说"劝告不听"，提炼方法

师：同学们，再仔细读一读"劝告不听"这一部分，用下划线画出描写梅兰芳所作所为的句子。

（学生交流）

课件展示

学说"拒绝骚扰"

仔细读"劝告不听"的部分，用"＿＿"画出梅兰芳所作所为的句子。

> 长期不演戏，没有了经济来源，又要养家，梅兰芳准备卖掉北京的房子。
>
> 但是，无论戏园子老板开出的条件多么优厚，梅兰芳全部拒绝。
>
> 他宁可卖房度日，也决不在日本侵略者的统治下登台演出。

提取关键词：梅兰芳的所作所为　梅兰芳与戏园老板斗的是什么？
串联组合，说出事件　　　　　　　　　　　　　　斗智

师：提炼关键词，概括一下梅兰芳的所作所为。

生：卖房度日、拒绝金钱、绝不演出。

师：能否串联组合，说出事件？

生：长期不演戏，没了经济来源，梅兰芳准备卖掉北京的房子，很多戏园子老板劝告他继续演出，并用黄金诱惑他，梅兰芳全部拒绝，他宁可卖房度日，也绝不在日本侵略者的统治下登台演出。

师：梅兰芳与日本司令官斗智，那与戏园老板斗的是什么？

生：也是斗智。

师：面对戏园老板的劝告与金钱诱惑，梅兰芳机智拒绝，的确是又一次智斗啊。

师：同学们，发现了吗？我们在使用串联法概括"拒绝骚扰""劝告不听"两部分的主要内容时，先怎么做，再怎么做，最后怎么做？谁来归纳一下方法？

生：仔细阅读相关片段；接着在文中找到关键词句，提取关键信息；最后将要点串联组合成主要内容。

3. 练说"装病不演"，迁移运用

师：快来读一读"装病不演"的部分，用上串联法，试着概括这一部分的主要内容。

（学生小组合作完成表格并交流补充）

「课件展示」

练说"装病不演"——用串联法概括这部分的主要内容

细读梅兰芳言行的句子	提取关键	串联组合
梅兰芳斩钉截铁地说："普通的演出我都不参加，这样的庆祝会当然更不会去了。"	拒绝演出	梅兰芳为拒绝参加日本侵略军的庆祝会演出，让好友为自己打针装病，为此差点儿丢了性命。
梅兰芳找到一位当医生的好朋友，说明了自己的危险处境，请朋友设法让他生一场"大病"，以摆脱日本人。	打针装病	
日本侵略者的妄想最终没有实现，梅兰芳为此差点儿丢了性命。	差点儿丢了性命	

师：同学们，用串联法来概括主要内容变得越来越容易啦！再来看，这针打一次就让人发烧，可梅兰芳连打三针，高烧不退，险些丢了性命，那这次梅兰芳与日本侵略军斗的是什么？

生：斗的是勇。

师：看来同学们都很善于将方法进行迁移运用，可仔细想一想，这部分这样概括就可以了吗？这一部分还写了什么？

生：不行，这一部分还重点讲了军医如何检查梅兰芳。

师：是啊。军医这一部分可以删除不说吗？

生：不可以。

师：对，一定不可以。那我们来仔细看看这部分。日本人派谁来探病？

生：军医。

师：仔细读一读课文，军医是怎么做的？找出描写军医动作的词。

生：闯进、用手摸了摸、只好认定。

师：好，关注"闯进"一词，日本军医像什么？

生：像强盗、恶人、魔鬼……

师：你们都说错了，你们都太轻描淡写了，军医就是一个凶手！

☞[课件展示]

梅兰芳与日本侵略军斗的是什么？　　　　　　　斗勇

少了谁？　　　日本军医

军医是怎么做的？找出描写军医动作的词。　　闯进

他们是凶手！梅兰芳与日本军医斗的是什么？　斗智斗勇

1936年~1945年，日本关东军驻满洲第731防疫给水部队在东北哈尔滨组建，他们以军医的身份假借研究防治疾病和净化水为名，实则使用活体中国人、朝鲜人、联军战俘进行生物武器与化学武器的效果试验，进行生物战、毒气战、细菌战，研究人体活体解剖等犯罪行为，伤亡惨重，后果严重。

师：看完资料，日本军医是什么？

生：是死神，他们走在哪里，哪里就有死亡来临……

师：同学们再想想，梅兰芳与日本军医斗的是什么？

生1：斗的是勇。

生2：斗的也是智。

师：没错，是以生命为代价拒绝日本人演戏，他斗智斗勇，更斗的是狠。他为此差点丢了性命，真是一位有铮铮铁骨的大师！在他身上，不仅有艺术家的文化自信，更有的是——

生：高尚的民族气节和深切的爱国情怀。

师：同学们，这便是梅兰芳先生的伟大之处，他不仅是一代宗师，更是一位民族英雄。最终，他赢得了斗智斗勇后的胜利。抗日战争取得了胜利，梅兰芳先生当即剃须，登台为人民演出。在历史的长河中，为国牺牲的民族英雄还有很多很多，是他们为我们赢得了现在和平、幸福的生活，我们应铭记历史，砥砺前行。

评析 爱因斯坦谈教师的修养有三条基本要求："德""才""术"。教师除了拥有崇高的思想品德、渊博的知识之外，还需要有一定的创造性活动和教学艺术技巧。本环节，何老师的教学活动设计精妙，继续提供方法支架，举一反三。在学生学会使用概括主要内容的方法后，何老师尊重学生的独立性，适时撤离支架，由扶到放，最终抵达目标。同时，巧妙增补资料，植入革命文化，让学生的情感在学习课文和资料中得到升华，铭记历史，树立文化自信。这些都展示了老师高超的教学艺术技巧。

总评

宗师蓄须明志，尽显“家国情怀”。《梅兰芳蓄须》是一篇历史名人故事，故事为我们展现了一位有高超的表演艺术的京剧大师，一位有着崇高民族气节的抗日勇士。穿越历史时空，教师成为学生与梅兰芳先生之间对话的桥梁。通过学习，学生不仅提升了把握文章主要内容的能力，更感受到梅兰芳勇敢不屈的民族气节和深切的家国情怀。那么，如何在落实目标的前提下，夯实能力的培养，增进情感的感知呢？何老师执教的这节课，为我们提供了方向和思考。

1. 目标问题导向，教学互促

“目标问题导向”的核心要义是基于目标来设计问题，通过问题设计、课堂教授、解疑答惑、研讨交流来主导教与学。这样的教学不仅可以提升学生的思维能力，也能培养学生的创新精神，更解决了教学目标不清晰、问题意识不突出、教与学脱节的问题。何老师在上课伊始，便同学生一起探究单元目标，将目标拆解为主要人物、主要事件和主要内容三个部分，整个教学环节设计了“主要人物是谁？梅兰芳遇到的困难危险和拒绝演出的办法有哪些（即主要事件）？主要内容是什么？”三个问题，围绕问题进行教与学，并结合“交流平台”，给学生提供概括文章主要内容的方法支架。学生运用方法学习，层层深入，不仅解决了问题，落实了目标，还对梅兰芳先生的人物形象有了更深刻的感知，达到了教与学相互促进的效果。

2. 单元统整思维，学用扎实

新课标指出：“课程内容组织，重点是对内容进行结构化整合，探索发展学生的核心素养的路径。”这要求教师在教学时应明确核心素养导向，整合课程内容，基于核心概念进行进阶设计，从而落实对学生核心素养的培养。何老师基于单元目标，对教材单元内容（课文与"交流平台"）进行合理整合，从整体的角度对各项内容进行自然调用，使得目标引领、问题导向和任务驱动有机统一。通过总结"交流平台"中的方法，学生再将方法反复巩固运用，举一反三，最终能提升"把握文章主要内容"这一能力。

3. 探究文本细节，升华情感

文本的细节，是语文课堂教学的底色，是不可或缺的文本品味与情感体验。对文本进行细读是开展语文阅读学习的重要途径，能帮助学生从细微之处挖掘丰富的知识，使其对整篇课文有更全面、更深入的理解。这篇课文虽是略读课文，但仍有一些细节不容错过，何老师通过问题导向，让学生区分日本司令官和日本侵略军的骚扰与逼迫，在斗智斗勇中感受梅兰芳勇敢不屈的民族气节；让学生关注日本军医"闯进"这一动作细节，通过增补资料，引导学生感受日本侵略军的残忍无道、令人憎恨，进一步感受梅兰芳先生将生死置之度外的爱国情怀。通过探究文本细节，让学生在琢磨、品味文字中得到情感的升华，能够铭记历史，热爱祖国。

指向核心素养的"学本"课堂

——统编版四年级上册《扁鹊治病》课堂实录及评析

一、思维破冰 瞄准任务目标

1. 解读目标，破解要点

师：同学们，请读一读今天的课题——

生：扁鹊治病。

师：预习了这篇课文，同学们知道这个故事大概讲了什么吗？

生：关于扁鹊治病的故事。

师：这句话回答得非常巧妙，根据题目我们可以了解故事内容。在学习之前，要先了解学习目标，一起读——（课件展示）

生：了解故事情节，简要复述课文。

师：什么是故事的情节？

生1：情节就是故事内容。

生2：我觉得是这个故事从什么开始到什么结束。

师：中间的都不要了吗？

生2：情节就是故事的起因、经过和结果。

生3：情节的"情"就是感情的"情"。

师：情节的"节"呢？

生3：情节的"节"，就像竹子一样，一节一节的。

师：这位同学的发言真是精彩，因为他的发言有画面感。

生4：我觉得这个"情"的意思就是这个故事必须得有感情，而"节"的意思就是感情要分为一段一段的。

师：这位同学的发言对前面同学是一个重要的补充。而且，这个感情要像竹节一样，一节一节要有变化，（看老师的手势）

故事的发展，抬得很高的时候，要——

　　生：掉下来。

　　师：然后掉到低谷了，要怎么样？

　　生：升上去。

　　师：这就叫——

　　生：情节。

　　师：掌声鼓励！

　　2.锁定导读，分层理解

　　师：同学们，这是一篇略读课文，请一起读一读导读提示。

☞课件展示

　　默读课文，找出课文中表示故事发展先后顺序的词句，再简要复述这两个故事。和同学交流你从中明白的道理。

读文找词

↓

简要复述

↓

明白道理

（生齐读）

　　师：看来今天我们按部就班就做三件事。第一件——

　　生：读文找词。

　　师：找先后顺序的词句。第二件——

　　生：简要复述。

　　师：简要复述这两个故事，这是我们的终极目标。第三件——

　　生：明白道理。

评析 这是一篇略读文，上课伊始，教师就引导学生学会从自读提示中把握本节课的学习要点，包括"读文找词""简要复述""明白道理"。何老师重视学情，一开始抛出问题，了解学生对本课故事大意的掌握情况。围绕单元目标，聚焦对"情节"一词的理解，反复敲击提问。问题由学生之间思维的碰撞、质疑、思考与补充而得以阐释，体现以学生为主体的课堂状态。教师深入浅出、形象化的引导与讲解，让学生快速地理解"情节"的内涵，为学生学会简要复述故事情节做好铺垫。

二、探究学法　聚焦复述要义

1. 找出顺序，发现脉络

师：同学们请看，按照课文要求一件一件来。本文总共只有419个字，请大家进行阅读批注，找出那些表示先后顺序的词。当你找出来的时候就像刚才那位同学说的一样，你要了解一下他的情感是怎么一节一节发展的。看谁找得快，开始。

（学生批注自学）

[课件展示]

发现表示顺序的词

时间

1　有一天

2　过十天

3　十天后

4　又过了十天

5　五天后

师：同学们，请说出你发现的表示顺序的词。

生：第一节的开头，"有一天"。

师：那么按照这个顺序往下，病情是——

生：刚开始在皮肤上。

师：非常好。在皮肤上。再往前推进，时间到了什么时候？

生：过了十天。

师：病情到了？

生：发展到皮肉这边。

师：厉害。再往下，推进时间，到了哪里？

生：十天后，病情已经发展到肠胃里。

师：好样的。又过了十天，病情发展到哪里？

生：骨髓。

师：说得好，五天之后？

生：五天之后死亡。

师：同学们，你们了不起！请看：这就是两条线索，来读一读——

[课件展示]

发现表示顺序的词

时间　　　　　　　　病情

1　有一天　━━━▶　皮肤

2　过十天　━━━▶　皮肉

3　十天后　━━━▶　肠胃

4　又过了十天　━━━▶　骨髓

5　五天后　━━━▶　死亡了

师：两条线索横着看，大家看，我们突然发现短短的419个字的故事，分为五个情节推进，对不对？

生：对。

师：如果用你的手来表示这个情节，这个病情情节应该是怎么样的？

生：（手势表示）前四个情节逐渐递增，最后一个情节，骤然下跌。

2.出示方法，简要复述

师：你们谁能够简要复述这个故事？

生：有一天，蔡桓侯得了一种病，扁鹊想给他治病，蔡桓侯却不愿意让他治病。过了十天病到了皮肉里面了，但蔡桓侯还是不让扁鹊给他治病。十天后病又到了肠胃里，但蔡桓侯还是不让治；又过了十天，病到骨髓里面了，但是他还是不治；最后五天后他死了。

师：同学们，他复述得好不好？

生：好。

师：我也觉得他复述得不错，但是有一点问题，他复述的语言太单一，扁鹊要治，不干；要治，不干；要治，不干；要治，死了。你有没有觉得他的复述就是这个套路？

师：何老师试试看，我要教会这位同学，和有同样问题的同学如何复述故事。请同学们看屏幕，这是情节一，一起读。

生：有一天，病在皮肤。

师：同学们请看，这是情节一的内容，我们一起读一读。要求不能拖。

（齐读第1、2自然段）

课件展示 ▌

名医扁鹊拜见蔡桓侯。发现蔡桓侯皮肤上有点小病，建议医治。蔡桓侯不同意，还说扁鹊是骗人的。

师：何老师尝试将它进行简要复述，只剩三行半。

师：亲爱的同学们，你们发现了吗？原文和简要复述之间的关系是什么呢？你看看原文写的一个重点是病在哪里呢？

[课件展示]

情节1： 时间　　病情
　　　　 有一天　皮肤

名医扁鹊拜见蔡桓侯。发现蔡桓侯皮肤上有点小病，建议医治。蔡桓侯不同意，还说扁鹊是骗人的。

保留重点

语言转化

调整疏通

有一天，名医扁鹊去拜见蔡桓侯。

扁鹊在蔡桓侯身边站了一会儿，说："据我看来，您皮肤上有点儿小病。要是不治，恐怕会向体内发展。"蔡桓侯说："我的身体很好，什么病也没有。"扁鹊走后，蔡桓侯对左右的人说："这些做医生的，总喜欢给没有病的人治病。医治没有病的人，才容易显示自己的高明！"

分享简要复述

生：病在皮肤。

师：复述之后这个重点有没有被保留？

生：保留了。

师：第二个，原文写到蔡桓侯觉得这些做医生的，都是怎么样的？

生：喜欢骗人的。

师：你看看复述后是不是也保留了？

生：保留了。

师：所以同学们读一读简要复述的第一个要点，就是——

生：（齐读）保留重点。

师：那么其他怎么办？

生：其他简要概括就行了。

师：何止简要概括。同学们都很谨慎！其他的内容，就删了。这就是第一个方法，叫作——

生：保留重点。

3.思维碰撞，迁移运用

师：第二个，让你们来发现。请看，语言转化。（课件展示：语言转化）先看原文，然后再对比着何老师复述的内容，你发现语言转化上有什么特点呢？

生：语言转化后，将原文中很长的句子简化为一小段话。

师：这是肯定的。比如这段话中什么样的句子需要被转化？

生：蔡桓侯和扁鹊对话可以简化、概括。

师：那么经过这两点之后，有可能出现句子不通顺，前后连不上对不对？所以还必须有第三招，叫什么？（课件展示：调整疏通）

生：调整疏通。

师：同学们，四年级要学的就是简要复述。来，咱们把方法复习一遍。原文的重点要保留；原文有很多语言是对话的，转化成概括；转化之后发现不通顺就调整疏通。

评析 巴班斯基说过，先进的理念首先是关于教学内容，先要落在"教什么"上，"是教学目的和内容'选择'方法，而不是相反。"也就是"教什么"比"怎么教"更为重要。何老师能够引导学生关注方法的迁移运用，呈现出的是思维的碰撞之美，是"思路与方法"的可视化过程。破解课堂难点时，老师先给出示范，手把手教会学生简要复述的步骤。然后通过出示原文和复述文，引导学生对比观察，理解"简要复述"的基本要义。

三、螺旋递增　强化复述能力

1.合作展示，学讲故事

师：最难复述的第一个情节何老师帮大家解决了。剩下的情节，同学们以小组为单位，用上这三招，尝试一口气将整个故事复述下来；然后全班推荐一个同学来复述整个故事。现在每组同学开始尝试复述故事。

（生合作学习）

师：掌声欢迎小甲同学为我们简要复述整个故事。再有请"学霸"小乙同学作为主持人，为小甲保驾护航。小甲如果说不清楚，"学霸"小乙就抢过来补两句，然后再还给小甲麦克风。来吧，有请两位。

生1（乙）：请小甲同学简要复述这个故事。

生2（甲）：有一天。（停顿）

生1（乙）：蔡桓侯得了病。

生2（甲）：扁鹊建议他要及时治病，可蔡桓侯不想让扁鹊给他治病，还说扁鹊是骗人的。（停顿）

师：可以看提示。

生2（甲）：过了十天后皮肤病到了皮肉里面，扁鹊建议蔡桓侯治病，可是蔡桓侯还是不同意。十天后皮肤病到了肠胃里，扁鹊建议蔡桓侯治病，可是蔡桓侯还是不同意。又过了十天后病到了骨髓里，扁鹊说吃几粒药也好不了。五天后，蔡桓侯就过世了。

师：掌声鼓励。小甲能够复述，那么其他人还有问题吗？掌声欢送。

师：同学们，这样一来这节课就快上完了，因为只剩下一个问题没解决，你看我们这个课很简单的，这不就是说了这么一个故事吗？读——

[□课件展示]

故事中的蔡桓侯，病从皮肤到骨髓。不治疗，越发严重，最后病死了。

生：故事中的蔡桓侯，病从皮肤到骨髓。不治疗，越发严重，最后病死了。

2. 交流互动，阐明道理

师：我们只差一个问题没解决——要明白其中蕴含的道理。那么请几位同学说说看，你体会到这个故事到底蕴含着什么道理？

生1：有病不治，"必死无疑"。

师：掌声送给他。请坐。我教到现在也才知道原来这个故事讲的就是"医疗事故"。（众笑）还有其他的解读吗？往深里读，谁还想分享？

生2：这个故事告诉我们做事情要防微杜渐，要正确听取别人的意见。

师："防微杜渐"这个词我人生中第一次听说，你给大家解释一下。

生2：就是要正确听取别人的意见，在危难来临之前先做好准备。

师：我们来听听班长同学的想法。

[□课件展示]

故事中的蔡桓侯，病从皮肤到骨髓。不治疗，越发严重，最后病死了。

导读提示：
明白蕴含的道理

发现问题，
要及早……否则……

生 3：有了小问题就要改，不然会酿成大问题。

生 4：发现问题，要及早改正，否则会变成大问题。

3. 勾连生活，理解道理

师：你能举出生活中的一个真实的例子吗？

生 1：如果看见垃圾不及时捡起来，再扔就堆成垃圾堆了，势必会影响校园的环境。

师：这就是从身边做起，从小事做起，从我做起。

生 2：作业不及时完成，积压太多，最后就完不成了……

🔗 评析 在教学重难点时，教师十分关注班上学习比较薄弱的学生，能够给学生提供简要复述的方法支架。并且开启合作模式，让另一个学生当助手，在旁边适时地提供帮助。同时，引导全班同学一起倾听，在完整说完一个情节后，就给予及时的鼓励，有效地促进学生的学习成长。教师循循善诱，引导学生聆听不同的想法，自己发现问题、解决问题，联系生活经验，初步感知道理。

四、情境互动 深度感悟内涵

1. 对话文本，角色扮演

师：学到这里，我们似乎忘记了，故事中的重要角色。威武的蔡桓侯，到底是怎么死的？

[课件展示]

【人物名片】蔡桓侯，卒于公元前 695 年，在位 20 年，"桓"字意为"大"，也可解释为"威武"。

师：这么好的人，死了好可惜，他是怎么死的呢？一起读。

[课件展示]

【蔡桓侯】浑身疼痛，派人去请扁鹊给他治病。扁鹊早知道蔡桓侯要来请他，几天前就跑到秦国去了。不久，蔡桓侯病死了。

师：大家看看他的经历。如果时光倒流，你愿意拯救他吗？愿意的举手，我们一起穿越时光隧道。我会给大家三段对话。请思考，倘若你在现场，你会怎么演绎呢？

[课件展示]

【选一选】三次机会，选一次
【读一读】选定后分角色朗读
【劝一劝】以大臣身份劝主公

师：待会儿我会给你们看三段对话，我们分角色读一读，最后以大臣的身份来劝一劝我们的主公。

[课件展示]

威武的蔡桓侯到底是怎么死的？

扁鹊：据我看来，您皮肤上有点儿小病。要是不治，恐怕会向体内发展。

蔡桓侯：我的身体很好，什么病也没有。这些做医生的，总喜欢给没有病的人治病。医治没有病的人，才容易显示自己的高明！

扁鹊：您的病已经发展到皮肉之间了，要是不治还会加深。

蔡桓侯：很不高兴，没有理睬。

扁鹊：您的病已经发展到肠胃里，再不治会更加严重。

蔡桓侯：非常不高兴。

（生上台扮演）

师：看三组对话，请思考，我们第几次去劝，救他的可能性是最大的？用手势表态。

（生手势表示第一次）

师：因为——

生：此时病最轻。

师：男生读扁鹊，女生读蔡桓侯。

（男女生对读）

师：我们找个班上话特别少的同学扮演蔡桓侯。我要教他怎么演大王。（老师耳语提示学生）愿意劝大王的，在这里排队，最多五个人。

（生上台扮演）

师：第一位大臣来劝主公。

生1：大王，万万不可呀！有病不治会酿成大祸的。您还是听扁鹊的话，治一治这皮肤上的小病吧。

生2（大王）：不行，不行。

生3：（抱着大王大腿）大王您不能不治病啊，这样您会死的啊。您还是让扁鹊治一治您的病吧！

生2（大王）：不行，不行。

生4：大王，您这皮肤上的小病不好好治疗，可能会向体内发展，病情会一天天加重，您不去治疗的话，生命就有危险了！

生2（大王）：不行，不行。

师：意思差不多，没有新花样的就算了。来了一位女大臣。

（众笑）

生5：大王，您皮肤上的小病，可能会酿成大祸。如果酿成大祸，就没法很好地守护我们的国家，那可怎么办啊！

师：（作揖）大王，我也劝劝您啊，为了江山社稷去治一治吧！

生2（大王）：不行，不行。

生6：大王，求您试试吧。毕竟扁鹊是名医，名医的话是不会错的。

师：非常好，一个从江山社稷，一个从名医的角度。大王，天下的名医中，扁鹊要数第一了，要是他不治，您恐怕……

生2（大王）：不行，不行。

师：同学们，你们不要误会。因为刚刚我跟他耳语，不管你们说什么，他的台词只有一句"不行，不行……"。

2.对话背景，升华感悟

师：你们知道为什么劝了半天，有的讲到江山社稷，有的讲到扁鹊是名医，有的抱住王的大腿，都没有效果？因为你们还缺少了些智慧。这则故事，是韩非子向老子的献礼。他讲这些故事就是为了让世人理解老子的精神。我们请出最有智慧的老子。老子的精神在这个故事中匹配的是什么呢？我们一起读一读——

⌐ 课件展示 ┐

合抱之木，生于毫末；

九层之台，起于垒土；

千里之行，始于足下。

为之于未有，治之于未乱。

《道德经》第六十四章

生：（齐读）合抱之木，生于毫末；九层之台，起于垒土；千里之行，始于足下。为之于未有，治之于未乱。

师：（引读）跟我读，"为之于未有，治之于未乱"。

（生齐读）

师：我打赌大王不懂这些话。（对大王耳语）我又给大王一些指导。但是你一旦用智者的语言来劝，选择其中一句并解释一下，大王可能会变。谁来劝一劝大王？请你来。

生1：大王，老子的《道德经》中说，"合抱之木，生于毫末"，要很多人一起抱着的大树，也是由一粒小小的种子生长起来的。大王，您还是让扁鹊治一治您皮肤上的小病吧，不然变成不治之症就追悔莫及了。

师：是啊，大王"合抱之木，生于毫末；九层之台，起于垒土"，大王您听懂了吗？

生2：九层的高台是由一层一层的垒土堆积而成，您的病要是不早治，高台就盖不成了。

生（大王）：不治。

师：大王病糊涂了。最后听听班长怎么说。掌声响起。

生（班长）：老子说，"千里之行，始于足下"这么长的路都是自己一步一步慢慢走出来的。今天您皮肤上的小病要是不治的话，以后会成大病的，所以您还是治一治吧，大王。

师：大王，您听得懂这个道理吗？大王的病不在皮肤，不在肠胃，不在骨髓，而在心里。大王要多多读书了！同学们，我们要持续地读《道德经》，这里蕴含的人生哲理可不少呢！最后，我也积累了一些和这个故事相关的四字词语，请大家读一读——

课件展示

【积累】

未雨绸缪　　防微杜渐

居安思危　　有备无患

……

生：未雨绸缪、防微杜渐、居安思危、有备无患……

师：请拿起笔，把这四个词语积累起来。

3. 总结方法，引发探究

师：同学们，用这节课所学的方法，第一步是保留什么？

生：保留重点。

师：第二步是转化什么？

生：转化语言。

师：第三步叫疏通什么？

生：疏通调整。

课件展示

纪昌学射[ji]①

飞卫是一名射箭能手。有个叫纪昌的人，想学习射箭，就去向飞卫请教。

开始练习的时候，飞卫对纪昌说："你要想学会射箭首先应该下功夫练眼力。你要牢牢地盯住一个目标，不能眨眼[biāo]！"纪昌回家之后，就开始练习起来。妻子织布的时候，他躺在织布机下面，睁大眼睛，死死盯住织布机的踏板。两年以后，纪昌的本领练得相当到家了——就是锋利的锥尖要刺到眼角了，他的眼睛也不眨一下。

纪昌对自己的成绩感到很满意，以为练得差不多了，就再次去拜见飞卫。飞卫对他说："虽然你已经取得了不小的成绩，但你的眼力还不够。你要练到把极小的东西看得很大，把模糊难辨的东西看得很清楚，那时候再来见我。纪昌记住了飞卫的话，回到家里，又开始练习起来。他用一根牛尾毛拴住一只虱子，把它吊在窗口，然后每天站在虱子旁边，聚精会神地盯着它。那只小虱子，在纪昌的眼里一天天大起来，练到后来，大得竟然像车轮一样。取得了这样大的进步，纪昌赶紧跑到飞卫那里，报告了这个好消息。飞卫高兴地说："你就要成功了！"于是飞卫开始教他怎样开弓，怎样放箭。后来，纪昌成了百发百中的射箭能手。

简要复述
明白道理

———————————

①本文根据《列子·汤问》相关内容改写。

师：用这些方法简要复述课文，这个是留给大家的课后作业。下则寓言故事《纪昌学射》，请你用上今天的方法，简要复述故事，尝试明白其中的道理。

评析 杜威等教育学家强调将学习置于实际情境中，可以更好地促进学习者的主动参与和思考。因此，情境化教学可以促进学习者通过活动、探索、建构知识，将新知识整合到已有的认知结构中。在感悟道理这个环节里，何老师通过创设"救救桓侯"的情境，带着学生创造性地演绎人物故事，感悟人物内心。同时，何老师很关注中华传统文化的感悟与传承。韩非子用 25 则故事来解释老子的《道德经》，因此何老师在剧情演绎之末，融入老子的哲理去劝谏，将课堂教学再次推向高潮，此法妙哉！

总评

《扁鹊治病》是一则寓言故事，而复述是学习寓言故事的有效方法。本单元的学习目标是"了解故事情节，简要复述课文"，那么在语文课堂中，应如何引导学生关注文体特点，让学生在课堂实践活动中学会简要复述，提升学生的思维力、审美力、文化感知力呢？何老师在这堂课中给予我们很多启示。

1. 目标层级清晰，思维过程可视

新课标准中"复述"归属于"交流与表达"版块。在本课中，何老师的课堂具有序列化、层级性、可视化的特点。学习重点明晰，目标导向任务明确；学习路径明晰，聚焦导读提示序列分明；学习行为明晰，让学生在读文演绎中对话人物，在螺旋式学习任务中提升交流与表达能力，在轻松、愉快的学习氛围中提升核心素养。

2. 关注个体差异，整合共享知识

判断老师是否实施教学的标尺：学习有成果吗？很多课堂是优等生的课堂，教师下达命令，就会有你想要的学习成果。而在本节课中，何老师重视以生为本，关注学生的个体差异，做好因材施教。课堂上何老师会将目光投向班级学习能力较弱的学生，在反复展示中呈现学习成果，在贯穿全过程的评价中，提升学生的语言组织力和思维发散力。何老师善于调动学生的学习热情，十分注重知识的贯穿与整合，并在语文课堂实践中，指向"大概念"式的组织模式，让学生在合作学习中，不断推进认知，使课堂有趣、高效。

3. 利用情境教学，感悟内涵哲理

教师充分利用情景化教学，不断变化"演出剧情"的架构，逐层深入，让学生感受人物，理解寓言的内涵。在这个剧情中，总共有五次诊疗，聚焦关键情节，何老师设计了蔡桓侯的"诊疗单"，让不同的学生以不同的方式去演绎。在情境任务的推进中，融入了写作背景，让学生不断地开展语文实践活动，感受并理解文本的文化内涵。

总而言之，何老师的课堂达到了情境上的创设、方法上的引领、思维上的发散，让学生"有法可依，有道可寻"。

凸显言语存在，落实读写统整

——统编版四年级下册《白鹅》课堂实录及评析

一、读诗 观画 初识作者

师：请大家读一读这首脍炙人口的诗。（出示《咏鹅》，配白鹅图）

（生读诗）

师：和《静夜思》一样，简简单单的一首《鹅》，几乎成了全世界华人都能朗朗上口、吟咏背诵的诗歌。艺术就是这样，越是简单，就越有魅力。再来看一幅白鹅图。（出示丰子恺的白鹅图）

师：这就是著名漫画大师丰子恺先生的作品。他同时也是著名的教育家、文学大师，曾经和叶圣陶先生合作编著民国时期的小学课本，至今还受到大家的喜爱。他也是我们本次要学习的课文《白鹅》的作者。瞧瞧他的画，再看看其他画家笔下的白鹅，对比后，你发现丰子恺先生的画的最大特点是什么？

生：简洁。

师：对，这么简简单单、寥寥几笔就让白鹅跃然纸上，这就是艺术大师的功力。作者惜墨如金，课题不加任何修饰，请大家读读这样干净的课题吧！

生：（齐读）白鹅。

评析 课堂从学生熟悉的诗歌切入，关注了学生已有的知识背景，使学生在轻松的氛围中进入学习。借助丰子恺的漫画，将诗、文、画三者融为一体，在和谐的视觉享受中进行美的熏陶，又随机点拨了丰子恺艺术创作的特点——简洁。简单的导入，却收到如此立体的教学效果，教师对分寸的拿捏、层次的把握炉火纯青。

二、读文 识鹅 浅尝初感

1. 亮出"活"字

师：请大家快速浏览课文，说说文中这只白鹅给你留下了什么印象。

[课件展示]

（　　）的白鹅。

生：这是一只高傲的白鹅。

师：我留意到他不仅用上了课件中的提示，还说得很完整。请继续。

生1：这是一只有趣的白鹅。

生2：这是一只活灵活现的白鹅。

生3：这是一只淘气的白鹅。

生4：这是一只脾气很大的白鹅。

生5：这是一只可爱的白鹅。

师：作者笔下的白鹅给大家留下了这么丰富的印象，可见作者是把白鹅写"活"了。（板书：活）写动物，就要让它们"活"在你的文字中。大家在作文中也练习过写小动物，请回忆自己的习作经历。要让小动物"活"起来，可以写些什么？有什么好办法分享吗？

生1：可以写动物的外形，写它的生活习性。

生2：写它的脾气、吃食、活动。

生3：写动物和我们"交往"的趣事。

师：是啊，大家有这么多的办法可以把小动物写活。我们来看，作家们有什么办法可以把小动物写活？

2.探讨"活"法

师：请一位同学为我们读读这句话。

课件展示

一身乌黑光亮的羽毛，一对俊俏轻快的翅膀，加上剪刀似的尾巴，凑成了活泼机灵的小燕子。

师：外形确实是写活动物首选的角度，课文《燕子》中就着力刻画了小燕子的外形，让我们读后，好像看到小燕子一样。可是丰子恺的《白鹅》却让我们很意外，全文对白鹅的外形描写浓缩到了极致，好像有意回避，比较集中的就属第1自然段。请一位同学为我们读读这段话，说说作者是如何写白鹅的外形的。

课件展示

这白鹅，是一位即将远行的朋友送给我的。我抱着这雪白的"大鸟"回家，放在院子里。它伸长了头颈，左顾右盼，我一看这姿态，想道："好一个高傲的动物！"

生：作者用了比喻的方法，把白鹅说成是"雪白的大鸟"。

师：写它的姿态用了哪一个词？

生：左顾右盼。

师：左顾右盼是什么样？谁来示范？

（学生表演）

师：是啊，只有对陌生环境充满好奇、无所畏惧，才能这般左顾右盼、旁若无人，就连主人好像也不放在眼里，不怪作者忍不住想到，一二齐读——（课件展示）

生：（齐读）好一个高傲的动物！

师："高傲"，怎么理解？一般情况下，你会用高傲描写动物吗？

生：高傲是指很傲慢、高高在上，是用来写人的。

课件展示]

当作人来写

这白鹅，是一位即将远行的朋友送给我的。我抱着这雪白的"大鸟"回家，放在院子里。它伸长了头颈，左顾右盼，我一看这姿态，想道："好一个高傲的动物！"

师：是的，作者完全把这只白鹅当作人来写了，这就是把动物写活的一种方法。（板书：当作人来写）还有其他方法吗？我们来看第 2 自然段。

课件展示]

鹅的高傲，更表现在它的叫声、步态和吃相中。

师：这简单的一句话藏着哪些方法呢？

生 1：要集中围绕一个意思来写。

生 2：要从多角度写。

生 3：要写全面。

师：接下来，请大家自由读读剩余段落，继续寻找作者写作的秘诀，并和我们分享你最感兴趣的地方。特别欢迎大家拿起笔，一边读，一边做些记号，进行批注。

📎 **评析** 读写结合的教学如何展开？何老师的这一教学片段为我们做了示范。先引导学生体会文字的表达效果，以一"活"字精准概括，牵动全文。随后，在学生对自身写作经验的观照中联系旧知，为下一环节探讨"活"法做好预热。有了前两步的铺垫，学生即便在文本庙堂的探寻中进入"学习高原"，却似闲庭信步。

三、品文 悟法 咀嚼涵泳

1.境中寻味

（1）品读第 3 自然段

师：谁先分享第 3 自然段？

课件展示

> 鹅的叫声，音调严肃郑重，似厉声呵斥。它的旧主人告诉我：养鹅等于养狗，它也能看守门户。后来我看到果然如此：凡有生客进来，鹅必然厉声叫嚣；甚至篱笆外有人走路，它也要引吭大叫，不亚于狗的狂吠。

生：我发现鹅的叫声特别能体现它的高傲。就像作者说得那样，鹅的叫声不亚于狗的狂吠。

师：很好，作者将鹅和狗对比，你觉得合适么？如果是你来写，想和谁比？

生：合适，狗是我们熟悉的动物，狗的叫声很大、很凶。而且，两者都是家畜，可以比。

师：说得很有道理，对比一定要选好对象。

（板书：恰当对比）

师：同样，第4自然段"步态"描写中和鸭子的对比，也是作者精心选择的。大家圈出作者描写鹅叫声的几个词语。有哪些不理解的，可以提出来。

生1：严肃郑重。

生2：厉声呵斥。

生3：厉声叫嚣。

生4：引吭大叫。

师：这些词看起来很难理解，但我相信大家只要明白鹅在叫喊些什么，就可以理解这些词语了。

 课件展示

凡有生客进来，
鹅必然厉声叫嚣。

严肃郑重　厉声呵斥
厉声叫嚣　引吭大叫

师：听，鹅在叫什么呢？

生：别进来！快走开！本老爷在这里，谁敢靠近！胆敢进来，定叫你好瞧……

师：说得到位，语气也好，仿佛大鹅就是这么说的。那你现在理解这些词语了吗？

生1：我知道了"严肃郑重"是写鹅的表情，体会到鹅是很认真负责的。

生2：我明白了"厉声呵斥"和"厉声叫嚣"都是差不多的

意思，都是说鹅的态度看起来很凶。

师：是啊，有时候，联系上下文一理解，这词语就明白了。我们来一起读读这些词语。

生：（齐读）严肃郑重、厉声呵斥、厉声叫嚣、引吭大叫。

（2）解读第 4 自然段

「课件展示]————————————

鹅的步态，更是傲慢了。大体上与鸭相似，但鸭的步调急速，有局促不安之相；鹅的步调从容，大模大样的，颇像京剧里的净角出场。它常傲然地站着，看见人走来也毫不相让；有时非但不让，竟伸过颈子来咬你一口。

师：作者写鹅的步态，我们之前已经略有接触，知道了作者采用对比的方法。但是我相信这段话中的"颇像京剧里的净角出场"，"净角"一词，大家不一定理解，我准备了一段录像给大家看看，请大家说说你看后的感受。

（课件出示视频）

生 1：鹅的样子太搞笑啦！

生 2：鹅走起来还是很威武的。

生 3：它的样子非常高傲。

师：一看就明白了吧！其实不理解就是由于时代相隔。写文章，是要考虑读者的。要知道在此文刚刚问世时，此句一出，语惊四座。因为那时先生的好友都是超级戏迷票友，大家都很熟悉京剧里的净角出场，所以读到这段文字就仿佛看到一只高傲的白鹅一摇一摆地阔步走来。咱们今天只有通过朗读，才能让这段文字"活"过来。大家先试一试，该怎么读？请大家推荐一位同学来试试。

（生示范读）

师：能和大家说说该怎么读才能读出鹅的高傲吗？

生：可以突出一些词，比如，傲慢、步调急速、局促不安、毫不相让、咬你一口等。

生：读到"步调从容，大模大样的，颇像京剧里的净角出场"的部分，可以慢一些，悠闲一些，越慢越显得高傲。

（生集体试读）

2. 质疑解惑

（1）抛出疑惑

师：学习了课文前半部分，我们了解了鹅的叫声、步态，还掌握了一些把动物写"活"的好办法。接下来，我们要学习鹅的"吃相"部分。老师在读课文时，有个很不理解的地方，向大家讨教。先请大家数一数课文一共几段话，是围绕第几自然段写的。

生：共 7 段话，围绕着第 1 自然段写的。

师：大家知道第 2 自然段在文章中起到什么作用，是什么样的段落？

生：是承上启下的过渡段。

师：是啊，按理说，接下来应该平均用力，写出鹅的叫声、步态、吃相，可是为什么唯独"吃相"部分就占了大半篇幅，用了 5～7 三个自然段？大家读读这三段，找找答案：究竟鹅的吃食有什么特点，有哪些讲究呢？为什么惜墨如金的丰子恺先生要浓墨重彩地大书特书呢？

（2）解读第 5 自然段

生 1：因为鹅的吃食很麻烦。

生2：因为白鹅吃饭时需要人侍候。

师：大家在说出原因后，读读课文，也算为自己的理解找寻佐证。

（生读第5自然段）

师：这段中的"三板一眼"可是个有渊源的词语啊，原先讲的是戏曲中的节奏，敲三板后，停顿一个空音，这是多么精准，简直就是一丝不苟！可是作者把它用在吃食上，过分吗？

生：我觉得不过分，鹅吃饭原来真是"三板一眼"，一点都不夸张。

师：可按理说，鹅高傲的吃相已经彰显无遗，应该收笔了。为什么又写了两段话？这两段话中，除了鹅之外，还有哪些角色出场？请大家找一找。

（3）解读第6、7自然段

生：还出现了"我"，也就是作者，还有偷吃的狗。

师：先请大家看看写狗的句子，请一位同学读读。

（课件展示：因为附近的狗……扬长而去）

师：你觉得作者笔下的狗还像生活中你见到的狗那般神气吗？你觉得在鹅的眼中，它像什么角色？

生：小偷，强盗。

师：这也是对比，当一只威武的狗像个贼眉鼠目的小偷一样出场时，你觉得作者要比出什么？

生：鹅的高傲。

师：是啊，一比较就写"活"了。

师：再请四组同学轮流读读写到"我"的四句话。

课件展示

①这样从容不迫地吃饭，必须有一个人在旁侍候，像饭馆里的堂倌一样。②这时我们便替它添饭，并且站着侍候。③我们不胜其烦，以后便将饭罐和水盆放在一起，免得它走远去，让鸡、狗偷饭吃。④因此鹅吃饭时，非有一个人侍候不可，真是架子十足！

生：四组轮流读。

师：请说说你的感觉。

生1：人是鹅的奴隶。

生2：鹅是老爷，人是奴才。

生3：人伺候鹅，很可笑。

生4：鹅确实很高傲。

师：确实，作者在这段话中干脆直接呼喊鹅为——

生：（齐说）鹅老爷。

师：这真是混乱纲常，颠倒乾坤啊！人的地位居然不如鹅，居然给鹅当奴才，真气人！可是，你再读读这些句子，你感觉到作者讨厌鹅老爷了吗？感到那股子"气"了吗？

生：没有，反而感觉作者很喜欢鹅。

师：这就更怪了。喜欢又不直说，还要把鹅称为"鹅老爷"，还说它"架子十足"？这里头一定有文章。请大家看看这些生活中常见的对话，相信你能发现作者的写作秘密。

课件展示

①妈妈催促说："小淘气，还不赶紧去睡觉！"②老首长对小战士说："小鬼，还是你骑吧，我腿脚比你好！"③真讨厌！爸爸你真讨厌，为什么总是花钱给我准备生日礼物呢？

生1：嘴里说着淘气、小鬼、讨厌，其实心里很喜欢。

生2：这是说反话。

师：对，这就是反语，正话反说也能表达情感，还能让我们感觉很幽默，这也正是作者把鹅写"活"的又一秘密所在。请大家自由地将5～7自然段读一读。

（生读5～7自然段）

师：读了这些"说反话"的段落后，你感觉到作者蕴含在其中的情感了吗？

生1：我觉得作者很喜欢鹅。

生2：我觉得鹅很可爱。

师：是啊，要想写"活"小动物，少了它可不行。（板书：爱）文章不是无情物，有了爱，文字中才能流露真情。这只高傲的"鹅老爷"确实可爱，在丰子恺《白鹅》的原文中多处直言不讳地写道——

☞ 课件展示]

① 鹅，不拘它如何高傲，我们始终要养它，直到房子卖脱为止。② 它对我们，物质上和精神上都有贡献。③ 因为我们这屋实在太简陋，环境实在太荒凉，生活实在太岑寂了。赖有这一只白鹅，点缀庭院，增加生气，慰我寂寥。

师：现在，你明白为什么丰子恺要花这么多的笔墨来写"吃相"了吧？

生1：因为"吃相"这一部分是作者和白鹅的互动，爱就在互动中体现。

生2：因为鹅吃饭非常麻烦。

师：麻烦？一般人做事都嫌麻烦，但丰子恺却把这个麻烦的过程详细地写了出来，写作讲究惜字如金，他如此不惜笔墨，仅仅是为了体现麻烦吗？或者凑字数吗？

生2：这么不厌其烦地写出来，我能看出丰子恺对白鹅的包容，这就是对白鹅浓烈的爱！

师：读到此，我们不仅认识了高傲的鹅老爷，也认识了一位爱动物的丰子恺。就像他的《护生画集》中的那些主角一样：蜘蛛、蝴蝶、黄蜂、燕子、母鸡、小猫、小鸟、黄牛……即便再弱小的动物，都是他的朋友，都值得关心呵护。丰子恺就是这样一个童心未泯、稚趣天成的大师，朱自清先生评价他是"最像艺术家的艺术家"。艺术家就要像丰子恺先生这样，有敏锐的观察力，有简约的春秋笔法，更重要的是，有一颗广博的爱心，心存善念，慈悲为怀。就像他自己说的那样———

［课件展示］

原来一切众生，本是同根，凡属血气，皆有共感。

评析 "体会作者是如何表达对小动物的喜爱之情的"，单元语文要素提示我们执教本单元时，应该重视读写结合，重点学习作者的表达方法。这一版块是全课教学的核心，也是难点。何老师带着学生在文本中涵泳词句，基于学生的个性体验，总结写法。在文本情境的熏陶下，学生不是机械地学习写作方法、记住写作内容，而是通过感受一位活生生的艺术大师的形象，来把握丰子恺的写作意图和言语智慧，充分体现了读写统整理念下的单元整体教学。

四、回顾 拓展 读写结合

1.复习整理

师：学习了这样一篇佳作，大家的收获很多，让我们整理自己的收获吧！

生1：我学到了怎样把小动物写"活"。

生2：我认识了一只高傲的白鹅。

生3：我认识了一位有爱心的画家、作家、文学家、教育家丰子恺先生。

生4：我再次了解了"总分结构"的写法。

师：是的，朱自清说丰子恺的散文像一颗青橄榄，值得一再咀嚼回味。课后，请大家自由地多读几遍。

2.拓展阅读

师：本单元的《白鹅》《猫》等描写动物的文章，大多采用"总分"的结构，文中的动物写得也很"活"，大家可以自己先尝试读读，看看还能自学到哪些把动物写"活"的方法。另外，大家可以互相推荐阅读一些描写动物的书籍或者名篇，例如著名作家沈石溪的《狼王梦》，还有《郑渊洁十二生肖童话》，都很不错。

3.读写迁移

师：有兴趣的同学可以选择自己熟悉的小动物写一写。如果有饲养动物经验的，相信你们一定能写得更好。因为有了切实的体验就有了情感，就能像丰子恺先生说得那样，有了"共感"。

评析 总结学习收获这一点看似可有可无，其实必不可少。从"教学评一致性"的理念来审视这一片段，这是对教学目标的一记强有力的"回扣"，再次把学生的浪漫感受提升到对写作方法和言语智慧的梳理上，是教者"读写结合"理念的自觉体现。拓展阅读、读写迁移，这两部分在单元整体意识下，再次凸显"读写结合"，为本堂课画上了圆满的句号。

 总评

部编版四年级下册第四单元是极佳的落实"写作本位"语文教学的典型。从阅读文本的选择，到写作话题的呈现；从交流平台的方法梳理，到词句段运用的分步练习，都为"读写统整"的实现构建了一个良性循环的生态系统。具体到《白鹅》这一课的教学，如何秉持"写作本位"的教学理念，在情境中，通过积极的言语实践活动，提升学生的写作能力，优化学生的写作意识，更新学生的写作智慧，何老师在三个方面都做了较好的示范。

1. 指向写作的文本解读

教学设计要在文本解读的基础上展开。何老师的文本解读是指向写作的。具体思路上，何老师认为丰子恺以简洁的语言把白鹅写"活"了，整体教学框架以如何写"活"动物为教学重难点，在对文本形式发现和内容感悟的二重奏中，实现读写统整。

基于以上认识，何老师在"读诗 观画 初识作者"部分简洁导入之后，毫不拖泥带水，直截了当地在写"活"动物上做足文章，在"亮出'活字'、探讨'活'法"这两个环节，结合自身写作经验，初步领悟如何写"活"动物。随即，在下一版块，深入品读文本写"活"动物的方法。

2. 探寻意图的情境还原

一般的写作教学往往相当关注写作技法的提取，但何老师并未止步于此，而是更上一层楼，注意在情境还原中探寻作者的写作意图。正所谓"知其然，知其所以然"。

"鹅的步态为何会和京剧表演中的净角出场挂钩？"这是大多

数学生读文至此可能会有的疑惑。何老师在教学中通过"影视"手段明确了两者的相似之处，随后出示丰子恺朋友的信息，对丰子恺的这一描写进行合理推测，水到渠成地得出结论：语言的运用要考虑时代背景。这是相当鲜活的写作学习，在情境中领会这一手法的局限性，从而为写作的技法迁移做好准备。

3. 写作主体的经验调动

"阅读本位"下，作者是写作主体。"写作本位"下，学生是写作主体。"写作本位"下的小学语文教学必须要解决学生"为何而学"的关键问题。新课标对情境创设前所未有的关注，引起了学界的广泛热议，背后是对学生"为何而学"的密切追踪。何老师有目的地调动学生多方面的经验，提升了学生进行"读写"统整学习时的效能感。

导入部分，从学生熟悉的《咏鹅》古诗开始，这是对学生以往学习经验的调动。而后欣赏丰子恺的漫画，这是对学生视觉体验的调动。联系自己写"活"动物的方法，这是对自身写作经历的调动。出示丰子恺的朋友信息，这是对学生交际经验的调动。最后的总结回顾，拓展阅读，读写迁移，是对学生本堂课学习经验的综合调动。如此调动学生写作经验的参与，还愁学生不爱学、学不会吗？

学为中心，以学促思

——统编版四年级下册《猫》课堂实录及评析

一、明确目标 巩固重点字词

1. 聚焦导语，明确目标

师：今天我们要学习一篇新的课文，请各位同学读读课题，就一个字——

生：（齐读）猫。

师：（笑）有的同学读得像猫叫一样。在学习之前，何老师邀请大家先看清楚这个单元的学习目标，朗读一下——

生：体会作家如何表达对动物的感情。

师：什么叫感情呢？同学们请看，"感情是指对人或事物，要么喜欢，要么厌恶等心理反应"，所以今天我们体会感情时非常重要的是要"用心"（板书：心）。用心体会就是你自己的心里到底体会到什么，简称——（板书：走心）。

师：同学们，书上还提出了一个习作要求：写自己喜欢的动物，试着写出特点。要突出特点我们可以写外貌、性格、特长，还可以写什么呢？

生：除了外貌、性格、特长，还可以用事例来说明。

师：对了！假如你要说明你特别擅长跑步，可以用什么事例？

生：我觉得可以写在跑步比赛上赢得冠军。

师：如果你要写自己的外貌特别高大，用什么事例来证明？

生：我在班级里比较高，而且和五六年级的同学一样高，有一次我到其他班找人，人家误以为我是五六年级的大哥哥。

师：同学们，我们再把要求读一遍——

生：（齐读）外貌、性格、特长、其他。用事例来说明。

2.学习字词，勾连内容

师：在体会课文之前，我们先来看看这一课中两个多音字。

（生屏息凝视）

师：这个词语的多音字是"屏"，什么是"屏息凝视"呢？忍住、控制住呼吸，全神贯注地看，连大气都不敢出。请同学们表演一下！

（生进行表演）

师：掌声鼓励！第二个多音字，读——

生：枝折花落。

师：不要拖音，再读——

生：枝折花落。

师：这个"折（shé）"是指枝条断了，花儿落了。实际上"枝折花落"的"折"有三个读音，第一个读作折（shé），第二个读作折（zhé），第三个读作折（zhē）。

☞ 课件展示

枝折花落（zhī shé huā luò）

【意思】形容房屋萧条或者形容一个人的身败名裂。

【解释】折：表示断的状态，读shé，如树枝折了、皮带折了。

【读音】

[shé]断（多用于长条形的东西）：树枝~了。桌子腿撞~了。

[zhé]断；弄断：骨~。把树枝~断了。损失：损兵~将。

[zhē]翻转：~跟头。水太热，用两个碗~一~就凉了。

（生读）

师：多音字放在句子里，你还能读吗？

生：它们在花盆里摔跤，抱着花枝打秋千，所过之处，枝折花落。

师：树枝断了，花儿落了，就叫作——

生：枝折（shé）花落。

师：我们曾经学过的《王戎不取道旁李》中有这样一句："看道边李树多子折枝"，这里的"折"是什么意思？

生：果枝给压弯了。

师：有没有压断呢？

生：没有。

师：所以就是折（zhé）。

🔗 **评析** 开课直接出示单元学习目标，开篇明义后又巧妙解读感情的内涵，即走心。这样既让旧知和新知建立了有效联结，又产生区别，加深了学生对感情这一抽象词语的理解。从学生视角提问，帮助学生准确理解"用事例说明"，由此切入单元学习目标，让学生理解学习的方向。在语境中学习多音字"折"，可谓一箭双雕——其一是通过语境和联系旧知加深学生对易错字音的印象；其二是回到原文，初步感知猫的顽皮可爱。

二、整体感知　体会喜爱之情

1.品读可爱，交流分享

师：举例说明从哪些地方可以看出作者非常喜欢猫。再把你的体验有感情地读出来。

[课件展示]

举例说说：

可以从哪些地方看出作者非常喜欢猫？再把你的体会有感情地读出来。

喜欢　　　心里体会
　　　　　多处表达

【学习活动】

先自由读，之后个别展示读，独处你体会到的感情——

（生一边读一边找）

师：好，有的同学已经找到了。因为这一篇文章中能让你体会到作者喜欢猫的句子特别多，所以我们每人读一句。

生：你见了绝不会责打它们，它们是那么生气勃勃，天真可爱！

师：明摆着喜爱。

生：它要是高兴，能比谁都温柔可亲，用它的身子蹭你的腿，把脖子伸出来，让你给它抓痒。

师：读得好呀！一读就感觉到好喜欢呐！

生：这种古怪的小动物，真让人觉得可爱。

师：还有吗？找一找，到处都是。

生：说它老实吧，它的确有时候很乖。

师：乖了就可爱。

生：它要是高兴，能比谁都温柔可亲，用身子蹭你的腿，把脖子伸出来，让你给它抓痒，或是在你写作的时候跳上来，在稿纸上印几朵小梅花。

师：这句话好多同学都喜欢，对不对？这篇课文中表达喜欢的句子多不多？多到什么程度？

生：几乎是整篇文章都表达了作者对猫的喜爱之情。

师：接下来我们看课后的第一道题，请齐读。

📑课件展示

默读课文，说说课文围绕猫的可爱讲了哪几层意思。

【例如】样子可爱……

生：（齐读）默读课文，说说课文围绕猫的可爱讲了哪几层意思。

师：这道题的难度系数稍微高一点，需要你在预习的基础上有所总结。它问的是围绕着可爱讲了哪几层意思。何老师做一个示范：样子可爱。这是第一层，还有吗？

生1：它的动作很可爱。

生2：它的性格很可爱。

师：咱们今天在课堂上已经把课后两道题给解决了。请看咱们本单元有一个总的学习目标，读——（课件展示）

生：（齐读）体会作家是如何表达对动物的感情。

师：我们这一节课重点要学习的是——

生：如何表达。

师：作家老舍有一种表达方式是最简单的——

生：直接表达。

师：对，直接写"可爱"，至少有两处就出现了"可爱"，找到了吗？读一读——

生：这种古怪的小动物，真让人觉得可爱。

生：你见了绝不会责打它们，它们是那么生气勃勃，天真可爱！

师：掌声送给全班同学。同学们，老舍先生表达可爱，第一种方法叫——

［课件展示］

老舍先生是如何表达"可爱"的呢？

直接写"可爱"

间接透露

生：（齐读）直接表达。

师：很显然，第二种方法叫——

生：（齐读）间接表达。

师：太厉害了，间接透露出可爱。一种是直接表达，直接把那个词写出来。另一种是——

生：间接透露。

师：另一种虽然没有写"可爱"，但是——

生：到处都有表达。

2.关注"古怪"，现场辩论

师：人的感情是很复杂的，对不对？何老师读完之后和你们有不同的想法，因为我发现实际上老舍先生全文都在强调小猫是——

生1：我找到了这一句——"猫的性格实在有些古怪。"

生2：这种古怪的小动物，真让人觉得可爱。

师：结合刚才同学们的学习，一会儿觉得可爱，一会儿觉得古怪，我们来一个全班投票，认为古怪的举拳头，认为可爱的举爱心，请投票！

（生自由投票）

师：到底答案是什么呢？总得有个答案吧！假如我们把小猫看作是一个小孩儿，你觉得老舍先生笔下的猫，就像他家里一个怎样的小孩儿？注意，发言不要重复。

生1：淘气。

生2：古怪。

生3：调皮。

生4：可爱。

生5：顽皮。

师：我们都知道，满月的小猫抱着花枝打秋千，弄得怎么样？

生：枝折花落。

师：你觉得他是不是很折腾？你觉得这么折腾的小孩在家里，你还能爱他吗？你喜欢花，他就把你的花给折断；你喜欢草，他就把草给拔了。还有人喜欢他吗？

生：有。

师：我们走心之后发现全文上下都充满着古怪，也充满着可爱，好像老舍先生确实是很喜欢它的，对不对？原来同样的事件，用不同的表达方式，就能让读者感受到作家对动物不同的感情。

评析　"不愤不启，不悱不发"，何老师善于启发学生，通过思辨性问题拆掉学生思维里的墙，让学生在辩论中思考，在发现中生成认知。通过思考与回答，多次引导学生品味语言、诵读文章，来引起师生对文本的共鸣，唤起学生的情感体验，引发学生的深度思考。精确、恰当的评点和适时机智的追问，形成一种生生、师生之间不断碰撞、相互促进的共生局面，真正做到了"以学生为中心"。

三、正话反说　迁移表达方式

1. 交流平台，提示方法

师：从字面上看，作者好像并不喜欢这些小动物，实际上课文的字里行间却藏着对它们深深的爱。看起来爱不爱？

生：不爱。

师：实际上爱不爱？

生：爱。

师：嘴巴里说不爱，但是心里——

生：爱。

师：口是心非，"矛盾写法"。如果你读完整个单元，你会发现，无论是《母鸡》还是丰子恺笔下的《白鹅》，他都有同样的特点，说讨厌，实际上喜欢；说很淘气，实际上是可爱。这种方法非常特殊，叫作——（课件展示）

生：（齐读）正话反说。

2.课后练笔，学以致用

师：这些小动物都认识吗？

牛刀小试：

任选一种小动物用上"正话反说"的方式，表达出你的喜爱。

◎小练笔

读一读，体会这段话的表达特点，再照样子写一写。

说它老实吧，它的确有时候很乖。它会找个暖和的地方成天睡大觉，无忧无虑，什么事也不过问。可是，它决定要出去玩玩，就会出走一天一夜，任凭谁怎么呼唤，它也不肯回来。——

生：火烈鸟、梅花鹿、猫头鹰、刺猬、猫、大象、兔子、狐狸、绵羊。

师：谁能现场选取一个小动物试一试？用"正话反说"的方式表达对这个小动物的喜爱。试试看谁的反应最快，你先试一个，你选谁？

生：我想说狐狸。狐狸嘛，是一个很狡猾的动物，我可不喜欢它。

师：实际上，他想说，狐狸的聪明对不对？掌声鼓励他。

生：小兔子，它其实可贪吃了，见到胡萝卜就迫不及待地冲过去，想一口咬住。

师：实际上，这个样子"太可爱了"是吧？它吃你也吃。

生：我想说猫。

师：你想和老舍比一比呀！

生：猫一见到老鼠就放飞自我地跑过去。

评析 学生在课堂上的学习是自由且自主的，又是能动而积极的，完全符合新课标特别强调"学为中心"的课堂标准。何老师不但引导式地总结了"正话反说"的方法，而且创造性地帮助学生在他们的"动物朋友"身上学以致用，既回溯到了表达方法的本质解答"为何用"，又引申到了现实情境，指导学生"如何用"。

四、思维挪移　加深切身感受

1. 类比体会，感受喜爱

师：同学们，刚才咱们练习"正话反说"，基本成功了。但是你觉得有老舍先生写的那种可爱的感觉吗？这些话走心了吗？能够让读者感受到你很爱它吗？

生：还不能。

师：为什么除了方法之外，老舍先生的文字能让我们感受到字里行间处处是爱呢？我想到了《西游记》中孙悟空和如来佛祖，悟空很折腾，像不像这只猫？《西游记》的最后，悟空被如来渡为斗战胜佛。但在这之前，即便如来把悟空压在五行山下，他对悟空依然充满着关爱与成全。我们发现不同的写法，还要加上由内而外满满的真爱。让我们一起来读一读好不好？

（生齐读 1 ～ 3 自然段）

师：在老舍先生眼中，小猫再怎么古怪，再如何折腾，也是无比可爱的。如来佛祖对孙悟空是一切尽在掌握，那么老舍对猫的爱，则是一种平等、理解和包容。体会到这一层，我们才算真正"走心"了，走到了作家的心里。

2.回顾目标，升华拓展

师：同学们，本单元我们要体会作家如何表达感情，实际上我们已经完成了学习任务，因为我们知道作家的心中有爱，所以——（课件展示）

生：（齐读）笔下有法。

师：不但有法，再加上——（课件展示）

生：（齐读）心中有爱。

师：只有这样才能表达出感情，最后给大家介绍几个作家好不好？（课件展示作家和猫在一起的图片）

课件展示

请看，这是季羡林先生、齐白石先生、冰心奶奶、丰子恺先生，和著名作家海明威与猫的合影。他们都有爱，有了爱就有了一切，所以他们的文字也可以"渡人"。最后跟大家说说我吧！这是我家的猫。（课件展示依次讲解）

评析 大道至简，返璞归真。正如何老师说老舍先生"心中有爱，笔下有法"一样，何老师精心设计的思维大挪移部分既是高妙见解，更是心中有大爱，这部分内容融入更多的是何老师自己养猫的体验、阅读的经历、对人生的体悟与感受。学生也许未养过猫，也许未读完《西游记》，也许没有丰富的人生阅历，但在师生共读《猫》的古怪部分时，一定与老师、与作者产生了跨越时空的共鸣。这一定也打动了手捧着书卷的我们。何老师懂猫，懂老舍，懂孩子们，更懂语文学科的本质。最有感染力的，还是文字本身；最具生命力的，还是以学生发展为根本的课堂。

 总评

新课标指出语文课程是一门实践性课程。工具性与人文性的统一，是语文课程的基本特点。语文课程应引导学生在真实的语言运用情境中，通过积极的语言实践，积累语言经验，体会语言文字的特点和运用规律，培养语言文字运用能力。而作为一线教师，如何在平时的习作课堂上提高学生的语言文字运用能力呢？何老师在这堂阅读课中给我们做了很好的示范。

1. 学为中心，革新课堂样态

新课标特别强调，以学生发展为中心。在学习内容上，何老师始终围绕着"体会作者是如何表达感情的"这一单元语文要素进行教学。导入时让学生明晰单元语文要素，知道何为"感情"，继而理解作者"感情"，最后学习表达"感情"。在学习活动中，何老师始终坚持以学生为中心：在开篇以词带文时，做到了帮助学生联系旧知巩固基础；在引导学生发现猫的"可爱"和"古怪"时，做到了"以学定教"，分别采用给出范例和发问引导的方法；在鼓励学生"正话反说"时给出学习支架，既巧妙地讲明了自己对为何使用这种表达的理解，又在贴近学生生活的语境中指导学生怎么用。

2. 学贵有疑，提高思维含金量

新课标特别强调学生的核心素养，即强调学生的学科思维和实践能力。何老师在本堂课中三次抛出思辨性问题——点拨、比较、关联，"是古怪还是可爱？""古怪也是可爱吗？""笔下有法就够了吗？"让学生经历思维碰撞的过程，在碰撞中回到文本细读品味语言，在碰撞中回到生活体悟感情。这既符合语文学科的学科规律，也是学生思维提升的需要。

3. 学以致用，增强实践意识

新课标明确提出：语文课程是一门实践性课程。教师在小结"正话反说"这种写法后让学生使用这种方法来写课后的小练笔：任选一种小动物，用上"正话反说"的方式，表达出自己的喜爱。在学生实践过程中，何老师巧妙应对，帮助学生理解"正话反说"的要点，并在谈笑之间，完成了重要学法的指导，让"学以致用"的过程变得高效又有趣，真正提升学生的语言文字运用能力。

珍藏桂花香，凝结思乡愁

——统编版五年级上册《桂花雨》课堂实录及评析

一、理解目标，构建逻辑

师：同学们，今天我们要学习的课文是——

生：桂花雨。

师：学习之前，请大家看清单元学习目标，齐读——（课件展示）

生：（齐读）初步了解课文，借助具体事物抒发感情的方法。

师：本节课我们要学习作者借物抒情的方法。今天这节课借的事物是——

生：桂花雨。

师：本节课我们就要来弄明白两件事，作者怎么借助桂花抒发感情的？作者用了借物抒情的方法效果怎么样？即，作者用借物抒情的方法能不能抒发感情？感情抒发得好不好？

师：同学们，想一想，借物抒情最重要的是什么？

生：找到事物与情感的关联。

师：没错，我们找到事物的特点以及和所抒发的情感之间的关联，才能真正了解作者是如何借物抒情的。正如我们前一课学的《落花生》，花生的特点是什么？

生：花生的果实藏在地下，价值高，很有用。

师：是啊，那花生这些特点与作者的情感有什么关联呢？

生：作者借助花生的特点来赞美朴实无华、默默无闻的人。

师：判断抒情效果如何，就是要看看借助事物抒发的情感是否真实，能否打动人心，让读者产生共鸣。

🔗 **评析** 学习目标和教学目标本质上是统一互促的，都是教学活动中期待学生达成的最终结果。因此，让目标先行，准确理解目标是很有必要的。从明确目标到理解目标，通过对学习目标深刻的拆析，构建贯穿于课堂教学中的底层逻辑——以目标为学习活动创设的依据与评价标准，从而促进学生在目标导向的活动中进行主动、深入地学习，达到"教学评"一体。

二、"雨"的寻踪　理清文脉

1. 寻找"雨"，揭秘"桂花雨"

师：同学们，课题《桂花雨》中哪个字给你的感受最美？

生：雨。

师：是啊，请同学们自由读课文，找一找写"雨"的段落。

生：第5自然段。

师：请同学们再读一读第5自然段，看看"桂花雨"是天然下的雨吗？

生：不是。

师："那桂花雨"是什么？

生：台风来前，"我们"摇桂树，桂花从树上落下来，像是下雨一般。

2. 抽离"雨"，梳理"桂花事"

师：同学们，课文题目是《桂花雨》，可只有第5自然段写到了雨，那其他段落都写了什么？我们请一组同学依次读课文。其他同学思考，每一段都写什么，可以把你想到的简单批注在旁边，开始！

（生读课文）

师：谁想好了？

生 1：第 1 自然段写了桂花盛开的时节。

生 2：第 2 自然段写了儿时对桂花的认识。

生 3：第 3 自然段写了关于桂花的故乡记忆。

生 4：第 4 自然段写了摇桂花的习俗。

生 5：第 6 自然段写了桂花的收纳与制作。

生 6：第 7 自然段写了杭州赏桂花。

师：琦君来到杭州为什么还去赏桂花呢？

生：喜欢桂花。

师：只是喜欢桂花吗？

生：思念家乡。

师：是啊，杭州市花是桂花，我们去杭州看桂花是赏花，杭州人如果来福州看桂花，肯定是因为想家了。

师：最后一段？

生：第 8 自然段写了怀念故乡和"桂花雨"。

师：梳理完课文这七个自然段，你们有什么发现？

生：这七个自然段，都跟桂花有关。

🔗 **评析** 新课标在第二学段"阅读与鉴赏"版块就明确要求："能初步把握文章的主要内容，体会文章表达的思想感情。"课文标题作为居于特殊位置和语境下的语文片段，是学生理解课文、把握文章内容的第一个台阶，具有待开掘、利用的教学价值。何老师从课题入手，先以寻找"雨"为线，揭秘课题中"雨"的意思；再抽离"雨"，梳理剩下的段落，帮助学生厘清课文的结构和行文脉络。这一版块设计巧妙，以题为境，明确主旨，以题为范，领悟写法，发展学生的思维能力，落实语文核心素养。

三、赏"桂花雨"　追忆童年

1. 体会"雨"中情，感受抒情效果

师：接下来我们应该优先学习具体描写桂花雨的第 5 自然段。再看看这些故事内容，同学们，你们发现了什么？

〔课件展示〕

　　摇花对我来说是件大事，我总是缠着母亲问："妈，怎么还不摇桂花呢？"……

（生朗读第 5 自然段）

师：同学们读得很好。那什么是桂花雨？

生：大家摇桂树，桂花纷纷落下来，就像下雨一样。

师：没错，就是在摇桂树，落桂花，这就是桂花雨。

师：那好，请问，这样的"雨"中带着怎样的情感？

生 1：是快乐的情感。

生 2：是喜悦的情感。

生 3：这"雨"中包含着童年的欢乐，童年的趣味，就是一种童趣。

师：刚才我们对目标的解读有三，（课件展示）一是用了什么方法；二是怎么用这个方法；三是用了这个方法效果怎么样。还记得吗？

生：记得！

师：你们觉得这段摇桂花写得怎么样，效果怎么样？

生：我觉得写得非常细致。

师：何以见得？

生 1：作者说她总缠着母亲问"妈，怎么还不摇桂花呢？"母亲说："还早呢，花开的时间太短，摇不下来的。"可是一看

天上布满阴云，就知道要来台风了，赶紧叫大家提前摇桂花。这是作者小时候的事情，作者却能细致地写出自己和母亲的对话和当时的天气。

生2：我也觉得写得非常细致、生动。作者还写了自己帮大人抱着桂花树，使劲摇。桂花落下来，我们满头满身都是桂花。我喊着："啊！真像下雨，好香的雨啊！"

师：大家分析得很细致，作者的确写得又细致又生动。

2. 出示作者资料，寻踪情感之源

师：作者为什么将摇"桂花雨"写得如此细致呢？这与她的经历有关，让我们一起看看她的资料。

[课件展示]

　　作家——琦君

　　琦君（1917年7月24日～2006年6月7日），原名潘希真，浙江温州人，童年在温州度过，后到杭州之江中学读书。1949年去台湾。晚年随家人定居美国。1976年出版散文集《桂花雨》。

　　　　　　　　　　人——离家乡渐行渐远
有何发现？　　　事——童年之事越来越近
　　　　　　　　　　情——借童年之物抒情

师：同学们，你们发现了什么？

生：作者从温州到杭州，再到台湾，又到美国，离家越来越远了。

师：是啊，作者随年龄增长，离家渐行渐远。（课件展示）

生：作者在59岁时写《桂花雨》，说明作者非常怀念小时候的"摇花乐"，思念家乡。

师：没错，同学们联系生活想一想，对于身边的老人，你问他昨天吃了什么，他可能不记得，但问他年轻时的事，他一定记得。这便是，人老了，童年之事却越来越近。

（课件展示：事——童年之事越来越近）

生：人离家乡渐行渐远，童年之事却越来越近，人在异国他乡，回忆起童年之事，就会生发依恋、回味、思念、怀旧的温情。

师：总结到位。这便是借童年之物来抒情。

（课件展示：情——借童年之物抒情）

师：同学们，作者借助"桂花雨"来抒发对童年与家乡的怀念之情。看来那场"桂花雨"对作者来说十分重要，难怪写得如此细致呢。

3. 再读"桂花雨"，探究抒情密码

（1）从生活写起，引起情感共情

师：同学们，我们再看第5自然段，你发现了吗，作者抒发情感并没有直白地写我喜欢桂花，我思念故乡，而是写什么？

生：写自己怎么摇桂花，摇桂花的快乐。

师：对的，这就是作者高明的地方，她是从生活写起，等于把这篇文章的情感放置在一个宏大的背景中去写，这样写的好处是什么？

生：这样我们读起来觉得很亲切。

师：没错，优秀的作家在借物抒情或借景抒情时，都会从生活的大背景写起，这样一来，读者就很容易进入到这个情境中。

生1：没错，我读这一段时也想到我在家乡看过桂花，闻过桂花的香气。

生2：我没有吃过桂花饼，但我想起我在老家吃过的粽子，当时奶奶还教我包粽子。

师：对喽，人同此心，心同此理，一旦建立起与生活的联系，我和你就在一起。

（2）以事件切入，突显个人感受

师：有了读者的共鸣还不够，作者还写了很多细节，你们能找到哪些细节？

生1：作者写自己总缠着妈妈问什么时候摇桂花的细节。

生2：作者还关注到了摇桂花的天气是台风来临前，妈妈说要提前摇桂花，作者非常开心。

生3：还写了自己帮大人抱着桂花树，使劲摇的细节。

师：这些细节都表达了作者的什么心情？

生：开心、愉悦、激动。

师：是的，摇桂花对作者来说是非常开心的事情，作者字里行间都突显出了自己的个人的感受，让读者读到这些文字时也感受到摇花之乐。

┌─ 课件展示 ┐

再读第5自然段　　　　作者是如何抒情的？

摇花对我来说是件大事，我总是缠着母亲问："妈，怎么还不摇桂花呢？"母亲说："还早呢，花开的时间太短，摇不下来的。"可是母亲一看天上布满阴云，就知道要来台风了，赶紧叫大家提前摇桂花。这下，我可乐了，帮大人抱着桂花树，使劲地摇。摇哇摇，桂花纷纷落下来，我们满头满身都是桂花。我喊着："啊！真像下雨，好香的雨呀！"

第一招：从生活写起（背景）
第二招：以事件切入（聚焦）
第三招：突显个人感受（细节）

师：到此，我们把握到了作者抒情的方式。你们看，从生活这个大背景写起，大家都能产生共情；第二招，从具体的事件切入，从大背景中找个聚焦点；第三招，在事件中突显个人的感受，这样一来，从大家的共情到作者的动情……看来即便是散文，我们在欣赏作者的优美细腻的文字之外，也可以获得一定的写作方法，那就是——借物抒情。

评析 新课标在第三学段"阅读与鉴赏"版块明确要求："在阅读中了解文章表达顺序，体会作者的思想感情，初步领悟文章的基本的表达方法。"本环节中何老师紧扣"初步了解课文借助具体事物抒发感情的方法"的教学目标，从情感的表达效果到借物抒情的方法探究与梳理，各环节之间联系紧密，层层深入递进，带领学生一步步探究作者借物抒情的方法。还通过适时加入作者的资料，寻踪情感之源，从而使学生加深对作者情感的体会。

四、品桂花香 怀念故乡

1.初识桂花样，品味桂花香

师：同学们，"桂花雨"不仅美，而且也很香。默读课文，找一找课文中描写桂花香味的句子，用"＿＿＿"画出来，你能感受到桂花有什么特点？

生1：我找到的是"不开花时，只见到满树的叶子；开花时，仔细地在树丛里寻找，才能看到那些小花。可是桂花的香气，太迷人了。"这句话，从"仔细地、才、小花"中，我感受到桂花很小，很不起眼。

生2：我找到的是"桂花盛开的时候，不说香飘十里，至少前后左右十几家邻居，没有不浸在桂花香里的。"和"全年，整个村子都浸在桂花的香气里。"这两句话，我从"太迷人了、香飘十里、至少、浸"这些词语中感受到桂花很香，淡淡的，却又很浓郁。

☞[课件展示]

默读课文，用"＿＿＿＿"画出课文中描写桂花香味的句子，你能感受到桂花有什么特点？

不开花时，只见到满树的叶子；开花时，仔细地在树丛里寻找，才能看到那些小花。可是桂花的香气，太迷人了。桂花很小，很不起眼。

桂花盛开的时候，不说香飘十里，至少前后左右十几家邻居，没有不浸在桂花香里的。

全年，整个村子都浸在桂花的香气里。桂花很香，淡淡的，却又很浓郁，你能感受到作者的什么情感？对桂花的喜欢与赞美

借助关键词体会情感

师：从这三句话中，你体会到作者怎样的情感？

生：作者对桂花的喜爱与赞美。

师：大家能够通过关键词句体会作者的情感，这是一个好方法。

2. 再闻桂花香，怀念故乡情

☞[课件展示]

杭州有一处小山，全是桂花树花开时那才是香飘十里。秋天，我常到那儿去赏桂花。回家时，总要捡一大袋桂花给母亲。可是母亲说："这里的桂花再香，也比不上家乡院子里的桂花。"

母亲为什么要这样说？

桂花是没有区别的，母亲也不是用嗅觉区分桂花，而是用情感在体味桂花。故乡院子里的桂花已经是母亲生命中的一部分，在母亲心中是不可替代的，桂花里包含着浓浓的乡情。

师：同学们，读一读第 7 自然段，你有什么疑问？

生：母亲为什么要说"这里的桂花再香，也比不上家乡院子里的桂花。"？

师：这个问题真有水平！让我们结合"阅读链接"，找找答案。

生1：我从第一句话中读出作者难以忘掉亲人、师友、童年和故乡。

生2：我从第二句话中读出作者非常思念自己的家乡。

师：那杭州的桂花真的不比家乡的桂花香吗？

生：不是的，是因为家乡的桂花寄托着母亲的情感，那是对故乡的思念，所以故乡的桂花是无法替代、无法超越的。

师：是啊，桂花是没有区别的，母亲也不是用嗅觉区分桂花，而是用情感在体味桂花。故乡院子里的桂花已经是母亲生命中的一部分，在母亲心中是不可替代的，桂花里饱含着浓浓的乡情。

3. 探究写"物"法，抒情更深切

［课件展示］

"物"应该如何去写才能更好地抒情？

方法一：选好物：桂花雨

方法二：细致一些：样子——小

颜色——白、黄

气味——香、浓

作用——泡茶、桂花糕

方法三：与情关联：寄托——对童年的怀念

对家乡的思念

师：同学们，作者借桂花抒发思乡之情，仅写桂花，是否能抒情？

生：能，全文都在写桂花，借桂花抒情。

师：能，一定能。我们跟着作者来学习在方法"借物抒情"中，"物"应该如何去写才能更好地抒情？

生1：作者在写桂花时，细致地描写了样子、颜色、气味和作用。

生2：作者在字里行间都表现出对桂花的喜爱。

生3：作者将对童年的怀念和对家乡的怀念都寄托于桂花。

师：分析得真全面。看来，我们在借物抒情时，先要选好物，再要将物写得细致一些，还要将物与情感相关联，这样就可以使抒发的情感更深切。

🔗 **评析** 在这一版块的教学中，教师将目标进行了更细微地拆分，关照"借物抒情"中"物"的表达与写法，通过探究物的特点、物与情的关联、物的写法，层层剥笋地走向深层目标，让目标的落实更加具体可操作。学生从物的选择到对物的细致描写，再到情感的深切表达，这一过程由浅入深，由易到难，最终抵达目标，了解以致初步学会借物抒情的方法。

五、"雨"的归位　探究"雨"意

1. 拓诗句，品雨意

师：古往今来，有许许多多的诗人在诗中提及"雨"，谁来说一说？

生：好雨知时节，当春乃发生。随风潜入夜，润物细无声。——《春夜喜雨》

师：这是欢喜，充满希望的雨。

生：清明时节雨纷纷，路上行人欲断魂。——《清明》

师：这是悲伤痛苦的雨。

生：空山新雨后，天气晚来秋。——《山居秋暝》

师：这是清新脱俗的雨。

生：水光潋滟晴方好，山色空蒙雨亦奇。——《饮湖上初晴

后雨》

师：这是空灵朦胧的雨。

生：君问归期未有期，巴山夜雨涨秋池。——《夜雨寄北》

师：这是离别愁苦的雨。

师：看来，"雨"不仅仅是一种自然现象，更是诗歌创作的重要题材，诗人们赋予"雨"不同的内涵，"雨"就成为一种丰富的抒情意象。

2.拓展读，学拟题

[课件展示]

看清目标

初步了解课文
借助具体事物
抒发感情的方法

借事物　抒感情

师：同学们，我们再来看看题目《桂花雨》，桂花是一种物，雨是一种意象，那"物＋意＝情"，所以借物抒情就要有"意"，这个"情"其实就是"意境"，也就是我们的"生活"。课文《桂花雨》便体现了思想之意境。

生：老师，我们之前学过的课文《三月桃花水》，桃花是物，水是意，情便是对大自然的赞美与喜爱。

师：这位同学真会思考，现学现用。还有许多散文也是这样的，比如，《丁香结》《荔枝蜜》《胭脂泪》。

┌ 课件展示 ┐

题目《桂花雨》——"事物 + 意象 = 情感"

《丁香结》
《胭脂泪》
《荔枝蜜》
《三月桃花水》……

《琦君散文精选》

师：同学们，我们通过学习《桂花雨》，感受到琦君那份浓浓的乡愁，也更深层地学习了借物抒情的方法。琦君的很多散文名篇被收录在《琦君散文精选》中，希望同学们课后多去阅读，多去感悟。好，下课！

评析 在教学过程中，为了使学生更深入地理解课文所表达的情感，教师应适时增补资料和文学知识，增强"资源意识"，拓宽学生的阅读视野，增添学习的趣味性。何老师拓展带有"雨"的诗句和借物抒情的散文，拓宽学生的视野，使学生进一步体会"雨"作为"物"所生发出的不同情感，并对于单元目标"借物抒情"的理解更为深刻。

总评

《桂花雨》是一篇回忆性的抒情散文。对于如何引导学生透过淡雅的文字，体会真切且复杂的情感；通过学习作者独特的表达，进而学会借助事物表达情感的方法，何老师为我们提供了一些思考和方向。

1. 拆析目标，明确教学方向

基于核心素养的培养来设定教学目标。何老师整堂课紧扣单元目标展开教学。上课伊始引导学生明确目标、质疑目标，对教学目标进行了拆析，最终达到理解目标的目的。课堂上，何老师将目标拆解为"用了什么方法；怎么用这个方法；用了这个方法效果怎么样"，三个方面贯穿课堂，层层递进，不断深化教学内容，让学生在设计精巧的教学流程中展开学习探究，在"桂花雨"中入情入境。

2. 搭建支架，建立表达路径

维果斯基提出"最近发展区理论"，要求教师在教学过程中为学生搭建方法支架，让学生通过自主学习和探究，掌握、运用方法，从而化解教学难点，落实语文要素。何老师在教学过程中，逐步地、有梯度地建立了借物抒情的路径，将借物抒情的方法拆解后举一反三。学生通过学习作者借桂花抒发思乡之情的方法，建立起借物抒情的完整表达路径，学会迁移运用，最终抵达目标。

3. 增补资料，加深情感共鸣

语文教学应该注重语文课程对于学生思想情感的熏陶感染作用。教师适时补充课程资源，可以帮助学生理解文本思想，引发情感共鸣。何老师在教学"摇花对作者的意义"和"如何理解母亲那句充满遗憾的感叹。"这两个难点时，通过增补作家的资料和"阅读链接"的内容，让学生了解作者的经历和愿望之后，与作者达到情感共鸣，从而更好地理解和体会作者情感。何老师还在"'雨'的归位"的环节中，通过增补有关"雨"的诗句，引导学生有效迁移，感受"雨"丰富的抒情意象。从"物"的感知，到"情"的抒发，再到"意"的揣摩，逐步引领学生与文本展开有效对话，提升其语文鉴赏能力。

以读促学，抒情有法

——统编版五年级上册《珍珠鸟》课堂实录及评析

一、热身　共享学习目标

师：同学们，一起读课题。

生：（齐读）珍珠鸟。

师：本节课，我们将用"阅读＋"的方式来破解学习中遇到的一些困难。何为"阅读＋"？ 有时加口语表达，有时加我们的思考，有时加生活关联。总之，阅读是基础。每次学习都要关注学习目标。一起读，了解目标。

生：（齐读）初步了解课文借助具体事物抒发感情的方法。

师：也就是说，这次的目标就是——

生：借事物，抒感情。

师：这个方法就叫——

生：借景抒情。

师：咱们今天借的是事物——珍珠鸟，把"景"字替换为"物"再读一遍。

生：借物抒情。

师：这次的学习目标不一样，借助的是中国名家名篇中的经典——冯骥才先生的作品。同学们可以学的东西特别多。

[课件展示]

"借"到"抒情"

中间有一个方法的距离

本次学习，借助的是名家名篇。

从"借"字,再到将感情抒发出来,中间有一个"方法"的距离。本节课,重在自读,掌握冯骥才先生使用的抒情方法,要学到手、带得走。这是一篇略读课文,课题下有一段教材编者写的导读提示,请大家一起读,看看导读提示到底要我们做些什么。

📖 课件展示

默读课文,想想"我"是怎样逐渐得到珍珠鸟的信赖的。课文中有很多地方写出来珍珠鸟的可爱,找出这样的语句,体会"我"和珍珠鸟的情意。

默读
思考 } 做好这三件事,
体会   学到作家的方法

(生齐读)

师:导读提示要求我们做三件事:第一件事是——

生:默读课文。

师:第二件事是——

生:思考作者是怎样得到信赖的。

师:相当好!第三件事是感情需要——

生:体会。

师:请牢记这三件事,这是我们学到借物抒情这种写作方法的路径。只有获得一些具体的方法才能够说——我们学到了。

(师板书:方法 + 路径 = 学习)

🔗 评析 教师的教、学生的学,以及对学习的评价应该具有目标的一致性。本课导入,教师直接共享学习目标并介绍了"阅读 +"的新方法,激起了学生强烈的学习兴趣。师生不仅注重学习的目标,更注重学习的过程,包含过程中使用的方法、策略,故教师给出"默读——思考——体会"的三步学习之路，由此，学生即可"带走"作家借物抒情的方法，达到目标。

二、自读　学习"普通"抒情方法

1.初读感悟，关注"可爱"

师：请快速默读全文，要特别关注文中写到"可爱"的地方。

（生默读，师巡视）

师：文章不长，不到千字，但我发现同学们画出的写可爱的句子非常多。确实，文中写鸟的可爱的句子几乎无处不在。我们男女生来比赛，看谁找得多。谁先来？

生：小鸟的影子就在这中间隐约闪动，看不完整，有时连笼子也看不出，却见它们可爱的鲜红小嘴从绿叶中伸出来。

师：这个句子中直接出现"可爱"二字，掌声鼓励！再请一位男生。

生：我不动声色地写，默默享受着这小家伙亲近的情意。这样，它完全放心了，索性用那涂了蜡似的小红嘴，嗒嗒地啄着我颤动的笔尖。我用手抚一抚它细腻的绒毛，它也不怕，反而友好地啄两下我的手指。

师：刚才第一位女生读的句子中，出现了什么词？

生：（齐）"可爱"。

师：第二位同学读了半天，没出现"可爱"这个词。那么，这句话算不算写可爱的句子？

生：（齐）算。

师：请说明理由。

生：因为这里写了作者与珍珠鸟的互动很温馨，让我觉得很可爱。

师：实际上有"可爱"两字的句子特别少，但让我们感到有"可爱"的句子——

生：（齐）很多。

师：掌声送给他。

生：白天，它这样淘气地陪伴我；天色入暮，它就在父母再三的呼唤声中，飞向笼子，扭动滚圆的身子，挤开那些绿叶钻进去。

师：我的要求升级了，可爱在哪里？

生：可爱在"扭动滚圆的身子"。

师：也就是说，你觉得鸟的身材很可爱，对不对？我想知道"滚圆身子"是什么样的，你能不能在班级中找到一个拥有"滚圆身子"的同学？

（生找到一个身材稍微圆润一点的男生）

师：对了吗？（学生摇摇头）这个同学还不算滚圆，咱班同学都比较瘦，没有滚圆身材的。你们看看我啊，我有滚圆身材，我才是"珍珠鸟"，懂吗！女生不错，男生还能找到可爱的句子吗？

生：它好肥，整个身子好像蓬松的球儿。

师：一般来说，讲人肥就是讽刺他对不对，但在这里你为什么觉得是可爱？

生：表面说它好肥，其实是表达了作者对它的喜爱之情。

师：理解了，有人说你肥，可能是因为喜欢你。男生扳回一局，女生再来。

生：瞧，多么像它的父母，红嘴红脚，灰蓝色的毛，只是后背还没生出珍珠似的圆圆的白点。

师：读得真好！请你带着全班读一遍。

（该生领读，全班齐读）

师：请你告诉我，你从哪里感受到可爱？

生：这句话写了珍珠鸟嘴是红的，毛是灰蓝的，后背有白色的点，颜色丰富，很好看。

师：珍珠鸟有很多特点，如肥、色彩丰富等，但作者从头到尾就抓一个特点，什么？

生：可爱。

师：所以，我们得出的第一个方法就是，借物抒情中"物"的特点需要集中。集中就是全文不管写多少字，都只写一个特点，明白了吗？

生：（齐）明白了。

2.再读文本，聚焦"时间"

师：请用最快的速度，在各段中找出表示时间推进的词语，找到了立刻举手！

[课件展示]

批注

在各段中找出"表示时间推进"的词语

三个月后
起先
这样久了
渐渐它胆子大了起来
白天
有一天

借物抒情的方法：
有序表达，展示过程

（生找到"三个月后""起先""这样久了""渐渐它胆子大了起来""白天""有一天"六个词语）

生：（齐）三个月后、起先、这样久了、渐渐它胆子大了起来、白天、有一天。

师：同学们，课文按照时间推进，这个过程如此漫长，到底留给我们什么启发呢？注意，启发一定要与借物抒情有关。

生：用时间才能培养出信任。

师：信任不是一蹴而就的，而是慢慢培养的。

生：你需要做一些事情，让它信任你。

师：一步一步地做，不能操之过急，要耐心等待。（课件展示：借物抒情的方法：有序表达，展示过程）预备读！

（生齐读）

师：如果未来我们也要写一个情感建立的过程，比如说写你跟同桌互相信赖的情感，写的时候要注意些什么？

生：要为别人做一些事，按照时间记录下来。

师：对，万一哪天和朋友吵架了，翻开本子一看，某年某月某日咱们关系好得很，所以一笑泯恩仇。

3. 回读文本，探讨"抒情"

师：接下来的任务很简单，思考——作者抒发了怎样的感情？

生：作者抒发了对珍珠鸟的喜爱之情。

师：同学们，回到课文中，文中最炙热的感情，通过哪一句话直接抒发？

生：信赖，往往创造出美好的境界。

师：全班都认可吗？拿起笔把这句画下来。画好之后请齐读——

（生齐读）

师：很好。如果未来我们要抒发感情，能否直接抒发？

生：能。

师：同学们太棒了，你们理解得真好。来看抒情的第三个方法请齐读——（课件展示：用真诚的语言去具体有序地抒发）

（生齐读）

4.笔记收获，梳理"普通"方法

师：今天我们就学习三个方法，我们来梳理一遍，请打开单元导读页面，把重要的方法记在这个页面。

［课件展示］

笔下有物

一篇文章，借助一个事物。

特点突出

一个事物，突出一个特点。

按序表达

按照发展顺序，清晰叙述。

评析 新课标提出"阅读教学是学生、教师、文本之间对话的过程"。在本环节的教学过程中，何老师把学生放在学习的主体，根据学习目标设计有效的问题，引导学生聚焦文本反复品读，让学生真正走进文本，与文本对话，感受作者的情感。同时，以文本为载体，通过师生之间民主、平等的对话，给学生以新的启迪，引发学生深入思考，最终共同向着学习目标迈进。

三、再读 "升级"抒情方法

1.再读文本，体会相互信赖

师：同学们，我们今天学的方法，总体叫什么？

生：借物抒情。

师：学到了吗？ 可以下课了吗？

（生各有看法）

师：原则上可以下课了，但别忘了，今天学习的是名家名篇。冯骥才先生仅有以上"三招"吗？接下来，同学们将跟着老师进入本次学习的"升级"版。其实，要通过一读再读的方式，去寻找作家在借物抒情时一些特殊的方法，这需要敏感的知觉。导读提示中让我们去关注什么？

生：信赖。

师：不妨再读一读文中写信赖的句子，去探索作家抒发情感的方法。我给大家配了一段音乐，一起读一读。

（播放音乐）

☐ 课件展示 ☐

起先，这小家伙只在笼子四周活动……它就立即飞回笼里去。

（生齐读）

师：平心而论，刚开始信赖存在吗？

生：不存在。

师：很好，集中注意力，再往下读。

☐ 课件展示 ☐

渐渐它胆子大了，就落在我的书桌上。

（生齐读）

师：随着时间的推移，渐渐地，信赖增加了吗？ 说出你的理由。

生：增加了。因为之前它不会靠近作者，慢慢地一点点靠近了。

师：对了，距离的拉近就表示心灵的贴近。再看，一二读——

[课件展示]

我不动声色地写……我用手抚一抚它细腻的绒毛，它也不怕，反而友好地啄两下我的手指。

（生齐读）

师：到了这份儿上，小鸟和人已经在互动了。刚才只是距离的缩短，现在就有了接触，这一刻究竟谁信赖谁？

生：珍珠鸟开始信赖作者了。作者开始没有理会它，然后它就自己跳到作者旁边了。

师：讲得真好。信赖就体现在自觉自愿的行动上。还有吗？还可能是谁信赖谁？

生：互相信赖。因为一开始小鸟跑到作者旁边陪他写作，作者没有理会它，后来用手摸摸它的绒毛，它也不怕。

师：也就是说，鸟信赖人，人也——

生：信赖鸟。

师：这就叫"相互"。再往下读——

[课件展示]

有一天，我伏案写作时，它居然落到我的肩上。我手中的笔不觉停了，生怕惊跑它。待一会儿，扭头看，这小家伙竟趴在我的肩头睡着了……

师：平心而论，此时人与鸟的相处，更像生活中的哪一种关系？

生1：父亲和孩子。

生2：朋友的关系。

生3：甚至达到了亲情的标准。

师：我笔尖一动，流泻下一时的感受。这个感受就是——

［课件展示］

信赖，往往创造出美好的境界。

2.抓住"流泻"，理解自然表达

师：这两段中作者用到了一个词是很特别的，请关注这个词。

［课件展示］

我笔尖一动

流泻 下一时的感受

信赖

往往创造出

美好的境界

师：拿起笔，画上记号。根据你的理解，"流泻"大概是什么意思？

生：我觉得跟"流露"是近义词。

师：相对于"流露"的缓慢，"流泻"显得更怎么样？

生：更快了。

师：请问，当情感是流泻而出时，他需要思考吗？（生摇头）

师：不经思考及时写下，可见内心充满的是——

生1：对珍珠鸟的喜爱。

生2：对珍珠鸟的信赖。

师：此时写作还需要刻意的方法吗？

生：不需要了。

师：这时候已经用不上方法了，情满自溢，没时间用了对不对？同学们，你们看，借物抒情的"升级版"，一起读——

〔课件展示〕————————————————

自然而然，无需刻意使用方法。

师：请再看单元导读页，我们来回顾一下刚才学过的借物抒情的"普通"方法。（课件展示）

生：笔下有物；点突出；按序表达。

师：我们小学生学到这三个方法后，能不能借物抒情了？

生：能！

师：但是，你们看高手是怎么用的？

生：自然而然，无需刻意使用方法。

师：你想不想像冯骥才先生一样，好像有方法，但是好像又用不上，直接写出来？

生：想！

师：这位先生叫金庸。其实秘诀就是金庸的《笑傲江湖》中的一句话，一起读——

〔课件展示〕————————————————

无招　　　　　　武术与创作

胜有招　　　　　方法是相通的

——金庸《笑傲江湖》第十章

（生齐读）

师：武术与创作的方法是相通的。对这个方法的理解，也许要等你们长大后才能领悟，今天我只是告诉你们一个"天机"而已，以后你们慢慢破解。

3. 联系生活，探索信赖基础

师：最后还要探索什么？

[课件展示]

默读课文，想想"我"是怎样逐渐得到珍珠鸟的信赖的。课文中有很多地方写出来珍珠鸟的可爱，找出这样的语句，体会"我"和珍珠鸟的 情意。　　　　体会　再读

建设相互信赖的情意
到底需要具备哪些前提？

生：情意。

师：我们要体会的是情意。请问，建立相互信赖的情意，需要哪些前提呢？

生：时间。

师：确实需要点时间，但也不排斥一见钟情。第一个前提，信赖一定来自于充分的了解。我们再读读课本，就会明白了。接下来，老师想跟大家一起读，老师读黑色字体部分，你们读红色字体部分。读完，你来说一说，为什么信赖来自充分的了解。

[课件展示]

我把鸟笼挂在窗前。那儿还有一大盆异常茂盛的法国吊兰。我便用吊兰长长的、串生着小绿叶的垂蔓蒙盖在鸟笼上。它们就像躲进深幽的丛林一样安全，从中传出的笛儿般又细又亮的叫声，也就格外轻松自在了。

信赖，来源于
作者对珍珠鸟的充分了解

师：课文是怎么体现作者对它有充分了解的？你请！

生：他用长长的叶子盖住鸟，因为他知道如果鸟看见陌生人，就会受到惊吓。

师：我们再配合读——

课件展示

三个月后，那一团越发繁茂的垂蔓里边，发出一种尖细又娇嫩的鸣叫。我猜到，是它们有了雏儿。我呢，决不掀开叶片往里看，连添食加水时也不睁大好奇的眼睛去惊动它们。

信赖，来源于
作者对珍珠鸟的百般关爱

（师生配合读）

师：考考你的体会能力，哪里体现了他对珍珠鸟的百般关爱？

生：因为它们有了雏儿之后，作者依然不打扰它们。

师：如果我要表达对你的关爱，我就要经常去接触你，去影响你。那对于鸟的关爱最佳状态是什么？

生：不管它，让它自由自在，慢慢适应你。

师：第三点。预备读——

生：（齐读）信赖来源于作者对珍珠鸟的真切的情感。

师：没错，我们最后再配合读一次。

课件展示

白天，它这样淘气地陪伴我；天色入暮，它就在父母再三的呼唤声中，飞向笼子，扭动滚圆的身子，挤开那些绿叶钻进去。

信赖，来源于
作者对珍珠鸟的真切的情感

（师生配合读）

4.回文再品，深挖文字秘密

师：情感是共有的。问大家一个终极问题：在冯骥才先生的笔下，到底写的是珍珠鸟还是自己的小孩子？

课件展示

珍珠鸟 **？** 小孩子

所谓借物，就是真情以待
所谓方法，就是自然书写

生：自己的小孩子。

师：但实际上写的是什么？

生：珍珠鸟。

师：像是对谁抒发感情？

生；对自己的孩子。

师：请看，所谓"借物"，真的是把它借过来吗？

生：不是。

师：有借有还，情感淡然。你看他的借物就是——

生：（齐读）真情以待。

师：所谓方法就是——

生：（齐读）自然书写。

师：学到"升级"版方法的请举手。（生举手）实际上在老师看来，冯骥才先生并非借物，而是与珍珠鸟同为物，他把自己"化而为物"，用同学们的话来说就是——

生：把自己当作珍珠鸟。

师：这就是养鸟之道。只有同为物、化为物，我们才能抒真情、表真意。

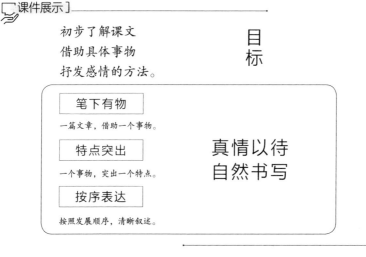 **评析** 新课标明确要求重视培养学生的探究性和创造性阅读潜力，提倡多角度的、有创意的阅读。而实施探究性的阅读，关键在于我们要把课堂教学的时间和空间还给学生。如此方能引导他们去搭建自主探究和发现的平台。本环节中，何老师给予学生充分的学习时间反复研读文本，引导学生抓住关键词句，联系生活经验，探究"信赖"的基础；探究文字背后的秘密——优秀作品的抒情往往与人有关，往往关乎真情实意。

四、拓展　深悟名家悲悯大爱

师：同学们，我们今天学的课文来自冯骥才先生，请看我们的学习目标，复习一遍。

[课件展示]

初步了解课文
借助具体事物
抒发感情的方法。

目标

笔下有物
一篇文章，借助一个事物。

特点突出
一个事物，突出一个特点。

按序表达
按照发展顺序，清晰叙述。

真情以待
自然书写

生：初步了解课文，借助具体事物抒发感情的方法。

师：今天我们学习的名家名篇作者叫——

生：冯骥才。

师：今天"普通"方法是——

生：笔下有物、特点突出、按序表达。

师："升级"的方法是——

生：真情以待、自然书写。

师：冯骥才先生说过一句话，老师与大家共勉——对苍生万物都要有悲悯之情。这才是冯先生在文字中透露出来的最真的情感。下课。

评析 第四版块的教学，回扣、复习学习目标后，引用作者的名言进行拓展，学生对情感的体会更加深刻，认知也有所提升。

总评

本单元是"借物抒情"单元，侧重于了解写文章"借物抒情"的方法，并能将之运用到习作中，读写统整的意味非常明显。《珍珠鸟》作为本单元的最后一篇课文，其中的价值不言而喻。而何老师对本课的处理也十分特别，更近似于一堂没有写作的写作课。

1. 拆解"借物"，直指写作"有方法"

本堂课更偏重于文法教授课，在基本厘清"借物抒情"的概念后，何老师便借助文中的关键句段，具体拆解"借物"的三种操作方法。方法清楚又好用，且每一种均能在课文中找到相应的出处，从中可以看到何老师对教材内容做了相应的教学化处理，舍弃旁枝，直截根源——如何表达好"借的物"。

2. 升华"抒情"，迈向文的"立之本"

搞清楚"借物抒情"的方法就一定能写好作文吗？在何老师

眼中，显然不是。于是他又将课堂带入散文创作的冰山底部，挖掘文章精彩背后的真情密码。他敏锐抓住"流泻"一词，展开交流，讨论"流泻"，交流金庸的"无招"，都在引导学生迈向立文之本——真情实感，真正把握住了随笔散文的核心创作思路。

3. 融"悟"于间，感受情的"意之深"

如何能让学生在以后的习作或者更长远的人生写作中主动运用"借物抒情"的方法呢？当然是让他们真切体会到"借物抒情"的价值。何老师通过多次有针对性地引导品读，学生在词、句、段和篇章中，一步一步挖掘出作家注入其中的情感洪流，体会到强烈的表达效果。王荣生说，一堂好课的理想标准就是"课程目标的有效达成"。何老师其实是以更高的标准去看待这篇课文，虽然它仅仅是一篇略读课文。

多法并举，在细节中体会深情

——统编版五年级上册《慈母情深》课堂实录及评析

一、理解"场景"　开启"体会"之旅

1.关注标注，走近作者

师：我们今天来学习的一篇课文，请读课题。（课件展示）

生：（齐读）《慈母情深》。

师：注意，课题下的标注非常重要，它将影响到你课外的阅读。本文选自梁晓声先生的中篇小说，这个小说叫《母亲》，题目是编者另外加的。

2.发散思维，理解目标

师：这次的学习有一个很重要的学习目标，请读——

生：（齐读）体会作者描写的场景、细节中蕴含的感情。

（师板书：场景、细节）

师：细节，就是一个又一个的小细节，一句又一句的"话"，甚至是一个又一个的词。那么"场景"，又是什么意思？

生：场景是我们所看到的事物。

师：说得真好。我们看到的事物全都包括在里面了。他用自己的理解进行解释，胜过字典。

生1：发生事情的地点。

生2：细节存在的地方。

师：细节本身就应该安放在场景中，这个"存在"很高级。

生：场景是某个人拍照或者做某事的背景。

师：任何事件的发生都得有背景，任何的人与事都得置身于环境中。场景即背景，场景即环境。你的发言超越字典。

生：场景就是情景。

师：这是非常简洁的理解。本身懂情景一词，用已经会的词代替陌生的词，这是一个很棒的学习方法。

师：我查了字典，场景原来指戏剧、电影等制作的场面。例如，今天就是个场景。明白了吗？（课件展示"场景：指戏剧、电影等艺术作品中的场面。泛指情景。"）

师：原来，单元目标要求我们体会的感情就在字里行间中，我们开始体会之旅好吗？（课件展示"感情，在字里行间体会。"）

生：（齐答）好！

🔗 **评析** 吴忠豪教授认为"所谓教学目标就是教什么，教到什么程度"。本单元目标的指令词是"体会"，即体验和领会之意。目标精准，入课极快。语文学科的体验大致为听、说、读、写、思。领会——心领神会即是思考。"思考是脑，而实践是手"，二者缺一不可。教师在第一版块的教学中通过发散思维、听说交流、互动思考等教学环节，帮助学生比往常学得更深、理解得更丰富。

二、挖掘"细节"　体会深情之法

1. 精选课后习题，寻觅"情深"细节

师：首先，我们直接从课后练习入手。

〔课件展示〕

默读课文，边读边想象课文中的场景，然后说说哪些地方让你感受到了慈母"情深"。

这深情就在文中的一个字、一个词、一句话……

师：默读课文，边读边想象课文中的场景，说说哪些地方让你感受到了慈母"情深"。

生1："你这孩子，谁叫你给我买水果罐头的！不是你说买书，妈才不舍得给你这么多钱呢！"母亲为了孩子买书不辞辛苦，也不让孩子给自己买水果罐头。

师：表扬你，因为你找到的是本文中情感最浓郁，冲突最强烈的结尾部分。掌声鼓励！

生2：我找到的地方是"我穿过一排排缝纫机，走到那个角落，看见一个极其瘦弱的脊背弯曲着"。

师：你对句子中的哪个词感兴趣？

生2："极其瘦弱"，体现出母亲工作很辛苦。

师：请看何老师的背，用一个词来形容我的背。

生2：壮。

师：你看了我的背就知道这种背不叫"瘦弱"，所以"极其瘦弱"可想而知是非常单薄、干瘦的，对吧！

生3：我觉得这句话很令人动容"母亲说完，立刻又坐了下去，立刻又弯曲了背，立刻又将头俯在缝纫机板上了"，"立刻"这个词体现出母亲为了多赚点钱，不想浪费一分一秒。

师：她发现了这句话用了反复手法，三个"立刻"，说明了母亲很珍惜时间。

生4："母亲掏衣兜，掏出一卷揉得皱皱的毛票。"

师：为何"皱皱的毛票"让你看到母亲的深情？

生4："皱皱的毛票"体现出母亲把这些钱存得很久了，藏得很深，随身带了很久。后文用"龟裂的手指数着"，从"龟裂"看出母亲平时工作特别辛苦。

生5："又给我凑足了买《青年禁卫军》的钱"中，"凑足"这个词，让我觉得慈母情深。

师：足够了，一个词就足够了。掌声响起。

生6："我鼻子一酸，攥着钱跑了出去……。"我不忍心在那里待得太久。

师：深情在文字间，深情在你我中，深情在作者和母亲的联系中。角度新颖！

生7：不看这个句子，看这个"酸"字，"酸"就是我对母亲的关怀，就是心疼。

师：我体会到了作者对母亲的关怀以及母亲的辛苦。

师：同学们请注意，这样的发言就叫作——见微知著，从一个"酸"字穷追猛打，挖出背后的深意。请向他学习。

2.习得反复手法，引导"自能作文"

师：同学们，你们是否发现"深情"无处不在，从头到尾的句子都可以让我们体会到深情。其实每一个细节，都要放置进场景中去体验。请看课后习题，特别关注两段话，请读。

[课件展示]——————————————————

　　背直起来了，我的母亲。转过身来了，我的母亲。褐色的口罩上方，一双眼神疲惫的眼睛吃惊地望着我，我的母亲的眼睛……

　　背直起来了。转过身来了。褐色的口罩上方，一对眼神疲惫的眼睛吃惊地望着我……

对比，
体会表达感情的效果

（生齐读）

师：这一段话有什么特点？

生：里面出现了好多个"我的母亲"。

师：老师斗胆做了修改，大家看一看。

师：这两句话相比，哪一句更能体会出深情？

生：第一种比较好，让人更能体会出母亲的辛苦。

师：当我们发现作家梁晓声喜欢用反复的写作手法时，应察觉出一些端倪。

┌─ 课件展示 ┐

　　母亲说完，立刻又坐了下去，立刻又弯曲了背，立刻又将头俯在缝纫机板上了，立刻又陷入手脚并用的机械忙碌状态……

师：你发现了，文中至少有三处反反复复地重复同样文字的细节，而一位大作家这么写，必定有其用意。你发现作者表达情感的方法是什么？

生1：作者反复出现一个词就会引起我们的关注。我在读这句话的时候脑袋里出现了母亲在工作的画面。

师：掌声鼓励！这是一个惊人的答案，当作者用了反复的手法后，读者心中突然有了画面感。如果这些字眼没有反复出现，我们很可能就忽略了它们。请再读一读，注意读出多处"立刻"。

生：（齐读）母亲说完，立刻又坐了下去，立刻又弯曲了背，立刻又将头俯在缝纫机板上了，立刻又陷入手脚并用的机械忙碌状态……

师：试一试"快词慢读"的方法，把本该快读的"立刻"读得再慢些、再突出重点些。

（生自由练读）

师：反复之余，你还读出了什么？

生：我读出母亲的身体一会儿直，一会儿弯……

师：反复之外，你能体会到什么？

生：我脑中仿佛出现了他母亲工作的画面和情景，体会到母亲很忙碌、很辛苦。

师：读得真好，体会得也更深。再次自由朗读这两个句子。

（生自由朗读）

师：实际上，作家万不得已不会用这样的方法，因为这种方法太过极致、太过鲜明，表达的情感太真切、太热烈了，倘若不是心中有万般需要言说的话语，他不至于这么做。

［课件展示］

使用了反复的手法
产生了表达的效果

师：本节课有一个高光亮点，这位同学一直有自己的想法，请全体转身倾听。

生：我认为作家想让我们从课文中学习到平时写作文也能用的方法。

师：我相信梁先生听了会非常高兴。这篇文章经过教材编者的选编改造之后，给同学们读，期待的就是你们能够读得文意、识得方法，将方法运用到日常习作中。

评析 这一版块是"体会"的核心环节，教师通过对文章细节和写作手法进行赏析，引导学生发现"表达感情"的基本方法：要表露深情，应该关注细节。这不仅是阅读教学，更是一种写作态度的教育，写作意识的培养。同时，整个版块以学生为中心，教师非常重视学生阅读的独特感受，让学生各抒己见，并做适当引导和小结，适时进行朗读指导，反复进行对比思辨，一步步将课堂中的思考引向更深层次。

三、还原"场景"　体会母爱之深

1.再次认定目标，荡漾心中感受

师：难道说今后只需要"反复"，就能够表达出情感，这么简单吗？

┌ 课件展示 ┐

平淡无奇的词
只需要反复
就能表达出感情？
（音乐起）

生：并不是。

师：其实没那么简单。接下来，再次认定本次学习目标，第一个词叫"场景"，第二个词叫"细节"，所有的细节都要在场景中才能发挥它的魅力。让我们回到那个车间去看一看，此时我们再读一读……

生：（齐读）背直起来了，我的母亲。转过身来了，我的母亲。褐色的口罩上方，一双眼神疲惫的眼睛吃惊地望着我，我的母亲的眼睛……

师：在这样的场景和音乐之中读这两句，大家心里的感受是否有变化？

生1：我感受到母亲很疲惫，她为了这个家很努力。

生2：母亲想争取每一分每一秒，挣很多钱来贴补家用。工作环境还非常恶劣。

师：假如是你，好意思找母亲要钱吗？

生：不好意思。

师：《青年禁卫军》这一部长篇小说的价格相当于母亲两天

辛苦劳动的工资。你再看看母亲那连贯干脆的动作，你再看看她没有为买书产生丝毫的纠结，你还好意思找母亲拿钱吗？当我们把这样的细节放在场景中去体会时，爱与温暖是否在字里行间流淌？有没有流到你的心中？

生：有！

师：此时此刻，你心中荡漾起的是一种什么样的情感？

生1："我"体会到母亲的辛苦，"我"也会关爱母亲。

生2：我觉得母亲有一点无奈，工资有点太少了。

生3：我感受到母爱的伟大，她为这个家付出了太多太多。

生4：母亲是伟大的，她已经为这个家付出了很多钱，但却还是一口答应了孩子要钱买书的要求。

2.提取"人""事"与"物"，场景定格成长

师：谢谢各位同学。实际上，还可以品味一个细节，你发现了吗？

课件展示】

读一读母子间的对话

母亲大声问："你来干什么？"

"我……"

"有事快说，别耽误妈干活！"

"我……要钱……"

"要钱干什么？"

"买书……"

"多少钱？"

"一元五角就行……"

师：文中有一段母亲和"我"的对话，老师用色彩做了区分，红色部分是少年梁晓声的话，你发现了什么符号？

生：省略号。

师：那么我们应该把梁晓声的话读成什么样？

生1：磕磕巴巴。

生2：调子低，语速慢。

师：咱们合作一把怎么样？我读母亲的部分，你们读梁晓声的部分。

（师生合作读，音乐起）

师：音乐只有短短57秒钟，但母亲当时在七八十台缝纫机的轰鸣下工作长达十余个小时。这样的场景中，两天工资买一本《青年禁卫军》，谁还好意思找母亲要钱？

生：这样一对比，我们就明白了。

师：最后少年梁晓声得到这本书了。这样的对话之后，母亲立刻又进入了工作状态，故事就读到这里。此时，还想表达的同学请举手。

生1：母亲为家里付出了很多，但是她还是在工作，并没有松懈下来。

生2：母亲可以为了孩子舍弃自己所有的东西。

生3：母亲默默奉献，这种奉献令人敬畏。

师：场景中的人、事、物，一起构成故事中独特的风景。

［课件展示］

师：我们再来看看故事发生的环境。

[课件展示]

读一读母子间的环境

　　空间非常低矮，低矮得使人感到压抑。不足二百平米的厂房，四壁潮湿颓败。七八十台破缝纫机一行行排列着，七八十个都不算年轻的女人忙碌在自己的缝纫机旁。因为光线阴暗，每个女人的头上方都吊着一只灯泡。正是酷暑炎夏，窗不能开，七八十个女人的身体和七八十只灯泡所散发的热量，使我感到犹如身在蒸笼。

　　师：我读黑色部分，你们直接读红色部分，读成一个调子。

　　（师生合作读）

　　师：这段与母亲有关吗？假如把这段删掉，在表达情感上会有影响吗？

　　生：有影响。因为母亲工作辛苦，但还要坚持给儿子钱，这是母爱的一部分。母亲在那么差的环境里面工作，酷暑时节坚持为家挣钱、毫无怨言。

　　师：你认为环境描写可以去掉吗？

　　生：如果缺了这一段，我就感受不到母亲在多艰苦的环境中工作。

　　师：有场景、有情感，没场景、情感受影响。所以今后咱们写故事，一定要有场景描写，因为人和事都在场景里存在着。

　　师：写场景、写环境就是在写谁？

　　生：写人。

　　师：你们看，有这么一个人，讨厌不讨厌？她说话是喊的。

[课件展示]

　　旁边一个女人停止踏缝纫机，向母亲探过身，喊："大姐，别给！没你这么当妈的！供他们吃，供他们穿，供他们上学，还供他们看闲书哇！"接着又对我喊："你看你妈这是在怎么挣钱？你忍心朝你妈要钱买书哇？"

（生齐读）

师：同学们，这个同志就叫"配角"。实际上，这段话和母亲没有关系对吧，我把她删了，你们同意吗？

生：我不同意，少了这部分，就没法体现母亲不管多累多苦都愿意给"我"买书。

师："主角"必须有人衬托，对吧？

生：如果少了这个自然段，就无法反衬出母亲的通情达理。

师：也就是说当有人阻拦之后，主角依然做出决定，可见是主角自愿的。

师：我们很容易忽略这笔钱是一笔"大数目"，所以作家安排了这么一个场景，写得很清楚，让你知道这笔钱是来之不易的"巨款"。这话不是母亲或"我"说的，而是谁说的？

生：配角。

师：再看，故事意外的结局。

 课件展示

故事的意外结局

我鼻子一酸，攥着钱跑了出去……

那天，我用那一元五角钱给母亲买了一听水果罐头。

"你这孩子，谁叫你给我买水果罐头的！不是你说买书，妈才舍不得给你这么多钱呢！"

那一天母亲数落了我一顿。数落完，又给我凑足了买《青年近卫军》的钱。我想我没有权利用那钱再买任何别的东西，无论为我自己还是为母亲。

就这样，我有了第一本长篇小说……

（生齐读）

师：这个结尾有点奇怪，看来"我"更爱水果罐头。

生：并不是，他只是想用这一元五角钱给母亲买水果罐头。

师：他不是最想买书吗？

生：他心疼他的母亲，想买罐头给母亲吃。

师：梁晓声当时体会更多的是什么？

生：母亲的辛苦。

师：读书让我们成长，生活的历练也让我们成长。梁晓声做到了，你也做到了。

生：主人公利用善意的谎言去给妈妈买了水果罐头。

师：其实谎言本身就是谎言，但关键是你为了什么而说这些话。所谓善意，即内心的出发点，大家明白了吗？所以母亲体察到了这份善意，又掏了一次钱。这本书花费了妈妈将近一周的工钱，所以梁晓声才说没有权利再乱来了。

师：同学们，今天我们一起学习了一个充满爱的故事。一起读——

 [课件展示]

故事中的风景
故事发生的环境
故事中的配角
故事的意外结局
故事中的场景、细节
无处不蕴含着丰富的情感

（生齐读）

师：故事中的场景与细节，常在这些情景中，无处不包含的深情。你们学到了吗？

生：学到了！

师：既然学到了，课后还可以细细体会。别忘了，老师今天说的——本文选自梁晓声先生的中篇小说——

[课件展示]

慈母情深

[注] 本文选自梁晓声中篇小说《母亲》，文题为编者另外添加。

生：母亲。

师：老师真心推荐大家回家后可以找到这本书用心去读一读。下课！

 评析 这一版块中，教师紧抓目标，紧扣场面中的景、人、事，品词析句、对比体会、朗读涵泳，带着学生通过作家建构的文字情境去体会人间最真挚的亲情。

总评

2017 年何老师曾在杭州执教人教版《慈母情深》一课，多年后，何老师基于统编版教科书再度执教本课。令人动容的是，旧文新授，岁月带给何老师的感悟与成长，在课堂中，他尽数回馈给了学生。学习本就是常学常新的过程，何老师做到了每次备课、上课都是全新的。以下就本课中三处亮点抒以浅见：

1. 搭建朗读支架，助力抵达目标

新课标在评价建议中强调"评价学生的朗读，可从语音、语调和感情方面进行综合考察，还应注意考察对内容的理解和对文体的把握。""注意加强对学生平日诵读的评价，鼓励学生多通读，在通读的实践中增加积累，发展语感，加深体验与领悟。"由此可见，新课标认为朗读不仅仅是一种技能的训练活动，更是一种生命主体构建意义的精神活动。朗读与"理解、把握、体验、领悟"等活动密不可分，朗读不应外在于这些活动形式，而应包孕这些活动形式。也就是说，朗读在性质上应从属于"感悟、积累和运用语言的语文实践活动"。

本课何老师十分重视朗读教学，将朗读教学融入多处关键教学点，"快词慢读"的方法让学生更能深入体会母亲劳作的辛苦；配乐朗读、师生合作读，将全体学生"带领"进了梁晓声当年"要钱"的嘈杂车间；场景中的人、事、物也在师生专注的朗读声中逐渐清晰。朗读教学是一种教师搭建教学支架的方式，可以让学生在经历语言实践完整过程的同时，发现并掌握写作方法。

2. 引导"比较阅读"，培植学生文学鉴赏能力

例如：将"背直起来了，我的母亲。转过身来了，我的母亲。褐色的口罩上方，一双眼神疲惫的眼睛吃惊地望着我，我的母亲的眼睛……"与"背直起来了。转过身来了。褐色的口罩上方，一双眼神疲惫的眼睛吃惊地望着我……"进行对比。让学生从对比朗读、对比体会等方法中鉴赏文学创作中的"反复"手法之妙。相信学完本课，学生的文学鉴赏能力、审美创作能力的种子已被根植心中。

3. 重视情境教学，让学生沉浸其中

"情境"系新课标中的高频关键词。无论是课程内容的选择和组织，课堂教学的实施，还是教学评价的实施，都应该重视情境，尤其应在真实的情境下进行。何老师极为重视在课堂上创设情境：授课伊始，带领学生理解、共享单元目标，化用电影名词将"场景"一词发散解读，以情境带动学习；课中切入环节，用好课后习题，在设计中留有学习契机，让学生在不同阶段作出反思与调整；还利用音乐渲染创设纺织车间的情境、补充年代背景资料以助学生

理解当年的工资与物价；更用师生互读、范读等方法引导学生进入文本情境。教学有法但教无定法，处处自然的教学安排，不知不觉帮助学生们知晓母亲的教子理念、体谅母亲的辛苦，从而体会母亲那无私而深沉的母爱。

写不尽的父爱，绘不出的"父爱之舟"

——统编版五年级上册《父爱之舟》课堂实录及评析

一、目标先行　绘制文本底色

1. 明确学习目标

师：同学们，今天我们来学习第19课（出示课题），齐读课题——

生：（齐读）父爱之舟。

师：这篇课文来自第六单元，请大家看清单元学习目标，齐读——（课件展示）

生：体会作者描写的场景、细节中蕴含的感情。

师：本节课我们重点要体会的是感情。作者把这些感情蕴藏在哪里？

生：场景、细节。

师：场景就是大大小小的场面，细节就是在场面中非常微小的一些环节。

2. 走近作者

师：下面，让我们一起走近本文的作者——吴冠中先生。

[课件展示]

吴冠中，江苏宜兴人，著名画家。

其父吴爌（kuàng）北，能识字，勤勉。乡人敬为"先生"。

（师介绍作者与其父亲）

师：《父爱之舟》是吴冠中先生晚年写的，而回忆的却是自己的童年。从童年到晚年，虽然时隔很久，但是文中却清晰地写了很多生活场景和细节，感人至深。接下来，我们一起来读课文的第一句。

（生读）

师：作者在整篇文章中的回忆都是什么？

生：梦中的场景。

🔗 **评析** 目标是增强学习效果的力量源泉，只有学习者明确了学习目标后，才能调动其内在动力。教师在学习前先让学生明确学习目标，通过师生共享目标，撬动动机维度与互动维度。配合初步讲解文体特点与对作者进行简单介绍，增进学生在内容维度的学习。

二、画文结合　描摹父爱框架

1. 欣赏绘画作品中的"父爱之舟"

师：接下来开启我们的学习与体会之旅。前面说到作者吴冠中先生是一位画家，那么你觉得画家会用什么方法表达自己的情感？

生：画画。

师：我们一起来欣赏作者的绘画作品——"父爱之舟"。（出示图片）你们觉得有什么特点？

生：我感觉这些小船未免都有些简陋。

师：按理说作为一位大画家，应该画得怎样？

生：细节都能够被刻画出来。

师：刻画这个词用得可真好！可是他笔下的船却不是这样。

生：似乎都是几笔就画好的。

师：是啊，这些小船那样简陋又那样常见。

生：生活在南方水乡的同学，大都曾经看过类似的小船。

2.品读文本描写中的"父爱之舟"

师：这是吴冠中先生的绘画作品，下面让我们一起去看看他文学作品中描写的"父爱之舟"。

[课件展示]

学习任务：

快速检索，寻找文中描绘"父爱之舟"的句子，读一读。

师：文中总共出现了三处"父爱之舟"的描写，我们一起读读——

[课件展示]

我又见到了姑爹那只小渔船。

为了节省路费，父亲又向姑爹借了他家的小渔船，同姑爹两人摇船送我到无锡。

虽然姑爹小船上盖的只是破旧的篷，远比不上绍兴的乌篷船精致，但姑爹的小渔船仍然是那么亲切，那么难忘……

（生齐读）

师：这三处描写有一个共同之处，我们可以很清晰地判断出来，画中所画的"父爱之舟"是什么？

生：小渔船。

师：作者写出来了，也画出来了。而他所写的小渔船也正符合他的绘画作品中突出的两个特点——

生：简陋、常见。

3.体悟情感表达中的"父爱之舟"

师：同学们请看，作者在文中写了这么一句话。

[课件展示]

我什么时候能够用自己手中的笔，把那只载着父爱的小船画出来就好了！

师：吴冠中先生说自己能画得出来吗？谁发现了答案？

生：画不出来。

师：可见，在文末他强调了这艘小船是难以表现出来的。请大家思考一下，作者本人明明写了这篇文章，为什么却依然要说难以表现出来？

生：可能是因为父亲留给他很多回忆。

师：是的，这些回忆太丰富了。

生1：父亲对他的爱，不是这些文字能表达出来的。

生2：因为这艘小船载着父爱。

生3：父亲的爱非常复杂。

师：写作中有一句话，正好很符合此时的感觉：人人心中有，个个笔下无。

[课件展示]

每每正要下笔，过往的场景、细节就浮上心头……

评析 这一版块分成三个教学环节：欣赏绘画作品、品读文本描写和体悟情感表达。绘画作品感知"父爱之舟"的特点，文本作品印证特点，情感表达刻画特点。巧妙的教学设计在层级与活动之间为学生搭建桥梁，对话文本，走进作者的内心世界，感受难以表达的父爱。同时，教师以问题驱动引导学生主动地投入学习，通过探寻"父爱之舟"，描摹父爱框架。

三、聚焦场景　定格父爱细节

1.概括零散场景

师：你在预习时肯定发现这篇文章中写了好多的事件、场景。例如，父亲卖掉了茧，给"我"买枇杷。还有哪些场景？

[课件展示]

学习任务：

默读课文，说说在"我"的梦中出现了哪些难忘的场景。

（生默读、勾画、批注后全班交流）

生 1：父亲送吴冠中先生去念书。

生 2：花钱住客栈。

生 3：逛庙会。

生 4：父亲背着作者去上学。

生 5：父亲为作者做万花筒。

生 6：父亲为"我"缝补棉被。

2.聚焦研读场景

师：如此多的场景，我们尝试着读一读其中的一个，朗读请注意节奏。（出示，生齐读）

[课件展示]

我和父亲都饿了，我多馋啊！但不敢，也不忍心叫父亲买。父亲从家里带了粽子，找个偏僻的地方，父子俩坐下吃凉粽子。吃完粽子，父亲觉得我太委屈了，领我到小摊上吃了碗热豆腐脑，我叫他也吃，他就是不吃。

师：我们发现在这段话中有一"凉"一"热"。凉的是什么？热的又是什么？

生：粽子、豆腐脑。

师：吴冠中到了晚年依然清楚地记得这个场景中的细节。下面，请同学们读一读写凉粽子的句子，注意"粽子"读轻声。

（生齐读）

师：这个粽子中有一个"凉"字，读到此处，你们体会到了什么？

生：吴冠中家境贫寒。

师：是的，当时确实家境贫寒，买不起吃的，只能带。

生：粽子是做好很久的，都凉了。

师：是储存在那里，一路带过来的，因为没有钱去买。

生：父亲早知道要出门，所以提前做好了粽子带出来，饿的时候可以吃。

生：我体会到父亲挣钱的辛苦，父亲买不起别的食物，只能吃自己做的粽子。

师：刚才我们说父亲买不起，但是请看——齐读！

〔课件展示〕————————————————————

吃完粽子，父亲觉得我太委屈了，领我到小摊上吃了碗热豆腐脑，我叫他也吃，他就是不吃。

————————————————————

师：当初说买不起，可是立刻就买了。一个"热"字，你们体会到了什么？

生：我体会到了父亲深深的爱，他自己只吃凉粽子，却给作者吃热豆腐脑。

生：父亲很节约，却愿意把钱花在"我"身上。

生：父亲在热豆腐脑上寄托了他对"我"的期待。

3. 朗读感悟细节

师：对于作者贫寒的家境而言，热豆腐是高消费，父亲却愿意把这样的奢侈品让给"我"吃。同学们，倘若要用一个词来概括吴冠中的童年，你会用哪个？

[课件展示]————————————————

"凉""热"之间体会到的吴冠中童年关键词是……

生1：贫寒。

生2：父爱。

师：生活在21世纪的你们，可能无法感受到作者吴冠中的童年，也无法感受到那个时候的孩子过着怎样的日子。那么，就让我们伴随着吴冠中先生的文字去品味那如山的父爱。

[课件展示]————————————————

爱在住小客栈的刻骨记忆中：

父亲心疼极了，叫来茶房，掀开席子让他看满床乱爬的臭虫和我身上的疙瘩。茶房说没办法，要么加点儿钱换个较好的房间。父亲动心了……

爱在逛庙会的慈爱与温暖中：

虽然不可能花钱买玩意儿，但父亲很理解我那恋恋不舍的心思，回家后他用几片玻璃和彩色纸屑等糊了一个万花筒，这便是我童年唯一的也是最珍贵的玩具了。

爱在不眠不休缝补的背影中：

我从舱里往外看，父亲那弯腰低头缝补的背影挡住了我的视线。后来我读到朱自清先生的《背影》时，这个船舱里的背影也就分外明显，永难磨灭了！

📖 课件展示

　　爱在带着心酸泪水的成长中：

　　初小毕业时，我考取了鹅山高小。要住在鹅山当寄宿生，就要缴饭费、宿费、学杂费，书本费也贵了，于是家里粜稻，卖猪，每学期开学要凑一笔不少的钱。钱很紧，但家里愿意把钱都花在我身上。我拿着凑来的钱去缴学费，感到十分心酸。父亲送我到学校，替我铺好床，他回家时，我偷偷哭了。这是我第一次真正心酸的哭，与在家里撒娇的哭、发脾气的哭、打架的哭都大不一样，是人生道路中品尝到的新滋味了。

　　（师生配合读）

 评析　这个版块的教学，教师锁定目标，用"目标任务"统摄"学习任务"，聚合零散的场景，通过场景引导学生说细节，抓矛盾点：一凉一热的感受对比，生活拮据却为"我"买热豆腐脑……在梳理情节的同时，为学生提供思维工具，用朗读缩小年代感，走进作者的年代，体会父亲的爱。这样的设计，学生学习的积极性很高，真正通过朗读，对话作者，沟通文本。

四、图文合奏　复现父爱细节

1.图文对比，展开想象

📖 课件展示

　　　　场景细节
　　　　吴冠中难舍的表情
　　　　父亲佝偻的背

师：文中作者说他偷偷地哭了，究竟是怎么回事？让我们一起走进江苏宜兴县立鹅山高小的宿舍里，去看一看当时的情景。图中的这个场景有无数的细节，你发现了什么？比如，我先说两个：吴冠中难舍的表情、父亲佝偻的背。

生1：我发现了父亲背上的那块补丁，说明父亲非常节省，衣服都不舍得买。

生2：床上的竹席已经有点破旧了。

生3：作者的衣服很新，可是他父亲的衣服却打着补丁，作者的眼睛一直恋恋不舍地望着父亲。

生4：父亲黝黑的皮肤证明父亲平时工作辛苦。

师：让我们带着这些体会再读一读这句话。

〔课件展示〕————————————————————————.

这是我第一次真正心酸的哭，与在家里撒娇的哭。发脾气的哭、打架的哭都大不一样，是人生道路中品尝到的新滋味了。

人生百味，文中的"新滋味"是

（生齐读）

师：这个单元让我们去体会作者描写的场景与细节中的感情。我想吴冠中已经直接告诉了我们，当时他是深有体会的，他品尝到了"新滋味"。人生有百味，你认为文中的"新滋味"是一种怎样的滋味？

生1：心酸的味道。

生2：不舍的滋味。

生3：父亲挣钱不易。

师：你们的体会非常深刻也非常难得！因为现在的你们生活太幸福了，要去体会吴冠中的滋味确实很难。但是没关系，让我们再次回忆——是昨夜梦中的经历吧,我刚刚梦醒!醒来后,千般滋味涌上心头……

【课件展示】

　　住小客栈被叮咬,坚持要换客栈时,他明白了,父亲<u>再苦再难也要</u>

　　吃冷粽子受委屈,买了热豆腐脑时,他知道了,父亲<u>再苦再难也要</u>

　　亲手制作万花筒,获得童年玩具时,他体会出,父亲<u>再苦再难也要</u>

　　伏在父亲背上,趟过泥泞的山路时,他感受到,父亲<u>再苦再难也要</u>

（配乐,师生配合读,生依次交流感受）

生1:父亲再苦再难也要让孩子住得舒服。

生2:父亲再苦再难也要让作者吃饱。

生3:父亲再苦再难也要让作者拥有童年的快乐。

生4:父亲再苦再难也要送他去上学。

师:让我们带着这样的体会,一起来读。（配乐齐读）

【课件展示】

　　是昨夜梦中的经历吧。

　　醒来,枕边一片湿。

（生配乐齐读）

2.图文合奏,文画"联姻"

师:整篇文章在回忆中填满了如山的父爱,这一点我们有很丰富的体会。（板书:体会 思考）那么,请大家思考,为什么作者用了如此多的文墨去描写父爱，但他却非要强调画不出？

生：因为父亲的爱是通过许多细节体现出来的。

师：同学们，其实这里藏着一个绘画的秘密。所有画家在画图的时候，都在与心中的情境进行比对，所有丰盈的情感都是文字与画面难以承载的。不仅是吴冠中先生的作品，历史上有许许多多类似的情况，都是难以表达的。

[课件展示]

丰盈的情感，文字与画面难以承载

只恐双溪舴艋舟，载不动许多愁。

——[宋]李清照《武陵春·春晚》

例如，李清照的《武陵春·春晚》——"只恐双溪舴艋舟，载不动许多愁"。有时候想去但去不了，想说却说不出，想画又画不出，就是这种感觉。但这种感觉一旦留下文字展露出来，就是传世的经典，我们今天学的《父爱之舟》就是经典之一。

3.拓展体会，推荐阅读

师：这样经典的文章还有许多，比如杨振宁的《父亲和我》，朱自清的《背影》，当代著名作家赵丽宏的《挥手怀念我的父亲》，吴冠中的散文也已经结集出版了，有兴趣的可以读整本的《父爱之舟》，这些书值得我们慢慢读，细细品。

评析 这一版块的教学，教师设计得十分巧妙：让学生在父亲帮"我"铺床的绘画场景中读出父爱的细节；同时运用"场景代入"与"细节品读"，让学生将父亲的爱读得充实饱满。加之音乐渲染、画面想象，给学生带来真实的情感体验和认知的升华。

总评

　　情以物迁，辞以情发。《父爱之舟》是一篇情真意切的回忆性散文，字里行间氤氲着慈父的深情。作者吴冠中既是画家，也是散文作家。正如绘画讲究构图布局一样，他的《父爱之舟》也讲究布局谋篇，通过具体事情中的一个个特别的场景和细节，将父爱展现在读者面前。那么，怎样能将这艘年代久远的"父爱之舟"驶进学生心中呢？何老师执教的这节课，为我们提供了一些思考和方向。

　　1. 以评促学，对标学习内驱力

　　新课标指出"课程评价应准确反映学生的语文学习水平和学习状况""关注学生学习过程和学习进步""注重评价主体的多元与互动"，何老师在执教中，持发展的眼光看待学生的学习，以赏识激励为主，将评价嵌入"教"与"学"的全过程，生成可视化评价。用"看得见的赏识"反复触动学生，使学生生成持续学习的内部驱动力，让评价助力学习。

　　2. 分解目标，指向目标而学

　　教学目标是教师依据课程标准，参考教科书、教师教学用书和其他课程资源，按照所教学生的学情，为学生设定的预期学习结果。要完成教学目标，就要把目标分解成任务。上课伊始，何老师便让学生明确学习目标，并在执教中，以课程标准、学生情况、教材为依据，融合多元化的课程资源，稳步推进目标任务，在紧扣目标而教的同时，引导学生指向目标而学。

　　3. 朗读增色，提亮文本学习

　　学生通过阅读检索、默读以及预习时对通篇的阅读等各种形式的读，多次沉入文本，在读中体会描写中蕴含的情感。由于文章事件发生的年代距离学生有些久远，学生很难体会到吴冠中的心情，所以教师在执教时特别关注场景与细节，通过捕捉、体会场景中的细节，让学生琢磨、品味、提炼出文字蕴含的感情，参与生活、品味生活。

循文化根脉，审美韵所在

——统编版五年级下册《月是故乡明》课堂实录及评析

一、梳理文中月

1. 第一个挑战：读题目，品月味

师：同学们，这一课预习过了吗？我现在来考考你。敢不敢接受挑战？第一个挑战：读一读题目。

生：月是故乡明。

师：这个题目出自唐朝诗人杜甫的《月夜忆舍弟》。季羡林先生借用这一句诗，透过天上的明月，写了这篇散文。我们再来读读这个题目，看看你的嘴巴里有什么味道。

生1：我觉得那是思念的味道，他在月夜思念他的弟弟。

生2：我觉得也是思念，但他还在思念故乡。

生3：我觉得有点悲伤的味道，因为远离故乡，不见亲人，所以在那里独自思念，太冷清了。

师：你们太会品读了，一个题目，能结合诗人背景资料进行解读。这就叫"知人论世"。我们待会儿也要运用这样的方法学习。这篇文章不只题目，好多地方都藏着诗，现在翻开课文，快速找一找，找到一处，就举手。

生1：山高月小，三潭映月。

生2：月出于东山之上，徘徊于斗牛之间。

师：很完整。我们齐读这些诗句——

[📖课件展示] ——————————————————•

山高月小，三潭映月。

月出于东山之上，徘徊于斗牛之间。

————————————————————

2.第二个挑战：几件事？几处月？

师：季羡林先生不只写了诗歌中的月亮，还写了眼前的月亮。来，接受第二个挑战："我"想起来几件事？文中写了几处月？

生1："我"想起来在故乡粘知了的事。

生2："我"想起来在晚上看月亮的事。

生3："我"想起来在其他国家看月亮。

生4："我"还在北京的燕园赏月。

师：写了"熏粘知了、夜晚望月、异国思乡、燕园赏月"四件事，那么写了几处月亮呢？

生：写了"故乡月""他乡月""燕园月"三处月亮。

师：你是怎么发现的？

生：我发现欣赏月亮的地点在变化，所以我根据地点变化，找到了三处月亮。

师：通过把握地点变化来梳理月亮，这就是会学习，掌声表扬。

🔗 **评析** 这一教学片段，一是唤醒学生对略读课文导读提示的关注。二是初学多事件课文时，唤醒学生对梳理文章脉络的关注，学生便在勾连旧知中有熟悉感、安全感，这为后续的深入学习奠定了基础。三是在对文本进行个性化解读的过程中，无痕渗透品读文字的方法，有方向、有目的地将学生的实践活动立足于语文学科本位上。

二、聚焦"童年月"

师：季羡林看到的故乡之月是什么样的？齐读第4自然段——

课件展示

到了更晚的时候，我走到坑边，抬头看到晴空一轮明月，清光四溢，与水里的那个月亮相映成趣。我当时虽然还不懂什么叫诗兴，可觉得心中油然有什么东西在萌动。有时候在坑边玩很久，才回家睡觉。在梦中见到两个月亮叠在一起，清光更加晶莹澄澈。

（生齐读）

师：什么叫"相映成趣"？

生：就是天上有个月亮，倒映在水中，水里也有一个月亮，他们两个一起在夜晚，互相看看，好像在比比谁更美似的。

师：说得很有童趣。

生：季羡林看到的是散发清光的月亮，而且光芒晶莹剔透，就像是干净的水一样。

师：你已经解释了"晶莹澄澈"的意思。那作者在看月时，更多写的是什么？

生1：我感觉他没有在写月亮，写了很多"玩的"。

生2：更多的是写他数星星，粘知了。

生3：是的，我也觉得在场院数星星，在古柳下粘知了写的比他看月亮要多。

师：这些都是他看月时的活动，和月亮一起，留在他的记忆中。那么看月的那段回忆中，季羡林存放下的是什么？

生 1：我觉得是小时候的快乐。那些有趣的事情都是在月亮下做的。

生 2：是童年，欢乐的童年时光。那些事情，季羡林是在童年时和一群小伙伴一起做的。当时有月亮做见证，于是现在看着月亮，季羡林又想起来啦。

生 3：那段无忧无虑的童年。当时的他们是多么欢乐。不像《天窗》，在玩得开心的时候，总有大人出来打扰。《月是故乡明》里很少有大人打扰。

师：说得好，季羡林把自己的童心、童趣都存放在那段看月时的经历里了。那看月时，激发出来的是什么呢？

生 1：是一种萌动的东西。

生 2：是“诗兴”，第 4 自然段说了不懂什么叫诗兴，但有东西在萌动。说明季羡林当时不知道萌动的东西是什么，后来才知道是“诗兴”。

师：《诗经》里面有《月出》这样一首诗，第一句就是“月出皎兮，佼人僚兮”。这样写人，先写月，用的是一种诗歌创作手法“兴”，所以常常合起来称为“诗兴”。再次齐读这一片段，体会季羡林先生的“诗兴”。（课件展示）

生：（齐读）到了更晚的时候，我走到坑边，抬头看到晴空一轮明月，清光四溢，与水里的那个月亮相映成趣。我当时虽然还不懂什么叫诗兴，可觉得心中油然有什么东西在萌动。有时候在坑边玩很久，才回家睡觉。在梦中见到两个月亮叠在一起，清光更加晶莹澄澈。

评析 这一片段聚焦“童年月”，本意不在月，而在由月及人，由景到事层层延展到人，也就是季羡林回顾童年，到底在回顾什么。具体由一串问题链展开。学生的思维在问题链的激发下由“关注写景"转移到"关注写情",这就为后面学生理解季羡林借助三处月亮抒发复杂的感情种下了一颗种子,只待在教师的指引下,生根发芽。

三、对比"他乡月"

师:看故乡月时,季羡林心中涌现的是无限诗兴,那么,在看海外月时,季羡林在想什么呢?找一找,他乡之月在哪里?

生:在碧波万顷的大海中,在巍峨雄奇的高山上,在无边无垠的非洲大沙漠中,在风光旖旎的瑞士莱芒湖上。

师:这些地点的顺序能不能更换呢?我们读一读。

［课件展示］

在风光旖旎的瑞士莱芒湖上,在无边无垠的非洲大沙漠中,在碧波万顷的大海中,在巍峨雄奇的高山上,我都看到过月亮。这些月亮应该说都是美妙绝伦的,我都非常喜欢。但是,看到它们,我立刻就会想到故乡苇坑上面和水中的那个小月亮。

生:我觉得不能调换,前面两个是有实际的地方,后面两个按照从低到高的顺序。

师:是啊,它们是有顺序的,来,我们读一读。"在风光旖旎的瑞士莱芒湖上"看月亮,容易联想起张若虚的《春江花月夜》。

［课件展示］

春江潮水连海平,海上明月共潮生。——张若虚《春江花月夜》

生：（齐读）春江潮水连海平，海上明月共潮生。

师：在"无边无垠的非洲大沙漠中"看月，容易联想起王维的《使至塞上》。

［课件展示］

大漠孤烟直，长河落日圆。——王维《使至塞上》

生：（齐读）大漠孤烟直，长河落日圆。

师：在"碧波万顷的大海中"看月，自然关联着张九龄的《望月怀远》。

［课件展示］

海上生明月，天涯共此时。——张九龄《望月怀远》

生：（齐读）海上生明月，天涯共此时。

师：在"巍峨雄奇的高山上"看月，想到的就是李白的《关山月》。

┌─课件展示┐

明月出天山，苍茫云海间。——李白《关山月》

生：（齐读）明月出天山，苍茫云海间。

师：可是季羡林却说——

┌─课件展示┐

对比之下，我感到这些广阔世界的大月亮，无论如何比不上我那心爱的小月亮。

师：他乡之月究竟少了些什么？

生1：他乡之月少了亲情，他孤独、落寞，一个人在国外念书，没有亲人相伴，有点像当时在外地的杜甫。

生2：少了温暖，季羡林需要慰藉，需要安全感。这些景物都是很大的，但是越大，季羡林越孤单。

生3：故乡的月亮尽管很平常，但季羡林还是最爱故乡的月亮，"小"这个字有一种亲切和喜爱之情，就像"小家伙""小朋友"这些词一样。

师：你看，抓住这一处的"对比"，就能体会作者的思绪变化了。那么故乡的月到底寄托着作者怎样的思想感情？

生：思念家乡。

师：仅仅是思念家乡吗？

生 1：还有童年的纯真。

生 2：还有童年的那种欢乐，那种温暖。

生 3：他找到了陪伴，此刻季羡林不再孤单，因为有明月相伴。

师：是啊，对季羡林来说，故乡月总是非同寻常的，所以他说——

生：我的小月亮，我永远忘不掉你！

评析　第三版块聚焦"他乡月"，将具体的地点和相应的诗句联系在一起，既是以诗句为支架，帮助学生深入细致地想象画面，也是无痕渗透中华传统文化，培养学生高雅的审美情趣，积淀丰厚的文化底蕴，将语言积累和感情理解有机结合，形成复利效应，同时呼应第二版块。

四、关注"燕园月"

师：故乡，是否一定得是季羡林的老家呢？晚年的季羡林定居在北京大学的燕园，他一样可以看到中国的月亮。那么，燕园之月，有什么？

生：有学生，有热闹。

生：有季羡林的事业和荣耀。

生：有美丽的风景，因为这里有"茂林修竹，绿水环流"。

师：是啊，燕园有这些，有那些，有着太多，太多，而且季羡林用来描写燕园的文字也是诗意的。我们连一连，看一看它们都来自哪里。

生："茂林修竹"关联王羲之《兰亭集序》中的"此地有崇山峻岭，茂林修竹。"。

生："上下空蒙，一碧数顷"关联范仲淹《岳阳楼记》

中的"上下天光，一碧万顷。"

生："荷香远溢"关联周敦颐《爱莲说》中的"香远益清，亭亭净植。"

生："宿鸟"关联杜甫《无家别》中的"宿鸟恋本枝，安辞且穷栖。"

生："幽鸣"关联王籍《入若耶溪》中的"蝉噪林逾静，鸟鸣山更幽。"

生："良辰美景"关联汤显祖《牡丹亭》中的"良辰美景奈何天，赏心乐事谁家院。"

生："荷塘月色"关联朱自清的《荷塘月色》。

师：这么富有诗意的文字，就一个字——读。

课件展示

此地有茂林修竹，绿水环流，还有几座土山点缀其间，风光无疑是绝妙的。每逢望夜，一轮当空，月光闪耀于碧波之上，上下空蒙，一碧数顷，荷香远溢，宿鸟幽鸣，真不能不说是赏月胜地。荷塘月色的奇景，就在我的窗外。

师：此时季羡林身在燕园，拥有的太多，可他的心在哪里？

生：故乡。

师：为什么"拥有这么多"的季羡林，依然心在故乡呢？

生：因为他想要找回那些童年欢乐，那些美好时光。

师："精神返乡"是人的本能，他需要叶落归根，追根溯源。

评析 第四版块聚焦"燕园月"，何老师将季羡林的文字和原版的古诗文原文连线，是语言的连线，是感情的连线，更是思维的连线。在多重勾连中回归"故乡月"，思考季羡林老先生心中最珍贵的是什么，要的究竟是什么。回首来时路，生死亦坦途。这样的教学更能抵达季美林老先生的心灵家园。

 总评

何老师本堂课的教学设计以"月"为线索，以语言积累为教学主线，在多种形式的随文积累中，在"检索阅读——关联阅读——切身阅读"的三重奏中，遵循"以月寄意"的文化意脉，以进阶式的学习活动引导学生在一轮明月下进行美的探索。

1. 检索阅读

何老师以文题入手，引导学生提取文中的古诗文，将语言积累和课文学习结合在一起。学习任务以"接受挑战"的形式发布，极大地激发学生的挑战热情。

怀特海的教育节奏论指出，事情发展应当遵循"浪漫——精确——综合"的节奏，教育教学更是如此。一开始，没有直接进入课文的精确教学，而是通过情境引读、思辨感受的方式，一点一滴丰富细节，借助古典诗词体会诗中月，感受月亮的意蕴，从而带着对月的一腔情愫走进文本。在细节中，学生强化了对当前课堂学习情境的认识和体验，确保了课堂学习情境的真实。

2. 关联阅读

大城市的繁华和小家乡的朴素、大月亮与小月亮的对比很容易让人联想到课文《桂花雨》的学习经历，但这种对比手法的体悟需要关联阅读。于是，何老师提问"作者看到的故乡之月是什么样的？"这是关注眼前景，属于搜集信息层次。接着提问"看月时，更多的写的是什么？"是关注心中事，所写即所想，心里有了事。就有了情；随后提问"看月时，存放的是什么？"是关注月中情。有了前面两层的递进，学生能"说"，但要达到有理有据地表达清楚，还需要老师在师生对话中予以清晰的指导。最后收尾"看月时,激发的是什么?"引出诗歌创作手法"诗兴"。

融合学习,即时拓展,学生在"关联阅读"的过程中,真正和学习融为一体。

3. 切身阅读

新课标强调:"学生通过感受、理解、欣赏、评价语言文字及作品,获得较为丰富的审美经验,具有初步感受美、发现美和运用语言文字表现美、创造美的能力。"

散文阅读要在语言文字中走个来回,深切体会作者的个性化思绪。在"以己心悟他人心"的阅读中,切身体验是必不可少的一环。

何老师以关注学生的阅读感受入手,以切身体验进行精确品读,以言意兼得为综合提升,呈现了循阶而上的三层学习结构,旨在引导学生对文本进行切身体会,将文本理解和想象画面结合起来,并借助言语实践感受和鉴赏文字美。何老师还引导学生进行多维对比,带领学生沉浸到词句的感性世界,触摸词句的温度,挖掘词句的深度,回扣课题的理解,进行思辨活动,进一步强化学生对"以月寄情"抒情传统的认知,提升学生的思维能力。

《月是故乡明》始终有两个抒情形象:一个是小时候的季羡林,也可以理解为一直栖息在精神家园的那个"超我";一个是长大后的季羡林,是以理性客观的形象出现的,这一"本我"形象始终想回归精神家园,却无法得门而入。于是季羡林先生只好像千百年来的中国哲人一样,寄情于外物,又超脱于外物。这样的文本解读要落到实处,就必须借助相应的教学设计来展开。

何老师的设计,由浅入深,由物及人,借由《月是故乡明》这一课直抵季羡林老先生的精神家园,也是深受中国传统文化影响的一代人始终在思考的终极问题——心将归于何处。这一深刻的哲学问题,经过何老师的妙手,宛若庖丁解牛,自然展开,又无一不合大道之理。

品俗世奇人高超技艺，习人物描写创作方法

——统编版五年级下册《刷子李》课堂实录及评析

一、谈话导入 了解人物

1.交流谈话，初识人物

师：同学们课文预习了吗？那么谁知道为什么何老师今天穿一身黑来上《刷子李》？

生1：因为刷子李在刷墙的时候也会穿一身黑色的衣服。

师：他穿一身黑和我穿一身黑到底有什么关系？

生1：老师是为了让我们更好地走进课文的情境。

师：同学们，在她的发言中说到了"情境"，什么是"情境"？

生2：一个故事里面的情节。

师：有道理，请刚才说到"情境"的这位同学也来说说！

生1：情境就是今天何老师穿的这身黑衣服能让我们走进《刷子李》这篇文章。

师：于是，看到了我，你想起了谁？

生1：刷子李。

师：好的，同学们，请齐读课题——

生：（齐读）刷子李。

师：非常好，请问刷子李是什么人？

生：是一个粉刷匠。

2.结合文体，走近人物

师：课文中是怎么写刷子李的呢？请读——

[课件展示]

"刷子李"是什么人？

　　刷子李专干粉刷这一行。他要是给您刷好一间屋子，屋里什么都不用放，单坐着，就如同神仙一般快活。最让人叫绝的是，他刷浆时必穿一身黑，干完活，身上绝没有一个白点。别不信！他还给自己立下一个规矩，只要身上有白点，白刷不要钱。

（生齐读）

　　师：你觉得像刷子李这一类有特殊技能的人，要重点描写什么呢？

　　生 1：写他的动作、神态和语言。

　　生 2：写有关他粉刷的事。

　　师：对，重点写他高超的技艺。因为他的技艺一写出来，我们就会觉得这个人是行业中的领军人物。那他刷墙的本事究竟高超在哪儿？

　　生 3：他刷墙时，身上没有一个白点。

　　师：掌声鼓励！这一段中最大的一个点被他找到了。

　　生 4：他要是给您刷好一间屋子，屋里什么都不用放，单坐着，就如同神仙一般快活。

　　师：一间普通的小屋经过他一粉刷就成了什么？

　　生 5：像神仙住的洞府。

　　生 6：他还给自己立了一个规矩，只要身上有白点，白刷不要钱，这说明刷子李技术很高。

　　师：这也印证了中国一句古话"艺高人胆大"。看来刷子李是真的有这个本事！

3.明确目标

师：本单元的学习目标，我们一起来了解。（课件展示：学习描写人物的基本方法）

┌─[课件展示]────────────────────
╚╗

看清目标
学习描写人物的基本方法
高超的技艺
［写作内容］要写什么
［写作方法］要怎么写

────────────────────

（生齐读目标）

师：技艺高超的人，描写时有什么基本方法？也就是说，要写一个人的技艺高超，要写什么、要怎么去写，这是本课学习的两个主要内容。

评析 这一环节的教学看似朴实无华，实则匠心独运。执教中，何老师通过检查学生课前预习情况，让学生整体感知课文，初步感受刷子李的人物形象。抛出"如果我们要描写这一类人，重点写什么？"这一问题，在教学中让学生体会写"高超技艺的人"应该从哪些方面入手，在明确学习目标的同时，知道这篇文章的特殊性，为接下来的学习做铺垫。

二、对话文本　体悟写法

1.品味直接描写，体会如何表现技艺

师：刚才这段话是直接描写刷子李"高超的技艺"。还有一段话也是直接描写，你发现了吗？

[课件展示]

最直接的描写，让人过目不忘。

可刷子李一举刷子，就像没有蘸浆。但刷子划过屋顶，立时匀匀实实一道白，白得透亮，白得清爽。……只见师傅的手臂悠然摆来，悠然摆去，如同伴着鼓点，和着琴音，每一摆刷，那长长的带浆的毛刷便在墙面啪地清脆一响，极是好听。啪啪声里，一道道浆，衔接得天衣无缝，刷过去的墙面，真好比平平整整打开一面雪白的屏障。

（生找，生齐读）

师：同学们看这段直接描写，你觉得直接写了什么？

生1：写了刷子李刷浆时候的样子。

生2：刷子李刷墙时候的声音。

生3：刷子李刷完的那面墙平平整整。

师：没错，不仅写了自己的动作，还写了墙的变化。同学们请看，一起读一读——

 [课件展示]

写样子，写声音，写颜色，写感觉……

师：通过短短十分钟，我们学会了描写人物的基本方法——

生：直接描写。

师：除了直接描写之外，还可以用什么方法来描写？

生1：间接描写、侧面描写、正面描写、反面描写。

生2：细节描写、环境描写。

2.品味对比描写，体会如何表现高超

师：还有一种描写叫对比描写，你们学过吗？比如：为了显示这位同学的高大，请你推荐一位同学和他站在一起。

（引导学生找矮个子男生进行对比）

师：同学们，这就叫对比。写人的方式非常多，接下来，我给大家看一段非常简单却极为神奇的话，一、二读——

[课件展示]

高超的技艺

直接描写外，还有什么方法？

写同类对比

写他人评价

……

但这是传说，人信也不会全信。行外的没见过的不信，行内的生气愣说不信。

师：瞧，这是大家对刷子李的评价。请问，就这么一段评价算是好评吗？

生1：我认为这是好评，刷子李已经成为一个传说，说明刷墙技术炉火纯青。

师：掌声鼓励！他抓住的是"传说"，像是个奇迹。

生2：我觉得不是好评，行内的人都不信，证明他的技术不是很好。

师：他说的有道理吗？谁来劝说他？

生3：这是一种反面描写，"行内的生气愣说不信"，说明他们可能见过刷子李刷墙，有点嫉妒他。

师：你说出了一个关键词。那我考你一个字，行内的愣说不信，这个"愣"字说明什么？

生3："愣"字说明行内能的人很嫉妒刷子李的技艺高超。

师：不仅是嫉妒，刷子李的威名早就在行内传遍了。他们心知肚明，但是嘴上却怎么说？我们请几位同学一起来演一演，看

看这些人会"愣"是怎么说。（创设情境合作表演）

生1：刷子李，你的技术肯定没有那么高超，肯定是吹牛的。

生2：刷子李，你刷墙一定有帮手在帮你。

师：有更狠一点的同行吗？同学们，今天是粉刷行业大会，本来要讲粉刷技术，居然聊起了刷子李，那个人啊……

生3：那个人啊，听说他刷一间屋子，身上一点白点都没有，我觉得肯定是假的，一定是谣传！

生4：都说刷子李粉刷技术很高超，我觉得肯定是有人帮他。

生5：那个刷子李技术很差，还说自己技术高超，来抢我们饭碗。

师：行业协会副会长总结发言道，同学，请你说——

生6：刷子李有高超的技术，肯定是假的，他一定用了很多钱贿赂别人，帮他造假宣传。

师：这就叫"愣说不信"！

3. 品味文字，体会优秀的文字表达高超

师：写人，除了方法，最重要的就是文字。作家冯骥才对文字要求很严格，他曾经自述过这样的观点，我们再来看看作家是怎么说的。

课件展示

我非常考究文字，尤重单个方块字的运用，决不是一写一大片。故而我修正的遍数许多。

——冯骥才自序

冯老的《俗世奇人》，阅世即阅人。那些小人物的浮世悲欢，酸甜苦辣，虽着墨不多，但让人过目不忘，值得再三拜读。

——莫言

不管写什么，怎么写

语言，都是要非常讲究的！

师：同学们，你们体会到了吧，这样的文章是一个字不能少，一个字不能多。这叫"增一分显肥，减一分显瘦"。

师：我们一起来读下面这段话，几处灰色的地方是本课的生字，同时，你是否发现了如冯骥才所说的"值得再三咀嚼"的词句呢？

课件展示]

【任务】

阅读时，哪些语句让你过目不忘，再三回味？

穿上这身黑，就好像跟地上一桶白浆较上了劲。

每一面墙刷完，他搜索一遍，居然连一个芝麻大小的粉点也没发现。

他真觉得这身黑色的衣服有种神圣不可侵犯的威严。

完了，师傅露馅儿了，他不是神仙，往日传说中那如山般的形象轰然倒去。

这时候，刷子李忽然朝他说话："小三，你瞧见我裤子上的白点了吧？你以为师傅的能耐有假，名气有诈，是吧？傻小子，你再仔细瞧瞧吧——"

刷子李看着曹小三发怔发傻的模样，笑道："好好学本事吧！"

生1：在"神圣不可侵犯"那一处确实让我感受刷子李粉刷本领强，确实是实实在在地刷得好，没有粉点落在衣服上！

师：即便他从事的是粉刷这个行业，只要技术足够高超，也会让人感到"神圣不可侵犯"。

生2：让我印象最深的是"轰然"，这个词可以看出曹小三以往对师傅的崇拜。

师：所以倒下的时候才像大厦崩塌一样——

生：轰然。

师：倘若我们在台上要表演"轰然倒下"这种状态，谁能堪当此任？

（生作突然倒下状）

师：同学们，今天我们学习了描写人物的基本方法——

生：直接描写、间接描写、对比描写、正面描写、反面描写。

师：当你用了各种方法后，人就写活了，这故事中的人在老百姓的心中，就是一个又一个的传奇！

⟲ 评析 "情境"系新课标中的高频关键词。基于情境的学习是落实素养立意的课程改革的关键条件。这一环节，何老师基于学生阅读的真实感受，创设问题情境带着学生对话文本，围绕刷子李的技艺高超展开充分交流。在学习描写方法的同时，兼顾"交流平台"中的"从周围的人、事、物去描写人物"的方法，体会"评价"背后的写作技法。

三、探讨虚构　印证写法

1.从传奇入手，了解虚构

师：其实，本课和本单元别的课不同，还有一个特别的写法，也是本课最厉害的写法。那就是，作者不仅将《刷子李》写成精巧独特的文字，更写成了口耳相传的故事。而这样的故事，在码头、茶馆、街巷，一个传一个；故事中的人，在老百姓的心中，就是一个又一个——传奇。

师：作家冯骥才自己在接受采访时也是这样介绍的。请大家阅读以下的拓展材料。

课件展示]

学习描写人物的基本方法
高超的技艺

不仅写成精巧独特的文字

更写成了口耳相传的故事

这样的故事，在码头、茶馆、

街巷，一个传一个

故事中的人，在老百姓的心中

就是一个又一个

在古代，故事不叫故事，叫"传奇"。

如果你没有什么奇的东西，大家也不会口口相传。

传奇离不开虚构。故事里人物的性格命运可以虚构，情节可以虚构。虚构要有厚实的生活做基础。没有这个基础，虚构就没有条件。

——冯骥才受访，介绍创作经验

传奇

（生阅读材料，了解故事，了解传奇）

2.推断"刷子李"的真实性

师：探索传奇故事中的虚构的写法，我们先来做个推断——同学们，你们是不是觉得刷子李很神奇？你觉得生活中真有刷子李吗？

生1：有，因为在那种时代，很多人需要维持生计，在这种情况下他们就会锻炼出好的技术，才能赚更多钱养活自己和家人。

师：掌声鼓励！她说了一个人生哲理，今天这个时代我们看不到刷子李，那是因为现代化、快节奏。但在那个时代，人们是慢生活，是精益求精、注重工匠精神的追求，所以刷子李永远生活在和我们渐行渐远的时代，是不是这样？

生：是的，在以前的那个年代，有许多技艺精湛的劳动人民。

师：同学们请看，其实到底有没有刷子李很难说，冯骥才本人也说，这就是一个传奇。那请一起回答，传奇是真还是假？

生：是假的。

3. 推断情节的虚构

师：同学们，冯骥才先生说传奇离不开虚构，既然刷子李已成为一种传奇，那么这个故事中哪些情节可能是虚构的？来吧，请说出你的猜测。

生 1：我觉得是刷子李刷了墙后身上既没有白点，墙面也是干干净净的，这是我们现在的人很难做到的。

师：也就是说，你对这一身黑衣有想法。

生 2：我觉得刷子李一举刷子就像没有蘸浆，这样高超的技术是虚构的。

师：你看，在这个故事中我觉得有至少三处。

[课件展示]

一身黑衣 ⬅ 赋予一身特别的装扮
（突出写，读者也觉得不可思议）

曹小三 ⬅ 安排一个见证人
（侧面写，读者也得到验证）

小破洞 ⬅ 设计意外的结局
（重点写，读者也感到惊讶）

自由自在
的神秘人 ⬅ 使用旁观者视角
（自如写，读者也如在现场）

师：你有没有发现最后的"小破洞"也是一个奇怪的情节？

生：烟把裤子烧破了一个洞，但是里面还有一条白衬裤，既然烟把外面的裤子都烧了一个小破洞，那为什么没有把里面的裤子烧到呢？

师：掌声鼓励！因为抽烟的人一旦烧了洞，就会不止烧一层。同学们，请问"一身黑衣"倘若是虚构的，那么虚构的意义在哪儿？

生1：刷白墙，却穿黑衣，是为了凸显刷子李技术很高超。

师：故意安排曹小三意图在哪里？

生2：安排曹小三是为了让他跟着师傅去刷浆，看到师傅技术高超。

师：把故事中的曹小三去掉，你觉得好不好？

生3：不好，因为一般技术高超的人都有徒弟，刷子李有徒弟证明他的技术也很高超。

师：也就是一个好汉三个帮，要有人帮衬着，曹小三就是用来见证奇迹的。

生4：曹小三的心理活动是本文的叙事线索，他的心理活动推动了情节发展，并且突出他师傅名副其实。

师：一条线索，原先不相信，后来去看看，然后发现了一个"白点"，最后彻底佩服。

生：他的心理是一波三折的。

师：也就是说之前写得太顺，现在来一个什么？

生：一波三折的情节。

师：没错，太平常不叫故事，有点意外才叫传奇。同学们，这篇文章还有一个最厉害的写法，就是"用旁观者的视角"。至今为止不知道是谁在写这篇文章，是冯骥才？是曹小三？是刷子李自己？是那房间的主人？或者是他的同行？同学们，这就叫旁观者视角。

🔗 **评析** 小说来源于现实，小说需要虚构。本环节的教学从传奇入手，推断"刷子李"存在的真实性，推断可能虚构的情节，进而提出本课学习的精炼写作技法——情节的虚构。这是写技艺高超这一类人的专属写法，也是本课最具特殊性的学习结果。在"一收一放"中，学生阅读的感受力和思维力得到了大幅度的提升。

四、课堂回顾　推荐阅读

1. 回顾写作方法

师：同学们，今天我们学习描写人物的基本方法，学到了两个版块。

〔课件展示〕

看清目标

学习描写人物的基本方法

直接描写 间接描写 对比描写	情节的 **虚构**

师：第一个版块叫——

生：直接描写、间接描写、对比描写。

师：第二个版块——

生：情节的虚构。

2. 推荐课后阅读

师：这是一本好书，齐读书名——

课件展示

生：（齐读）俗世奇人。

师：这本书里有许多有意思的人，张大力，黄金指，泥人张，刷子李……同学们看过吗？没看过的将"终生遗憾"，那么我们下课去做什么？

生：看《俗世奇人》。

师：最后，老师把这句话送给大家，一起读——

课件展示

读一段传奇故事
感受一份民俗文化

（生齐读）

师：同学们，再见！

评析 新课标中提到"从阅读策略层面看，整本书阅读有助于学生迁移运用在单篇阅读中习得的浏览、略读、精读等阅读方法……"课程标准重视整本书阅读，鼓励学生将单篇学习的技法迁移运用到整本书阅读中，让阅读从课内走向课外。这一环节的教学，何老师通过回顾本课所学的习作方法与推荐阅读《俗世奇人》，鼓励学生读传奇故事，感受民俗文化，将课内学习延伸到课外，提高学生的整体认知，丰富其精神世界。

总评

名家冯骥才的《刷子李》是公认的经典。这样的经典有着某种极致的完美，能给学生带来极佳的习作示范。但是，每一篇经典文章的背后都是无数次写作的积累，是作家写作思维力的体现，更是写作技法的运用自如。那么，如何能够缩短学生与名家的距离，让学生真正走进经典，学习写作技法呢？何老师的这节课给我们提供了一些思考和方法。

1. 写法统领整课教学

《刷子李》是统编教材五年级下册第五单元的第二篇课文，本单元是习作单元，而习作单元中无论是阅读课文还是习作例文，它的教学目标和方向都是非常集中的，是为了让学生结束本课的学习之后，能够运用习得的写作方法自由地完成单元习作。因此何老师在执教中以课文为写作样板，用写法统领整课教学，将单元习作教学目标"学习描写人物的基本方法"的提炼渗透在教学的每一个环节。

2. 写作思维贯穿全程

孙绍振教授说过，写作从来不是作者的独语，写作是具体的目的性、功能性的活动行为，而写作思维就是在写作活动中形成的、适应写作活动所需要的一种表现思维。何老师的课堂一贯注重学生思维的提升，本课的教学在直指习作教学目标的同时，引导学生关注作者的写作思维力。教学中，注重提取精炼知识，通过交流碰撞思维火花，让学生明白作为故事的"刷子李"是如何通过虚构，实现口耳相传的。从不同角度理解和关注文章内容，让本课的教学价值远远大于一望便知的"直接描写""侧面描写"等标签化的概念获取，本文的精湛更仰仗于文章内部的写作思维力。

3. 细节体悟为写续航

潘新和教授说过，"读"就要指向终极目标"写"。在本课的教学中，何老师让学生从如何写"高超"，如何写"技艺"等方面，细致了解作者的写作方法，为单元习作搭桥铺路。习作技法的提炼不仅体现在教学环节中，更体现在文本解读的细节中。例如，在品读"神圣不可侵犯""轰然"等词句时，何老师带领学生通过旁观者见证人的角色，让学生明白用上直接描写、间接描写等方法就能够把人物写活。何老师的课堂注重在课文的细节中体悟习作技法，引导学生在读懂课文的同时，以课文为支架，学习写作技法，为单元习作续航。

巧"剥洋葱"，具化思维

——统编版五年级下册《田忌赛马》课堂实录及评析

一、呈现目标"洋葱" 明晰思维纹理

1. 亮出目标

师：同学们，我是何老师，今天我和大家上一节课，课题就是《田忌赛马》。咱们今天学习的重点是要完成一个非常清晰的学习目标，请把学习目标读一读。

[课件展示]

看清目标

了解人物的思维过程，加深内容的理解。

（生齐读）

师：这节课的好玩之处就在于这两个字——思维。当我们了解它之后，所有的表达都会与众不同。（师板书：思维 表达）因为了解了思维之后，我们能加深对故事的理解，更懂得人物，更懂得故事。这是很难的，因为思维有一个特点，谁知道？

生：思维的特点就是你要对一个事物比较了解，才能在脑子里想到它的意思。

师：这位同学说的一个很关键的点是，思维是在脑子里想的。比如说，现在何老师脑子里在想什么，你来猜一猜。

生：我猜不到。

师：猜不到就对了，这就是思维有趣的地方——他人的想法很难被猜到。由此可见，要去了解他人的思维，难度系数非常高。

2. 了解人物

师：同学们，我们来挑战一下。今天我们要了解的故事是《田忌赛马》，让我们先从了解人物开始。故事中总共有三个人，第一个叫齐威王。

[课件展示]

齐威王，战国时期齐国第四代国君，以善于纳谏用能，励志图强而名著史册。

师：他是齐威王，齐国第四代国君，以"善于纳谏用能，励志图强"而名著史册。请用一句话评价齐威王，你感觉这位大王怎么样？

生1：我觉得他是一个贤明的君主。

生2：我觉得他是一个大度的人。

师：非常好！我们再来看看田忌。

[课件展示]

田忌，齐国大将。与孙膑合作，获"围魏救赵"大胜。

师：田忌是齐国的大将，他和孙膑合作获得过一场大战的胜利，这场大战就叫——"围魏救赵"，谁读过这个故事？

（生简单讲述"围魏救赵"的故事。）

师：棒！第三位是——孙膑。

[课件展示]

孙膑，孙武后代，战国时军事家。受同窗庞涓迫害，遭膑刑。后至齐国，齐威王任命其为军师，辅佐田忌，奠定了齐国的霸业。撰有军事学名著《孙膑兵法》。

师：孙膑是个军事家，他遭遇了膑刑，膑刑就是把膝盖骨剔除。虽然如此，他还写了一本书叫——《孙膑兵法》。

🔗 **评析** 教学目标是构建课堂教学活动的灵魂，所有的教学策略都必须围绕教学目标展开设计。何老师在上课伊始就亮出目标，引导学生理解目标要素，方向明确，使学生的学"有标可依"。了解人物的思维，首先要了解人物，何老师在学习课文前先让学生了解人物的身份和性格特征，不仅为学生提供了一扇窥视这场赛马的窗口，而且为后面思维过程的梳理埋下伏笔。

二、"剥"开故事外衣 剖析思维过程

1.创设情境，推测赛马结局

师：接下来，我将带大家一起看一看当时比赛的情况，齐读——

生：（齐读）田忌经常同齐威王及贵族们赛马。孙膑看了几场比赛后发现，大家的马脚力相差不多，而且都能分成上、中、下三等。

师：同学们，假设你是现场的大臣、贵族，请你猜测这样的比赛谁将获胜。你先猜，说出理由。

生1：我觉得是齐威王赢。因为他是皇上，选来的马一定是最好的。

师：她觉得齐威王会赢在地位上。

生2：我觉得田忌会赢，因为齐威王是个大度的人，不会因为自己是王，一定要赢。

生3：我觉得田忌会赢，因为田忌是将军，武艺会比齐威王厉害。

师：这是赢在技术上。好的，这都是你们的猜测。

2.比对结局，探究背后思维

师：可是结果是这样的。我跟大家一起读，我读黑色字，你们读灰色字，我们一配合，要像一个人读的。

☞[课件展示] ——————————————————————•

之前的比赛

田忌经常同齐威王及贵族们赛马。孙膑看了几场比赛后发现，大家的马脚力相差不多，而且都能分成上、中、下三等。

相约的比赛

第一场，田忌先用下等马对齐威王的上等马，齐威王的马遥遥领先。田忌输了。

第二场，田忌用上等马对齐威王的中等马，胜了第二场。

第三场，田忌用中等马对齐威王的下等马，又胜了一场。

比赛结束了。田忌胜两场输一场，赢了齐威王。

————————————————•————————————————

（师生合作读）

师：总的比赛是谁赢？

生：田忌。

师：大王，你怎么看？

生1：田忌有了孙膑，才赢的，我输了都怪孙膑。

师：实际上，同学，你把问题想简单了，请看板书，读一读，今天的板书关键词——

生：思维。

师：想好了之后再——

生：表达。

师：正确，你们看，这个结局是田忌获胜，对于田忌来说，这个结局完美吧？

生：完美。

师：这个结局一定是有前提条件的，我举个例子。前提一，他们赛马，马分三等，而且脚力差不多，所以田忌有获胜的可能。来，看看我们班能说出几个前提，要求是必须跟别人不一样。有想法的同学都到我这里来集合，发表观点！（生纷纷上台）

生1：前提二，孙膑是个善于观察、勤于思考的人，他看了很多场比赛，很了解齐威王的出马习惯。

师：对，知人知马才能赢。

生2：前提三，大王得和田忌一起赛马，同时大王是一个大度、说话算数、亲切之人。

师：大王和臣子一起赛马，这是个好大王。所以你赢了这样的大王才不害怕被惩罚。

（其余略）

评析 这一版块，为了拉近学生和文本的距离，何老师根据课文的特点，创设回到赛马现场的教学情境，以教材中的文字作为学习支架，让学生对赛马结果进行猜测。学生猜测完毕后，紧接着出示比赛的结局，验证学生猜测，让学生在假设——检验中，对文本有进一步的加工和理解，达到层层剖析人物思维过程的效果。这一系列阅读策略的使用，不仅大大提升了学生对文本的参与度，更营造了一种激发学生思考的、高含金量的思维学习场。

三、"剥"开事件经过　深入思维内核

1.演绎对话，揭开思维奥秘

师：现在，我们一起去听听中场的对话。

[课件展示]

读一读对话

一天，孙膑对田忌说："将军，我有个办法，保证能让您在赛马时获胜。"

田忌问道："你是说换几匹更好的马？"

孙膑说："一匹也不用换。"

田忌有些不明白："那怎么能有赢的把握呢？"

孙膑胸有成竹地说："将军请放心，按照我的主意办，一定能让您赢。"

田忌很信任孙膑，决定全听他的。

师：你发现了吗？这段话中有两个人在说话，田忌说的话和孙膑说的话后面标点符号不一样，谁发现了这个奥秘？

生：田忌都是问号，孙膑都是句号。

师：问号代表？

生：疑惑。

师：一个人说话都是句号的时候，说明什么？

生：胸有成竹。

师：我们来分一分角色读书，这三排，你们读孙膑的话，要胸有成竹的，有底气的。这三排，你们读田忌的话，要读出疑惑。

（师生分角色读）

师：你们看，两个标点符号帮助我们思考，一个人胸有成竹，一个人疑惑满满，正符合他们俩的特色。好的，中场的对话暗藏玄机。我们再来读一读这段话——

┌─ 课件展示 ┐─────────────────────────────

比赛双方摩拳擦掌，跃跃欲试。观众们也兴致勃勃地猜测着比赛结果。就在这时，孙膑把田忌请到一边，悄悄地把办法告诉了他。

（生齐读）

师：眼尖的小伙伴们，孙膑是怎样告诉田忌？

生：悄悄地。

师：此处大有玄机。孙膑到底会给田忌出什么主意呢？请拿起笔，课后有道练习，请你根据课后练习，排兵布阵，连连看。

（学生连线并核对答案）

师：接下来有一个特别可怕的任务，谁敢来接？

（学生上场）

师：这个任务就是我们把他们的悄悄话演出来。

（师生合作表演）

师：哎呀，又要赛马了，烦恼啊！

生：主公，我有个办法能让您在赛马的时候获胜。

师：哦？小声点说，以防隔墙有耳。

生：据我前面观察，我发现齐威王前面的出场顺序都是让上等马先出。

师：这还用你说？我也知道。

生：待会儿齐威王上等马出场的时候，您就用下等马。

师：简直一派胡言，这样我不就输了吗？

生：您别急，还有两场。第二场齐威王肯定会用中等马，这时候，您就用上等马，这样就一定会赢。

师：慢一点，你给我解个数学题，捋一捋。这样一来？

生：这样一来，您赢一场，齐威王也赢一场。

师：说下去！

生：最后一场，齐威王只剩下等马，这时候你就用中等马对战，又可以赢齐威王一场。三场比赛，您赢两场，输一场，最后您就是赢家。

师：好，没白培养你！（笑声四起）

2. 辨析赢家，加深课文理解

师：我们来看看赛后发展，一起读！（课件出示）

生：（齐读）田忌如实相告，并引荐了孙膑。后来，齐威王任命孙膑为军师。

师：这是故事的结局，在《史记》中是这样写的，请读——

生：（齐读）忌进孙子于威王。威王问兵法，遂以为师。

师：谁来翻译？

生：田忌如实相告，并引荐了孙膑。齐威王向孙膑请教兵法，觉得孙膑精通兵法，所以齐威王任命孙膑为军师。

师：那个时候精通兵法意味着什么？

生 1：战争胜利。

生 2：国泰民安。

生 3：统一六国。

（其余略）

师：同学们，课上到这里，我追加一个问题，你觉得这三个人，谁才是真正的大赢家？谁有想法到这里集合。（生纷纷上台）

师：规矩照旧，同学们一人一句，你听到跟别人一样的理由，就自觉下台。好，谁是真正的大赢家？

生 1：我觉得是孙膑，他成为了齐威王的军师。

师：赢得了一份工作。

生 2：我觉得是齐威王。他得到了一个好军师。

师：得到一个人才。

生3：我觉得是田忌，就比赛而言，他获得了赛马的胜利，还有奖金。

生4：我觉得三个人都是赢家。就像他们说的，齐威王获得了一个军师，孙膑获得工作，成为了军师，田忌获得了一个好帮手，还获得了金钱。

师：这个人的特长是会听课。掌声鼓励！所有人都是赢家，这就叫合作，争来争去，吵来吵去，只有两败俱伤，然而合作却能——（出示课件）

生：（齐读）合作共赢，皆大欢喜。

评析 表演能直观地再现学生对故事情节的思考，何老师引导学生选择角色再现了"中场对话"。学生构思对话的过程就是分析人物思维的过程，这样的设计将看不到、摸不着的思维变得可视化、具体化。接着，何老师趁势追问："谁才是真正的大赢家？"一石激起千层浪，这个开放式的问题给予了学生充分的思维碰撞空间，学生在对所有可能的情况进行评论的同时，加深了对人物形象的理解。

四、复原"围魏救赵" 验证思维成果

师：好了，同学们，我必须拿出杀手锏了，让我们一起穿越到公元前300多年的古战场，来一次思维之战。谁敢接招，变身孙膑？（出示地图）

师：魏国进攻赵都邯郸。先生，请看，我齐国该当如何？

生：大王，我觉得应该去帮赵国，因为从现在的形势讲，如果魏国攻打赵国，并且攻下赵国，那么我们齐国就会远远逊色于魏国。

师：可是先生你看，我国在这里，要是我们挥师北上去协助赵国的话，恐怕长途跋涉于我军不利。

生：这个好办，我们只要派兵马去攻打魏国首都，不怕他们不回来支援。

师：此话怎讲？

生：我们派兵马去攻打魏国的首都，这样他们的大部队就会从赵国回来支援。

师：是的，唇亡齿寒，我们今天救赵国，实际上是？

生：是在救我们齐国。

师：掌声鼓励。好了，一起读——

生：（齐读）君臣三人，携齐国将士，一起写下历史上不朽的一章。

师：《围魏救赵》和我们今天学的《田忌赛马》都被记载在《史记》当中。这两个故事都包含了两个关键的元素，一起读——

生：思维，表达。

师：不管是《围魏救赵》还是《田忌赛马》，他们靠的是什么？

生：策略，思维。

师：这节课上到这里，下课！

评析 新课标强调教学要让学生在实践中实现迁移应用，实现核心素的培养与验证。美国学者福格蒂在前人研究的基础上提出了高阶思维的五大维度，"迁移思维"便是五大维度之一。因此，素养导向下的高阶思维课堂必然要培养学生的迁移应用能力。何老师创设"魏国攻打赵国，赵国向齐国求救"的历史场景，引导学生代入孙膑的角色，出谋划策，使学生在具体的情境任务中，自主迁移运用本节课学到的思维能力，从而促进高阶思维与核心素养的养成。

总评

本课的教学目标是"了解人物的思维过程"。这个教学目标对于学生来说难度大，对于老师的教学设计要求更高。如何理解"思维"？对于"了解思维"如何作深度加工和呈现？何老师执教的这节课，采用"剥洋葱"的方式，层层深入，将看不见、摸不着的"思维"具象化，从而辅助学生切实达成目标。

1. 知识重组，明确学习目标

学生在学习的过程中，需要调取大量的"已备知识"，如果这些知识以杂乱无章的状态存在于大脑中，会不利于学生探究新知识、发展思维、提升学习能力。相反，良好的知识结构可以培养学生的"结构化思维"，有利于学生在知识不断建构的过程中建立逻辑关系，促进学习迁移，达成学习目标。本课教学，何老师就为学生建立了一个良好的知识结构。上课伊始，何老师率先把"洋葱"——教学目标展示给大家，并引导学生初步理解"思维"这一要素，让每一个学生对于亲自完成任务形成一种"实践期待"。接着，何老师以目标为基点，有意识地将赛马结局、赛马的发生过程、思维的推导过程、思维的展示过程进行关联重组，使之共同指向思维目标，相互联系、相互印证。学生在这种重构过程中将知识勾联成线，编织成网，实现了对知识的深层理解与迁移。

2. 情境创设，分解学习任务

新课标强调："加强知识学习与学生经验、现实生活、社会实践之间的联系，注重真实情境的创设，增强学生认识真实世界、解决真实问题的能力。"创设适宜且有效的课堂教学情境，能发挥课堂教学促进学生核心素养发展的内在功能。何老师就为学生创设了大臣猜赛马结局、化身人物演绎文本对话、回到战场解决赵国危机等情境，引导学生反复阅读文本，思考人物思维过程——"前提是什么""如何操作""结果怎样"，层层剥开，细化思维，形成一个系统的、有结构的、有逻辑的完整学习过程，真实地促进了学生思维能力的提升。

3. 学评一体，促进学习内化

华东师范大学崔允漷教授提出"教学评一致性"的理念。这个理念有三个核心要点：目标、持续性评价、结构化的学习活动。其中"持续性评价"指的是使用各种方法收集学生达成学习目标的证据，从而了解教与学的效度。何老师执教这篇课文时，对应学习目标，巧妙设计评价任务，并将评价任务嵌入教学全程。

精准设置学习支架，有效提升学习能力

——统编版六年级上册《桥》课堂实录及评析

一、强化文本 厘清学习目标

师：今天我们来学习《桥》。这个单元有一个很重要的学习目标，一起读——

 课件展示

> 读小说，关注情节、环境，感受人物形象。
>
> 情节
>
> 环境
>
> 人物

生：（齐读）读小说，关注情节、环境，感受人物形象。

师：读得非常好，但关键的三个词可以读得果断，读得铿锵有力，再来一次。

生：（齐读）情节、环境、人物！

评析 课堂没有"穿靴戴帽"的导入，而是开门见山，直截了当，抓住小说文体的核心三要素，引导学生厘清本节课的学习目标。教学目标是教学设计的起点，也是教学的出发点和归宿，因此学生的学习也是一样，也要精准厘清学习目标。

二、关注人物 品悟立体形象

1. 追问，多重角度理解人物

[课件展示]

> 一部微型小说
> 全文 513 个字，27 个自然段
> 最短一段 7 个字
> 鲜明的形象
> 【例】那位老汉，村党支部书记
> 模糊的群像
> 【例】村民、小伙子、老太太……
> 老汉，到底是什么样的人？

师：从小到大，我们对人物最熟悉，现在六年级才第一次关注到"情节"，所以，今天我们把学习的顺序颠倒一下，先来关注"人物"。这是一部非常典型的微型小说，全文 513 个字，却分了 27 个自然段，而且，最短的一段只有 7 个字。就这样短短的一部微型小说，其中有一个非常鲜明的人物，是谁？

生 1：老汉。

师：文中的"老汉"还是什么？

生 2：是他们村的党支部书记。

生 3：是一位父亲。

生 4：是全村最勇敢的人。

（其余略）

师：你们比何老师厉害，因为我只说了两重，一起读——（课件展示）

生：（齐读）那位老汉，村党支部书记。

师：你在故事中还读到了哪些人？他们甚至连名字都没有，只有一个代号。

生1：党员、小伙子。

生2：村民、老太太。

师：同学们，一起读——（课件展示）

生：（齐读）村民、小伙子、老太太……

师：请问，在你们读了这么多遍之后，那位老汉究竟是一个怎样的人？

生1：他是村民心中德高望重的老者。

生2：一心为他人着想的共产党员。

生3：我感觉他是为了自己心中的一种执念而敢于大义灭亲的人。

师：我有两个不理解，第一，什么叫"执念"？

生3：就是他心中觉得自己是党员就应该为人民服务，不管是自己的什么关系，都要先为人民服务。

师：很执着的信念对吧？第二，"大义灭亲"这个词，是褒义词还是贬义词？

生3：我觉得应该是褒义词，因为那位老汉觉得人民的生命比任何都重要，他把人民看得比亲人还重要。

师：同学们，"大义灭亲"这个词其实无所谓褒义、贬义，关键看对象是谁。倘若单纯说"大义灭亲"，是褒义还是贬义？

生：贬义。

师：倘若和人民的利益放在一起，褒义还是贬义？

生：褒义。

师：掌声鼓励。

2.朗读，品悟人物不同形象

师：接下来，我来考核下我们班的朗读水平。我来领读，请要注意，你们只需要读整部小说中老汉说的这几句话。但是你们的读法要和我融为一体，像是一个人在读，好吗？

（课件展示课文，师生共读全文）

课件展示]

【任务】

老师领读，同学们根据理解读好"老汉"说的话。

师：课后习题向我们提出了学习要求，请读一读。

课件展示]

这篇小说写了一位怎样的老支书？找出写老支书动作、语言、神态的句子，结合相关情节说说你的理解。

（生齐读）

师：你看，找的是哪三方面？

生：动作、语言、神态。

师：同学们，这部小说人物的动作、神态，基本融合在他说的这四次话中，唯独有一处是独立描写老汉外形的，请找出来，读一读。

生：老汉清瘦的脸上淌着雨水。他不说话，盯着乱哄哄的人们。他像一座山。

师：是的，全文就这一处。你心中对老汉的形象是否更加明确？我们来朗读老汉所有的发言，你会更加明晰这是一个怎样的老汉。特别注意提示语，请看第一处的提示语，叫什么？

[课件展示]

1. 老汉沙哑地喊话："桥窄！排成一队，不要挤！党员排在后边！"

2. 老汉冷冷地说："可以退党，到我这儿报名。"

3. 老汉突然冲上前，从队伍里揪出一个小伙子，吼道："你还算是个党员吗？排到后面去！"老汉凶得像只豹子。

生：（齐读句1）沙哑地喊话。

师：怎么读才能模拟出当时的真实情况？这位女生，请试试看。老汉沙哑地喊话——

生：桥窄！排成一队，不要挤！党员排在后边！

师：掌声鼓励，有一点喊话的状态了。注意，这句话要从桥头传到桥尾，要从村头传到村尾，所以声音要有穿透力。我们全班一起试一试。

生：（齐读）桥窄！排成一队，不要挤！党员排在后边！

师：第二句该怎么读，请看提示语。

生：（齐读）冷冷地说。

师：读！

生：（齐读）"可以退党，到我这儿报名。"

师：第三句，请看提示语，心中有数了吗？"老汉突然冲上前，从队伍里揪出一个小伙子，吼道"——

生：（齐读）你还算是个党员吗？排到后面去！

师：非常好。后面还是一句吼。"老汉吼道"——

生：（齐读）少废话，快走。

师：同学们，关注小说中语言描写的提示语后，人物的形象是不是更好理解了？他的形象究竟怎样？

生1：我觉得他很正直。

生2：他是一个很沉稳的人。

生3：他是一个心中装着他人的人。

3. 对比，辨析人物描写差异

师：那我们来看看这一课——《穷人》，整页整页的对话，几乎没有提示语，你还记得当初读《穷人》时桑娜的品格吧？没有提示语，人物的形象为什么也在你心中立起来了呢？

〔课件展示〕————————————

　　"不，没有人！天啊，我为什么要这样做？……如今叫我怎么对他说呢？"……桑娜沉思着，久久地坐在床前。

　　门突然开了，一股清新的海风冲进屋子。魁梧黧黑的渔夫拖着湿淋淋的被撕破了的渔网，一边走进来，一边说："嘿，我回来啦，桑娜！"

　　"哦，是你！"桑娜站起来，不敢抬起眼睛看他。

　　"瞧，这样的夜晚！真可怕！"

　　"是啊，是啊，天气坏透了！哦，鱼打得怎么样？"

　　"糟糕，真糟糕！什么也没有打到，还把网给撕破了。倒霉，倒霉！天气可真厉害！我简直记不起几时有过这样的夜晚了，还谈得上什么打鱼！还好，总算活着回来啦。……我不在，你在家里做些什么呢？"

　　渔夫说着，把网拖进屋里，坐在炉子旁边。

　　　　　整页对话，几乎没有提示语
————————————————————

生：因为她的语言能表现她的特点。

师：那么请问提示语重要还是语言本身重要呢？

生：应该都重要。

师：是的，其实，你说的正是我想说的。同学们，谜一样的

提示语啊，一起读——（课件展示）

生：（齐读）靠语言描写树立人物形象，写好对话不简单，几乎没有固定的规律。

师：所以提示语怎么用？谁来总结一下？

生：我觉得可以在特定的环境中先写出一段环境，再写出他的语言，然后配合着环境。

师：相当厉害！

评析 带领学生感悟人物形象，可以直击小说教学的核心。教师把本节课分成三个递进的环节教学：追问、朗读、对比，让学生多角度去感受人物形象。教师的一次次追问，正是对学生是否真正理解的验证，使学生不断向着更深处去学习。在对"提示语"的把握上，教师通过《穷人》一文中整页对话几乎没有提示语的对比，打破学生基于本篇小说所形成的"一定要有提示语"的刻板印象，引导学生正确、恰当地使用"提示语"。

三、聚焦环境 体会环境描写

1. 配乐朗读谈体会

师：她提到了一个词——环境，这篇小说总共才500多字，开篇就写了环境，语言上有什么特点？

生：基本上都用了很短促的语句，这样就可以烘托当时紧急的氛围。

┌─ 课件展示 ┐

短促的语言写环境

最恐怖的不是灾难
而是让你
看到灾难……

即将
来临

有助于加深感受，
有益于树立人物形象

> 黎明的时候，雨突然大了。像泼。像倒。
>
> 山洪咆哮着，像一群受惊的野马，从山谷里狂奔而来，势不可当。
>
> 村庄惊醒了。人们翻身下床，却一脚踩进水里。是谁惊慌地喊了一嗓子，一百多号人你拥我挤地往南跑。近一米高的洪水已经在路面上跳舞了。人们又疯了似的折回来。
>
> 东面、西面没有路。只有北面有座窄窄的木桥。
>
> 死亡在洪水的狞笑声中逼近。
>
> 人们跌跌撞撞地向那木桥拥去。

师：是的。请看，这段语言为我们带来了恐怖的感觉，因为最让你感到恐怖的不是灾难已经来临，而是灾难——即将来临。你能不能读出那种灾难即将来临的恐怖感？来，请听音乐，感受一下。（配音乐）黎明的时候，一起读——

（生齐读）

师：同学们，这段环境描写是不是有助于你们加深对人物形象的感受啊？就像刚才那位同学说的，我们未来写人不能单独写语言，我们先要营造一种环境，然后再写。那你觉得环境对人物形象有什么帮助？

生1：描写这样危险的环境就可以反衬出人物的勇敢。

生2：这个情况非常紧急，可以衬托出老汉的沉稳。

生3：我觉得还体现出人们都是普通的表现，但是老汉可以顾及到所有人的生命安全，甚至可以牺牲自己的儿子。

师：请为她鼓掌。同学们照过相吗？相机有对焦的功能，主角一出场，环境就淡化了，主角未出场，环境就很鲜明。就像拍电影一样，所以后来这部小说被拍成了电影。同学们，环境重要吗？短促的描写好不好？

生：好。

2.对比辨析促思考

[课件展示]

渔夫的妻子桑娜坐在火炉旁补一张破帆。屋外寒风呼啸，汹涌澎湃的海浪拍击着海岸，溅起一阵阵浪花。海上正起着风暴，外面又黑又冷，这间渔家的小屋里却温暖而舒适。地扫得干干净净，炉子里的火还没有熄，食具在搁板上闪闪发亮。挂着白色帐子的床上，五个孩子正在海风呼啸声中安静地睡着。丈夫清早驾着小船出海，这时候还没有回来。桑娜听着波涛的轰鸣和狂风的怒吼，感到心惊肉跳。

同样在开篇，写环境写得那么绵长……

师：《穷人》，同样是小说，同样是环境描写，同样放在开篇，列夫·托尔斯泰对环境描写却如此的绵长，影响到你对人物的了解了吗？请问环境描写到底是绵长好还是短促好？

生1：要看实际情况吧。《桥》里面是要烘托出紧急的气氛就要"短促"，《穷人》里面要烘托出另外的一种环境，就不用这么写。

生2：《桥》这一课里面的时间特别紧迫，所以环境描写写得比较短；《穷人》里面桑娜焦急地等待丈夫回来，所以要用"绵长"的环境描写显得时间过得很漫长。

师：太棒了！当你心里越急的时候，发现时间就过得越慢，你很想熬过这个时间，时间就跟你"作对"。当你很享受这个日子的时候，却发现"眼睛一睁一闭，一天就过去了"。当你眷恋人生的时候，你总觉得"燕子去了"——

生：有再来的时候。

师：桃花谢了——

生：有再开的时候。

师：八千多个日子，没了。还有想说的吗？

生3：我觉得环境描写有利于衬托人物品格。《桥》这课是为了衬托老汉的品质，不徇私情，还很勇敢。《穷人》这课是为了衬托虽然他们很穷却很温馨的场景。

师：于是，根据写作的需要，环境描写可以短促，也可以绵长。武侠小说界有一位著名人士叫金庸，他说过这样一句话，请看。

（课件展示）

生：（齐读）一寸长一寸强，一寸短一寸险。

师：同学们，记住这句话很简单，但是要把这句话迁移到写作中你可能要花一辈子的时间，因为你要根据自己的需要，时而"短"，时而"长"。今天我们没有探索出结果，可能就是最好的结果。

评析 环境描写在小说文本中是不可或缺的要素，为人物活动提供舞台，并对情节的发生、发展起到重要推动作用。这一版块中，为了进一步帮助学生理解人物形象，将《桥》与《穷人》中的环境描写进行互文对比，让学生体会环境描写对刻画人物形象的作用。虽然两篇小说的描写风格迥异，但都能很好地衬托人物形象。通过这样的对比学习，让学生逐步体会到环境可短可长，为人物形象塑造而变，可以灵活选择写作方法。

四、重视情节 感悟矛盾冲突

1.重视矛盾情节，唤醒初读体验

师：最后一个情节，请看我为你们摘抄的概念。

 课件展示

【情节】太意外了！

通常由若干具体事件组成，小说中的"矛盾冲突"是形成情节的基础，也是情节发展的推动力。

《桥》中的"矛盾冲突"简直让人不可思议！

生：（齐读）情节，通常由若干具体事件组成，小说中的"矛盾冲突"是形成情节的基础，也是情节发展的推动力。

师：情节中最重要的是——

生：（齐读）矛盾冲突。

师：这篇小说中有什么矛盾？

生：在这么危急的情况下，一般人都会让自己的亲人先过去，但是老汉却把儿子留在最后。

师：同学们，当你第一次捧起书读这篇小说的时候，当你第一次知道这是一对父子的时候，直到今天你无数次去读这篇小说的时候，你是不是感到意外？但是，所有的"意外"能不能改变这是一对父子的现实？

生：不能。

2.改变叙事方式，体会巧妙之处

师：同学们，我来改一改，一开篇就亮明他们的身份。这个村子里的党支部书记，他有一个儿子也是党员，他们一起在这乡村里安稳地生活了半辈子，然后后面的情节都一样，怎么样？

［课件展示］

水渐渐蹿上来，放肆地舔着人们的腰。

老汉突然冲上前，从队伍里揪出他的儿子，吼道："你还算是个党员吗？排到后面去！"老汉凶得像只豹子。

儿子瞪了老汉一眼，站到了后面。

木桥开始发抖，开始痛苦地呻吟。

水，爬上了老汉的胸膛。最后，只剩下他和儿子。

儿子推了老汉一把，说："你先走。"

老汉吼道："少废话，快走！"他用力把儿子推上木桥。

突然，那木桥轰的一声塌了。儿子被洪水吞没了。

老汉似乎要喊什么，猛然间，一个浪头也吞没了他。

生1：如果一开始就亮明身份，文章的"落差感"就没那么大了。

生2：把父子关系留到文章最后再说可以给人一种悬念。

生3：老汉在前面说了"党员要排在后面"，之后他以牺牲自己，证明了他这句话的不可"违抗"，这么写让读者真正地体会到，作为党员的老汉真的很正直，不管在什么情况下都不会改变以群众的利益为最高宗旨的信念。

师：掌声鼓励！同学们，就像你们分析的那样，同样的素材可以有不同的安排，一起读——

［课件展示］

同样的素材，不同的安排

情节，展示着作者的构思

情节，影响着小说的品质

生：（齐读）情节，展示着作者的构思；情节，影响着小说的品质。

师：倘若像何老师那么写，这部小说还有的看吗？老汉的形象还能在你心中立得那么牢吗？

生：不能。

3. 再读矛盾情节，提升人物形象

师：这都是情节安排的妙处。作为六年级的学生，大家可以适当进阶写作技法了。当知道真相后，我们会发现，同样的故事，不同的素材安排，读起来的感觉完全不同。来，酝酿一下，试试看，再读一遍文章的结尾，请听（播放音乐），此时，你心中已经知道了他们的关系，此刻你已经知道了这个结局，一起读——

[课件展示]

知道真相后，读起来完全不同

朗读，再现"情节"

五天以后，洪水退了。

一个老太太，被人搀扶着，来这里祭奠。

她来祭奠两个人。

她丈夫和她儿子。

老汉突然冲上前，从队伍里揪出一个小伙子，吼道："你还算是个党员吗？排到后面去！"老汉凶得像只豹子。

小伙子瞪了老汉一眼，站到了后面。

木桥开始发抖，开始痛苦地呻吟。

水，爬上了老汉的胸膛。最后，只剩下他和小伙子。

小伙子推了老汉一把，说："你先走。"

老汉吼道："少废话，快走！"他用力把小伙子推上木桥。

（生齐读）

师：注意，不要一直用一个速度读。来，延缓朗读。再缓一点。

（生齐读）

师：同学们，你们朗读水平很高。其实啊，不仅是这段话，就连刚才何老师读得很"生猛"的一段话，你回过头再去看，都会读到落泪啊……你看，"老汉突然冲上前，从队伍里揪出一个小伙子，吼道：'你还算是个党员吗？排到后面去！'老汉凶得像只豹子。"这个时候你再读这一段，会不会读出泪来？因为你已经知道了他们的关系了。来吧，一起读——（课件展示：情节、环境、人物）

（生齐读）

师：其实啊，小说就是在说人，情节、环境、形象都是为了在读者心中"立人"。那么你会用哪一个词来形容老汉？今天我为大家准备了作家谈歌本人用的词，我先请大家来说，看你们是否足够敏感。一个词，不啰嗦！

生1：善良。

生2：不徇私情。

生3：大公无私。

生4：正义。

师：好，同学们说得不错！

师：同学们请看，这就是作家谈歌，他用的是"神圣""伟大"。谈歌说："究竟什么样的原则才够得上神圣？怎么样的人格才称得上伟大？也许正是那种以群体利益至上的原则，把他人的生命凌驾于自己之上的人格，才能触及到'神圣'和'伟大'吧！"他笔下的"老汉"正是这种人，两个词，请铿锵有力地朗读！

课件展示

究竟什么样的原则才够得上神圣？
究竟是什么样的人格才称得上伟大？
也许正是那种以群体利益至上的原则，
把他人的生命凌驾于自己之上的人格，才能触
及"神圣"和"伟大"吧！

　　　神圣　伟大

读歌【作家，河北省作协副主席】

生：（齐读）神圣！伟大！

师：同学们，这也是何老师送你们的离别赠言（课件展示）：

走出《桥》，走进生活——依然会遇到那位"老汉"。无论是在汶川地震、新疆雪灾，还是南方洪水……自然灾害来临时，无助的苍生总能与伟大相逢！于是，你会在你的身边看到你的老师，你的同学，你的父母，在那个时候化身一个个鲜活而神圣的灵魂，那就是"人"应有的模样！

好了，这节课上完了，一个人的形象在你们心中定格了吗？有样子了吗？那就再见吧，下课。

评析　"矛盾冲突"分析，是提升小说阅读理解能力的关键一环。"矛盾冲突"是有因果关系的，因此这一版块教学，教师抓住"矛盾冲突"的因果关系，让学生思辨。这不仅升华了学生对"老汉"形象的感知，更提升了对小说情节设置的认知：不同的情节设置会对人物的形象塑造起到不同的作用。同时，课堂更关注了对文化自信与学生审美涵养的提升。教学最后运用音乐渲染，让学生再读这一"矛盾冲突"，让感悟、感动抵达学生内心的深处。在课堂的尾声，又巧妙引导学生走出《桥》，走进生活，让学生看到身边的一个个普通而又神圣的灵魂，让社会主义先进

文化根植于学生的心中。

 总评

　　《桥》选自统编教材六年级上册第四单元，这是一个小说单元。这个单元的一级目标就是要学习如何读懂小说的策略。小说的三要素是：情节、环境和人物，情节和环境都是为塑造人物形象服务的。所以本课的核心教学目标就是读小说，关注情节与环境，感受人物形象。这节课，不但目标把握精准，而且环环有方法支撑。

　　1.关注文体特点，厘清学习目标

　　明确学习目标是教学设计的前提和基础，也是评判课堂教学效果的关键性指标。不同的文体，有不同的教法和学法，因此在解读文本时，关注了文本特点，教师紧扣目标来进行有效的教学设计。课堂伊始，教师开门见山，指明本节课的学习重点，在师生的对话中明晰了学习目标。整节课，教师紧紧围绕小说"三要素"展开，精准地设置支架，有效提升了学生的学习能力。

　　2.多层次解读文本，落实学习目标

　　美国当代著名的教育家本杰明·布鲁姆于20世纪70年代提出目标教学法，他认为，对于要达到的学习目标是否有明确且具体的预期，直接影响教学成效。因此本课把学习目标细化为：感受人物形象、聚焦环境差异和重视情节矛盾三个子目标。

　　（1）感受人物形象

　　在小学语文教学中，理解课文中的人物形象是培养学生阅读理解和人物塑造能力的重要环节。感受人物形象既是培养学生文学素养的重要途径，也是提升学生审美能力和情感认知的有效方法。教师先引导学生从整体感受老汉的形象，再从神态、语言等多个角度细细分析人物形象，加深对人物的理解。教师还抓住了老汉的四句有提示语的话，引导学生对比《穷人》一课中的语言描写，让学生对"到底要不要加提示语"进行思辨，并得出结论：加提示语和不加提示语都能写好对话，没有固定的规律。

（2）聚焦环境差异

环境描写是小说写作的重要元素之一。环境可以烘托氛围，展现背景，塑造人物，推动情节发展。教师引导学生从配乐朗读环境描写的过程中发现：此文环境描写虽然非常短促，但是也能够体现老汉鲜明的人物特点。同时，教师又一次引入《穷人》中描写桑娜家里的一段环境描写，引导学生比对发现，虽然两篇小说环境描写的风格迥异，但是都可以很好地衬托人物鲜明的性格特点。帮助学生提高对写作层次的认知。

（3）重视矛盾冲突

小说情节中的"矛盾冲突"是推动故事发展和角色转变的重要因素，能够给作品注入戏剧张力，引起读者的阅读兴趣和情感共鸣。"矛盾冲突"还能深化人物形象，突出人物的内心世界和性格特点。教师引导学生对小说中"矛盾冲突"的情节进行思考：当知道小伙子就是老汉的儿子时，再去朗读课文的结尾部分，你会有怎样的感受？如果把老汉和小伙子的关系从一开始就亮出来，会有现在这篇小说的效果吗？从而引导学生明白在塑造人物时情节设置的重要性。

本节课教师紧紧围绕"人物、环境、情节"三要素设计，层层推进，课堂上有各种意想不到的生成，每一个版块都引导学生"学中思，思中学"，处处给人意犹未尽的震撼。

让思维的火花贯穿课堂

——统编版六年级下册《为人民服务》课堂实录及评析

一、 解读课题　明确目标

1. 齐读课题，交流思考

师：我刚看了同学们书本上的笔记，知道这篇课文你们已经学过了。既然学过了，本课我全部都以考核的方式进行。请读课题——

生：（齐读）为人民服务。

师：这篇课文是毛主席在张思德同志追悼会上的演讲，毛主席的演讲应该和谁有关？

生：和张思德同志有关。

师：和他无关的内容能不能在这个情况下讲？

生：不能。

师：同意的请举手。这位同学，你为什么不举手？

生：因为题目是为人民服务，不全是写张思德同志。

师：这个问题很值得我们思考，为人民服务和张思德同志的牺牲有没有关系？这就是我们又一次学习这一课的意义所在，这就是"思辨"。

2. 解析"查阅"，明确目标

[课件展示]

看清目标
查阅相关资料，
加深对课文的理解。

师：每一课的学习都要看清学习目标，请读目标——

生：（齐读）查阅相关资料，加深对课文的理解。

师：这里有个词，请在单元导读中标注出来，我们一起读——

生：（齐读）查阅。

（师板书：查阅）

师：你们课前查了什么资料？

生1：张思德同志的资料。

生2：毛主席的资料。

师：当堂学习，我们重在阅读资料。在课堂上我们重在——

生：阅。

师：如果是课后学习，我们回到家里，可以——

生：查。

评析 王荣生教授曾说，教学内容切合学生的实际需要就是一节好课。何老师了解到学生学过这篇课文，就转换教学方式，以考核的方式进行教学，直接抛出思辨性的问题让学生思考，这样的教学内容和方式切合学生的实际需要，做到了"以生为本"。同时，和学生共享目标，调动了学生学习的积极性，激发了学生学习的兴趣。

二、初读课文 整体感知

师：读完这篇文章，哪些句子给你留下了深刻的印象？请说说你的理解。

生1："人固有一死，或重于泰山，或轻于鸿毛。"一个人做了有利于人民的事，他的死就是比泰山还要重的。

师：理解就是把自己的想法简单地说出来，这位同学非常棒，他挑了这篇文章中最难理解的一句话来分享。

生2："死得其所"是形容好人的死亡。

师：这是真理解了。

生 3："今后我们的队伍里，不管死了谁，不管是炊事员，是战士，只要他是做过一些有益的工作的，我们都要给他送葬，开追悼会。"生活在我们国家，普通人也会被重视，这让我很有安全感。

师：希望同学们长大后都能为国家的发展做贡献。同学们，以后你们读书，要有自己的理解。初阶，我大概读懂了。中阶，我读懂了并能说两句自己的理解。高阶，把自己代入进去，能做一些细致的捕捉，让自己对文章有一些全新的解读。

评析 初读课文，整体感知是语文教学中一个非常重要的环节。教师在课堂上让学生在初步理解文本后交流阅读感受，既符合新课标中第三学段"阅读与鉴赏"的要求，同时也能培养学生的阅读能力和独立思考能力。

三、借助资料　学习第 2 自然段

1. 借助资料，加深理解

师：刚才同学们的理解都是比较基础的。要加深理解，必须要借助资料。请读第 2 自然段——

[课件展示]

　　人总是要死的，但死的意义有不同。中国古时候有个文学家叫做司马迁的说过："人固有一死，或重于泰山，或轻于鸿毛。"为人民利益而死，就比泰山还重；替法西斯卖力，替剥削人民和压迫人民的人去死，就比鸿毛还轻。张思德同志是为人民利益而死的，他的死是比泰山还要重的。

（生齐读）

师：这段话中有哪个词，大家不借助资料理解不了？

生：法西斯。

师：法西斯是古罗马执法官吏的权力标志。后来因为奉行这种政权形式的人越来越独裁，于是人们就用这个词来代表——

生：极端的独裁。

师：极端独裁的那些人就是——

生：法西斯。

师：把对"法西斯"的理解带入到第三句中，再读。

生：（齐读）为人民利益而死，就比泰山还重；替法西斯卖力，替剥削人民和压迫人民的人去死，就比鸿毛还轻。

师：当我们理解了"法西斯"这个词后，再带入文中，就能加深理解。我们再来看，文中为什么说"比泰山还重"呢？古代的帝王为了证明自己皇权天授，要在泰山封禅。所以泰山在中国人心中占非常重要的地位。请读——

生：（齐读）为人民利益而死，就比泰山还重；替法西斯卖力，替剥削人民和压迫人民的人去死，就比鸿毛还轻。

师：同学们，还有一处要查资料，请读——

生：（齐读）人固有一死，或重于泰山，或轻于鸿毛。

师：要理解这句话，至少要查阅哪些资料？

生1：要查这句话的背景资料。

生2：要查"重于泰山"的有谁，"轻于鸿毛"的有谁。

生3：要查这句话的出处、查这句话的作者。

师：是的，这些都要查。我们查阅首先要有方法，比方法更重要的是路径。

（师板书：方法、路径）

师：请看我为大家提供的资料。

☞课件展示╎━━━━━━━━━━━━━━━━━━━━━━━━━

《报任安书》是司马迁写给任安的回信。他在信中提出"生死观"，表达自己为实现理想永不妥协、坚韧不屈的精神。

━━━━━━━━━━━━━━━━━━━━━━━━━━━━━━━━━━━

师：这句话是《报任安书》中的一句话，这是司马迁给朋友的回信。他在这封信中说自己为实现理想永不妥协。如果你的朋友给你写这样一封信，他对你有怎样的希望？

生1：他希望我赞同他的观点。

师：掌声鼓励。你觉得我们的毛主席借助司马迁的话，是要阐明什么观点？

生2：我觉得毛主席借用先贤的话是想说，每个共产党员都不怕牺牲。

师：是的，我们不怕牺牲。

生3：我觉得毛主席是要阐明每个共产党员都要为人民服务。

师：相当好，理解一层层加深，一层层丰富。请看，张思德同志的资料是这样的。

〔课件展示〕

张思德，1937年10月加入中国共产党，曾经担任过中央警卫团战士。1944年9月5日，他带领战士们在陕北安塞县执行烧炭任务时，即将挖成的窑洞里突然塌方，他奋力把战友推出洞去，自己却被埋在窑洞，牺牲时年仅29岁。

师：为救战友，张思德牺牲了。这样的牺牲很伟大。毛主席在张思德的追悼会上，引用司马迁的话，是想说什么？

生1：是想说张思德的牺牲比泰山还重。

师：这句话给了张思德同志最高的评价。

生2：毛主席借用张思德同志的牺牲，呼吁大家向张思德学习。张思德为了人民的利益而死，重于泰山。

师：毛主席呼吁的时候，为什么要引用古代人的话呢？

生1：因为这句话是司马迁说的，司马迁是西汉时候的大文学家，他说的话更有分量，所以引用他的话，就更有说服力。

师：这句话是在什么时代说的？

生2：古代。

师：张思德是在什么时代牺牲的？

生2：现代。

师：说明我国从古至今都重视什么样的人？

生2：都重视舍己为人、不怕牺牲的人。

师：这是我们国家的优良传统。作为新时代的小学生，你该怎么做？

生3：我要好好学习，长大后为建设社会主义现代化中国做贡献。

师：这就是新时代小学生的责任感和使命感，掌声鼓励。毛主席借用先贤的话要激励党员干部做什么？

生1：激励党员学习张思德不怕牺牲的精神。

生2：激励党员要团结、互帮互助。

师：同学们，借助全面而充分的资料，有助于我们加深对课文的理解。我希望这节课之后，你们的学习有了新方法和新路径。

2. 剖析结构，尝试背诵

师：我们还可以通过分析文段结构来理解第2自然段。本段总共有四句话，请读第一句——

生：（齐读）人总是要死的，但死的意义有不同。

师：这一句提出观点。请读第二句——

生：（齐读）中国古时候有个文学家叫做司马迁的说过："人固有一死，或重于泰山，或轻于鸿毛。"

师：第二句引用了古人的话。请读第三句——

生：（齐读）为人民利益而死，就比泰山还重；替法西斯卖力，替剥削人民和压迫人民的人去死，就比鸿毛还轻。

师："博古"是为了"通今"。请读最后一句——

生：（齐读）张思德同志是为人民利益而死的，他的死是比泰山还要重的。

师：提出观点，博古通今，最后做了什么？

生：举例子。

师：这个段落共四句话：第一句立论，提出观点；第二句引用古人的话，"博古"；第三句阐释，"通今"；最后例证，得出结论。

[课件展示]

人总是要死的，但死的意义有不同。/ 中国古时候有个文学家叫做司马迁的说过："人固有一死，或重于泰山，或轻于鸿毛。" / 为人民利益而死，就比泰山还重；替法西斯卖力，替剥削人民和压迫人民的人去死，就比鸿毛还轻。/ 张思德同志是为人民利益而死的，他的死是比泰山还要重的。

立论 观点

引用 博古

阐释 通今

例证 结论

理解，还可以通过分析

师：本段共四句，我们来尝试背诵，第一句，立论，提出观点——

生：（齐背）人总是要死的，但死的意义有不同。

师：第二句，"博古"。

生：（齐背）中国古时候有个文学家叫做司马迁的说过："人固有一死，或重于泰山，或轻于鸿毛。"

师：第三句，"通今"。

生：（齐背）为人民利益而死，就比泰山还重；替法西斯卖力，替剥削人民和压迫人民的人去死，就比鸿毛还轻。

师：第四句，结论。

生：（齐背）张思德同志是为人民利益而死的，他的死是比泰山还要重的。

师：掌声送给自己！

🔗 **评析** 第2自然段是全文较难理解的自然段，里面有很多较难理解的词语、句子。为了让学生更好地理解本段，何老师先从词语入手，解决"法西斯"等难懂的词，再过渡到句子，通过补充资料加深学生的理解。最后何老师带着学生梳理文段结构。这个段落的教学由浅入深、层层深入。

四、梳理全文结构，感受深远影响

1.梳理结构，分析意图

师：课前我们说这篇文章是张思德同志追悼会上的演讲，演讲一定要和谁有关系？

生：张思德同志。

师：请看屏幕。

课件展示

①我们这个队伍就是要为人民服务的。
②我们要向张思德学习，为人民服务。
③我们不怕批评，学习李鼎铭勇于提出批评。
④我们不怕牺牲，要互相关爱。
⑤我们要为每个同志开追悼会，表达哀思。

师：请同学们打开课本，快速检索，第3～4自然段出现张思德了吗？

生：没有。

师：按理说，全文应该围绕张思德同志的生平事迹来表达。但文章却用大篇幅写了第3～4自然段，究竟是怎么回事？

生1：课文的题目是"为人民服务"，虽然是为张思德同志开的追悼会，但是借张思德同志的事迹来告诉大家要为人民服务。

师：掌声鼓励。大主题是为人民服务，张思德同志的事迹和大主题有关，用他的事迹来号召更多的人为人民服务。请读本课目标——

生：（齐读）查阅相关资料，加深对课文的理解。

师：刚才我们没有"查"，都是靠"阅"。接下来我们先看第3自然段。请读——

〔课件展示〕

因为我们是为人民服务的，所以，我们如果有缺点，就不怕别人批评指出。不管是什么人，谁向我们指出都行。只要你说得对，我们就改正。你说的办法对人民有好处，我们就照你的办……

（生齐读）

师：为什么在张思德的追悼会上，要表扬党外人士李鼎铭先生呢？

生1：因为李鼎铭提出"精兵简政"的意见对人民有好处。

生2：毛主席想借李鼎铭的事情告诉大家，只要是对人民有好处的意见，我们都会采纳。

师：请看第4自然段，为什么在张思德的追悼会上，要鼓励党员干部们不怕牺牲？

〔课件展示〕

我们都是来自五湖四海，为了一个共同的革命目标，走到一起来了。我们还要和全国大多数人民走这一条路。我们今天已经领导着有九千一百万人口的根据地，但是还不够，还要更大些，才能取得全民族的解放……

生1：通过前面的背景资料我们得知，张思德舍己为人。毛主席想让战士们发扬张思德的高尚品质。

生2：当时正在进行抗日战争，有许多困难需要克服。毛主席号召大家向张思德同志学习，团结一心，积极抗日。

师：请看当时的背景资料。

课件展示

　　当时，抗日战争正处在十分艰苦的阶段，有许多困难需要克服。毛泽东主席针对这一情况，讲述为人民服务的道理，号召大家学习张思德同志完全、彻底地为人民服务的精神，团结起来，打败侵略者。

　　原来，那是个如此特殊的时期。

　　原来，那时期需要团结和勇气。

　　原来，一次演讲意义如此非凡。

　　师：所以在这个追悼会上，毛主席讲了"不怕批评"和"不怕牺牲"，呼吁大家团结一心，一致抗日。

　　2. 联系生活，感受影响

　　师：同学们，查阅资料，加深理解，还能让我们更好地体会文章产生的社会影响。在日常生活中你有没有看到"为人民服务"的标语，在哪里看到的？

　　生1：我在公交站看到过。

　　生2：我在派出所门口看到过。

　　生3：我在消防站门口看到过。

　　生4：我在公园看到过。

　　师：谢谢同学们的分享，请看，"为人民服务"标语在生活中随处可见。

课件展示

到处可见"为人民服务"

　　师：自从毛主席提出"为人民服务"后，这句话已经成为我们党的根本宗旨，广为传播，深入人心。新中国成立后，党和国家历任领导人都以"为人民服务"为宗旨，可见这篇文章的影响之深远。

[课件展示]

　　自从毛主席提出"为人民服务"后,这句话已成为党的根本宗旨,广为传播,深入人心。

　　1945年9月,毛主席给《大公报》的题词是"为人民服务",题词带有强大的感染力。

　　新中国成立后,党和国家历任领导人,都以"为人民服务"为宗旨,"为人民服务"的精神,成为全国人民的共识。

师:请再读课题——

生:为人民服务。

师:请庄严地铭记我们的誓言——

生:为人民服务。

评析　本环节,思辨性问题再次被抛出——文章第3~4自然段没有提及张思德同志,作者为什么还要写第3~4自然段?此问题回扣上课最开始的问题——"张思德的牺牲"和"为人民服务"到底有没有关系?这样的设计首尾呼应,环环相扣,思辨贯穿何老师的课堂。学生的认知发生了改变,思维能力得到了培养。最后,老师将"为人民服务"回归到生活中,既让学生认识到本篇文章影响之深远、"为人民服务"精神之传承,又落实了新课标提出的"课程和生活相联系"的要求。

总评

　　《为人民服务》是统编六年级下册第四单元的课文。从本堂课的教学设计来看,本课倾向的是"思辨性阅读与表达"学习任务群。何老师如何通过这篇课文培养学生的思维能力呢?以下几点值得我们参考:

1. 核心问题引领，呈现思辨过程

何老师的课堂教学紧扣目标，坚持问题引领，围绕核心问题设计教学任务，直观地呈现思辨过程。何老师在课堂伊始就直接抛出思辨性问题——这篇课文是毛主席在追悼张思德同志追悼会上的演讲，毛主席的演讲应该和谁有关？为人民服务和张思德同志的牺牲有没有关系？这两个问题一提出，学生的思考也就开始了，真正的学习也在进行。何老师整节课的教学紧紧围绕这两个思辨性问题展开，学生的思考贯穿课堂始终。

2. 解剖重点段落，激活思辨意识

新课标提出：语文课程要发展思维能力，提升思维品质。思辨性阅读与表达学习任务群也明确提出：第三学段，应引导学生分析论据和观点之间的联系，辨别总分、并列、因果等关系，有条理地表达自己的观点。在本节课的学习中，第 2 自然段是重点段落，也是学生比较难理解的段落。为了帮助学生理解，何老师通过带领学生分析段落结构，让学生更好地理解了作者如何论证自己的观点。为了让学生更好地理解第 2 自然段，何老师还在课上补充了司马迁和张思德的相关资料，并连续追问了三个问题。学生在何老师的引导下，思考的积极性。

3. 梳理全文结构，加深思辨理解

为了让学生更好地理解文章，何老师带着学生梳理全文结构，并让学生思考第 3～4 自然段和全文的关系，既然第 3～4 自然段没有提到张思德同志，那作者为什么还要写这两个自然段？问题提出后，学生的思维被激发。何老师适实补充抗日战争的资料，帮助学生明白了作者的写作意图。同时何老师还注重课程内容和社会生活的联系，重视培养学生正确的价值取向。通过课堂教学，把"为人民服务"从文本学习落实到现实生活，让学生感受到"为人民服务"的精神代代相传，"为人民服务"的人就在我们身边。